邹牧仑文化系列

听老子讲道

邹牧仑 / 著

深圳出版发行集团
海天出版社

图书在版编目(CIP)数据

听老子讲道 / 邹牧仑著. —2版. —深圳：海天
出版社，2013.4
  （邹牧仑文化系列）
  ISBN 978-7-5507-0646-0

  Ⅰ. ①听… Ⅱ. ①邹… Ⅲ. ①道家 ②《道德经》—注
释 Ⅳ. ①B223.12

  中国版本图书馆CIP数据核字(2013)第008927号

听老子讲道
TINGLAOZI JIANGDAO

出 品 人　尹昌龙
责任编辑　林星海　于志斌
责任技编　蔡梅琴
封面设计　李松璋书籍设计工作室

出版发行　海天出版社
地　　址　深圳市彩田南路海天大厦　（518033）
网　　址　www.htph.com.cn
订购电话　0755-83460293(批发)　83460397(邮购)
设计制作　深圳市龙墨文化传播有限公司（电话:0755-83461000）
印　　刷　深圳市希望印务有限公司
开　　本　787mm×1092mm　1/16
印　　张　26
字　　数　385千
版　　次　2013年4月第2版
印　　次　2013年4月第1次
印　　数　1-4000册
定　　价　48.00元

再版自序

10年之后，几部文化旧著能够在同一个出版社再出新版，很觉意外。出版方嘱写再版前言，我没有多少话好说。在此，衷心感谢读者诸君，在这个五光十色、瞬息万变、欲望沸腾的时代，伴随我跋涉了一大段跨越时空的漫长思想旅途。

作为此次旅行的发起者和引导者，我深知，这旅途中几乎没有醉人的鸟语花香，没有辉煌灿烂的殿宇楼台，没有温馨芬芳的血缘亲情，没有慷慨悲歌的英雄业绩，没有风花雪月的诗情画意；有的只是动荡岁月里的疾风骤雨，只是变革时代里的混乱无序，只是金戈铁马留下的处处残骸，只是荒凉废墟上的簇簇荆棘，只是礼崩乐坏后的人心叵测。

但人类精神文明的历史正是从这里拉开了沉重的帷幕。从公元前7世纪到公元前4世纪的300年间，从幼发拉底河、底格里斯河到印度河、恒河，到黄河、长江，再到地中海北岸的爱琴海域，维系东西方世界政治文明纽带的封建制、民主制以及帝国体制，纷纷陷于空前危机。这时，几位人类的伟大启蒙者和思想导师——索罗亚罗斯、释迦牟尼、老子、孔子、苏格拉底、柏拉图、亚里士多德——突然间横空出世，混沌一团的世界顷刻间呈现出理智的光芒。他们以自己的博大知识、超人智慧、悲天悯人的情怀所提炼出来的新思想、新学说，指引着穷年累月笼罩在刀光剑影之中不得解脱的人类从蒙昧中觉醒。

思想的闸门一旦打开，便犹如高山之流水，很难再被截留；智慧的光芒一旦喷射而出，历史的天空便流光溢彩。于是，孔武有力的武夫被摘掉了王冠，装神弄鬼的神棍被赶下了神坛，道貌岸然的骗子被撕去了面具。曾经四处流淌着血污、泛滥着罪恶的人生道路，开始路线清晰、方向明确，真善美向人们招手致意，人类与野兽就此拉大了距离。我不能想象，如果人类历史上没有出现这几位思想巨人，没有出现过这个所谓的"突破时代"，人类社会将何去何从？如果没有这几位巨人留下的思想瑰宝来激发我们的想象力，则人类的精神家园将是何等荒芜、贫瘠和凄凉！

该文化系列此次再版，受出版社之托，对全部书稿进行了简单的梳理，纠正了一些词语文字方面的谬误，个别章节有所增删，但思想主旨没有变化，叙述体例亦大体保持原貌。笔者以为，文化思想作品不唯受限于作者之学识，亦受限于作者之写作环境、写作时间、写作情绪和写作目的。今日之我已非昨日之我，今日再写释尊、老子、孔子以及耶稣，可能与10年前大不相同，因时过境迁耳。

10年来，该套文化系列蒙读者不弃，提出许多宝贵意见，受益良多。批评意见，全部收下；溢美之词，愧不敢当。至于一些良好的修改建议，则大多非我精力和能力之所及。台湾余先生在《道德经旁说》一书上用红色朱批，谬奖该书是他所见到的最好"道德家"注释本，但令他感到遗憾的是，在老子思想的关键处，拙著不能直下判断，致使著者亦不能在精神上获得解脱，直白地说，就是不能真正走上道家的生命修炼，也就达不到生命的超越。对此，我无话好说。我得承认，我对老子思想乃至于佛教的理解，尚局限于学理方面的探讨，不能从宗教信仰立场以及生命豁决层次上进行大幅度超越，因为我从来都不是任何一门宗教的信徒。立于世俗社会理解宗教，我更倾向于发掘和阐述其历史文化里的生命和生活意义，而刻意回避了其理论中关于超越生命的种种修行法门。站在一个凡夫俗子的立场上，我比较赞同孔子"敬鬼神而远之"的态度，我更愿意接受儒家的人间伦理道德学说。

我在一部尚未出版的著述的前言里写道：

> 儒释道三位一体的中国传统文化，向中国人分别提供了解决生活实际问题的现实主义和唯物主义，解决精神问题的自然主义和唯心主义，解决心灵问题的神秘主义和超验主义。从这些原创文化理论中演绎出了中国人朴实无华的生活观、恬淡平和的自然观和圆满丰盈的生命观。就人类生活方式中所产生出的一般生命现象而言，内心充实和神智清明的中国人既少有精神分裂症患者，也比较罕见精神时时处于极端亢奋的宗教狂，他们对待事物一般采取的是中庸之道而拒绝走向异端和极端。针对人类历史演进历程中经常表现出失去理智的病态行为，中华文化哺育出的中国人的生活态度，无疑更贴近真实的人生。（《俗眼看耶稣》前言）

坦言之，在思想文化领域，尤其是在精神文明领域，我不欣赏一切极端、异端的思想。纵观古今中外历史，从异端和极端思想泛滥处爆发的往往是人类的充满了变态、病态、盲目、迷惘的心理追求，而在异端和极端思想大行其道的岁月里，则随处充斥了人们反常、狂热、疯狂的行为表现，它们屡次把人类推向灾难的深渊。幸福之到来，缓慢而平和；灾难之产生，突然而剧烈。处于大变革时代的人们，要时时警醒，理想主义的画饼从来都不能充饥，它们只是人类幻想的泡沫。

最后，对出版社前任领导张合运先生、旷昕先生，现任领导尹昌龙先生、毛世屏先生、于志斌先生，尤其对志斌、星海二先生，郑重地说声谢谢。

邹牧仑

2013年3月15日于北美

目　录

下篇——德经

引言·老子西行

　　老子微闭着眼睛蜷曲在老青牛的宽阔脊背上，独自行进在关西绵延起伏的山路上。在夕阳余晖的映照下，人们可以看到，老子果然如他的称号一样，已经非常苍老了，一张红润的面庞上布满了纵横交错的皱纹，犹如刀刻斧凿一般，似乎每一道皱纹中，都浸满了漫长岁月的痕迹，也饱含了深邃的思想和博大的智慧。也许是经过年来的长途跋涉和风餐露宿，老子的表情虽仍安详快乐而神态中却不无疲惫之色；身上穿的一袭没有任何玉器装饰品的麻布长衫也早已陈旧破败，难御风寒了；长长的白发没有束冠亦没有扎起，在晚风中飘洒开来，好像一团迎风飞舞的柳絮。

　　西去的路，真的是越走越荒芜，出了渭水平原后，繁华的街市和略具规模的村社都没有了踪影，连绵起伏的秦岭山地突然间把关西大地隔绝为景物迥然有别的两个世界。渐渐地，本来笔直宽阔的黄土大道已经变成了人迹罕至的羊肠小路，小路边角的沟沟坎坎里随处都布满了一丛丛灌木和一团团的荆棘，也有些不知名的奇花异草竞相怒放生长着，散发出阵阵浓郁的清香，直透人之肺腑。渐行渐远，道路两旁除了茂密的树丛之外，已经不能看到人烟了。情景之间的突然变异，使行人亦在心理上产生出一种奇妙的变化，往日里那些令人赏心悦目的东西，诸如：茂密的林木、空旷的荒野、陡峭的山峰、苍茫的天宇，以及温柔和畅的微风和落日的余晖，都好像在突然之间就改变了性质，开始变得有点叫人心惊肉跳了。这样的自然变化，对于所有的行路人来说，也许并不难理解，大自然的壮丽景色如果缺少了温情脉脉的人文景观来做装点和陪衬，就有点令人不可捉摸，早已熟悉并习惯了人文气氛的行路者们一旦置身于这样一种陌生环境之中，就不免油然生起一种悲壮乃至恐惧的感觉。

　　但老子和老青牛却可算例外，他（它）们只是顺着山野间的羊肠小道神情自然地缓缓而行，似乎浑然没有觉察到呈入视野之中极其鲜明的异国他乡色调。暮色苍茫中，老青牛仍然踱步悠悠，好像一大块悄悄滚动着的黑色礁石；老子则依旧神情恬适，憨态可掬，犹如一名刚刚从酣睡中醒来的婴儿。看他（它）们那种很陶醉的样子，哪里像是远行在深山丛林的渺无人烟处，分明是漫步在鸟语花香、铺满锦绣的花园小径上。他（它）们极随意地使自己的身心全部融合进大自然之中，也就使自己极随意地就化作了大自然中的一个毫不起眼的景物。对于这样一个令人赏心悦目的景物来说，当然是无须顾忌或惧怕其他景物的。这是公元前6世纪末叶的一个炎热夏日。

当这一人一牛终于来到一个林木混杂的十字路口时，老青牛骤然停下了脚步，把一双昏花的老眼定定地投向了老子。正端坐牛背上闭目养神的老子警觉地睁开了眼，没有发觉周围情形有异，就明白老青牛是在问路。老子亲昵地拍了一下青牛的头，从怀里摸出了一方罗盘，但他抬头望了望西天之后，便看也没看，又把罗盘揣进怀里。

天色已是黄昏，天空的色彩很是斑斓绚丽。

西半天上，早已劳累了一天的太阳，此刻仍徒劳地在西北角落上的一个山坳处苦苦挣扎着不肯离去，看起来就像一个正在徐徐坠落的巨大火球，虽然已经消耗完了一天的能量，却还在拼命坚持着要散发掉最后的余热；一大簇一大簇色彩很是浓艳鲜丽的晚霞，态度很随意而行为却很放肆地在夜空上游走着，就像一丛丛篝火在燃烧；整个西半天上，饱含了热烈、生动、凄艳、激烈、壮丽的生命力的涌动。

相反，东半天上，繁星已渐渐缀满了天空，每一颗星都像少女的眼睛一样在害羞地闪烁着，充满了无穷无尽的诱惑；青蓝色的天幕下，一钩清白的弯月早已斜斜地横挂在树梢上，犹如水晶一般地新鲜活泼。东方的天际是如此的静谧、清幽、深邃、神秘和圣洁，适与西方天空的暴烈、热烈和躁动形成了极为鲜明的对比和反差。

从咸阳西去的官道上，空空荡荡的早已没有了车马和行人，大地周遭竟是死一般的沉寂。值此昼夜交替之际，除了那些习惯于夜间活动的肉食动物外，其他的生命都已躲进了自己的巢穴，努力为自己争取到一个安全的处所，以免遭受无妄之灾。几只似乎没有吃足晚餐的老鸦，无精打采地伫立在几株老树的枯枝上，呱呱地叫个不停。

夕阳落日、晚霞余晖、繁星弯月、老树古道、枯藤昏鸦、荒山野岭、雄关险隘以及袅袅飘荡着的白色雾霭，共同交织出了一幅生存与死亡，光明与黑暗，浓艳与清淡，热烈与静谧的动人心弦的壮美画图。令人心神俱醉。

天还没有完全暗下来，老子忽然望见了远处有一座城池的模糊轮廓，就顿时神采飞扬起来，他知道已经接近大散关了，这里是他万里西行的起点。

这时，老子忍不住地再回首向东方眺望，神情有些黯然，但随后，他的神态就恢复了自然。中原，再见了！永别了，中原！老子眼望着东方清凉的天宇和天宇下的静谧土地，心中不禁涌起了一团歉意。"天地不仁，万物为刍狗"。富丽堂皇、穷奢极欲、物欲横流的中原，也许用不了多久就会出现用人肉摆起的宴席和以鲜血酿成的酒浆。老子曾经努力地制止这种场面的出现，现在，却巴不得它早日到来，"天网恢恢，疏而不漏"。大繁盛之后必然是大衰败，有什么事物能逃脱这个规律呢？这也是人类永远摆脱不掉的宿命。

老子之所以一定要在盛暑季节辛辛苦苦地赶到大散关来，就是想在冬天到来之前能够深入到昆仑山之巅，因为传说中的西北大漠每到了秋后，就开始进入到飘雪飞霜、天寒地冻的季节了。在当日（春秋时代）中国政治疆域的版图范围里，老子所出生的陈国（河南淮阳一带，当时可能已被楚国立为郡县），可以勉强算是中国的南方地区了，所以，老子也可以勉强说是南方人，照理说，他应该是比较畏惧严寒的。

在中国古代学术文化的庞大系统中，地理学始终不够发达。在一个相当辽阔的国家领土范围之内，惯于与土地和植物打交道的中国人，只充分注意到了时间的循环而往往忽略了空间的距离。一个极不具体甚至概念模糊的"天下观"，非常扎实地占据了人们的头脑，便产生于中国就是世界的错觉。所以，在老子宏大的知识结构中，也并没有比较清晰的地理概念。西北地区的情形究竟如何？老子并没有可靠的知识来源，不过是根据传闻加上自己的推测所得出的结论。老子原本以为，到了大散关也就差不多是到了昆仑山。

其实，从咸阳西去大散关只有不到500里地的山路，那里由于地处秦岭南部山地的边缘地带，连绵的群山阻挡了塞外高原寒风的侵袭，气候反而比洛阳以及淮阳还要温暖些，寒冷问题是压根就无须顾及的。老子如果去的是秦岭诸山而不是昆仑山，则到了大散关就已经有些走过了头。但昆仑山却不是秦岭，它距离大散关比洛阳到大散关的路程要远得多。以老青牛的脚力，没有一两年的时间休想走得下来。

在老子心中，西部地区是一个相当模糊的地理概念，他不但不知道去佛陀释迦牟尼所在国家——印度的地理方位，更不知道去上帝耶和华所在国家——以色列的具体途径，甚至去中国神仙们聚集活动的昆仑山在什么地方，老子也并没有考查周详。他压根就不知道这座巨大的山脉居然东西纵横几千公里，纵跨了从帕米尔高原到祁连山、贺兰山、大青山的广大地区。而且，这还只是狭义上的昆仑山，认真地考究起来，广义上的昆仑山甚至可以伸延到中国最东北端的大小兴安岭一带。

可以说，老子此番出关西行，因为是一去不返，尽管是经过了深思熟虑并为此行进行了比较充分的准备——如老青牛及极为粗陋的旅行用品，但却没有十分清晰的目标。

原来，老子根据当日社会上所流行的各种传闻得知，在中国极西的大山（喜马拉雅山脉）背后，亦有一个类似中国的地区，那里也是由两条大河——恒河和印度河——所形成的一大片肥沃的冲积平原，在平原之中和平原周围的山地里，也同样分布着许多大小不同的封建诸侯国家。诸国之中有一个名为迦毗罗卫的小国，坐落于喜马拉雅山南麓的崇山峻岭之中——今尼泊尔境内。正是在这种地理条件极为险恶而自然条件却非常优裕的地方，合情合理地诞生出了一位修行大道、讲求正果的仁慈王子——释迦牟尼。

王子本名悉达多·乔达摩，"释迦牟尼"和"如来佛"两种梵语称号，俱是王子修行成功后所获得的荣誉法号。前者的意思是"以寂默故、不住生死，以能仁故、不住涅槃，悲智双运，利物无穷，故立此号"，后者的意思则是"无所从来，亦无所去，故名如来"。确实，长期生活在与世隔绝的高山之巅的人们，由于距离天体较近而距大地较远，似乎一步就能登天但却插翅也难以接近平原，所以就往往具有极其高远的洞察力。他们一般理解天体和未来往往比理解地理和现实要容易些，而对人世外的感情也相对比较丰富些。

根据比较模糊的佛学文献记载，释迦牟尼生于公元前566年，比老子的年岁要小一些（老子的年岁已不能确知，后人推断大约比孔子年长二三十岁），比儒学宗师孔子却年长了15岁。他原本是迦毗罗卫王国未来王位的唯一继承人，自幼生长在深宫禁闱之中的富贵温柔乡里，一丝也不知人世间的疾苦和灾难。王子于19岁（又有29岁出家之说）时，一次非常偶然的出游，彻底改变了他此后一生的命运。在旅行途中，他亲眼看到了人类生老病死四种现象之后，就忽然间对充满苦难的人生有所觉悟。于是，他毫不迟疑地进行了新的命运选择，毅然决然地抛弃了娇妻爱子并主动放弃了等待他去继承的王位，一心一意地进入了冥思苦想的苦修苦行。

经过16年（又曰六年）漫长岁月之苦行和修炼（有35岁得道之说），王子终于在一个月圆之夜于一棵大树下——菩提树（又名觉树或思维树，皆非此树之本名，乃以道称树）——求得了正果，因此亦被时人称为佛陀。佛陀原是梵语音译，中文为觉，即谓智慧具足，三觉圆满。所谓"三觉"者，即自觉（悟性真常，了惑虚妄）、觉他（运无缘慈，度有情众）、觉行（历劫修因，行满果圆），三者皆达圆满无漏境界即成佛。

老子根据各种并不确切的传闻，私下里认为佛陀所获得的正果可能就是一些接近华夏远古时代的大道的精神领悟。佛陀有一些已经逐渐形成为系统理论的神秘思想以及一些充满抽象哲理的精练偈语，老子认为说得非常好，如佛陀告诫佛教徒大惠说：

云何无二。谓一切法：如长短，如黑白。大惠，一切法无二，非于涅槃彼生死，非于生死彼涅槃，异相因有性故，是名无二。一切法亦如是，是故空。无生，无二，离自性相，应当修学。尔时世尊欲重宣此义，而说偈言：

我常说空法，远离于断常。

生死如幻梦，而彼业不坏。

虚空及涅槃，灭二亦如是。

愚夫作妄想，诸圣离有无。

（《楞迦经》）

透过一切众生之表面意义而直透生命之本质，透过所有事物的表层现象而深入到事物之本原，是一切大道的根本法所在。但那个现在已经成为了佛陀的释迦牟尼王子是否真的修成了大道？老子对此不免有些将信将疑。他有些不敢相信，以人类当下极其功利的思想追求和非常浅薄的认识能力，居然能成为勘破宇宙的不二法门？

在老子看来，就人类目前所处的情形而论，即使是一个拥有大智慧的觉悟者，最多也不过是觉悟到了真理的局部而并非全体；而对于已经开始变得有些层层叠叠的大千世界来说，那些极高明的修行者亦不过是一个刚刚寻到了入道门径的行者而已，还不能说他的精神以及身体已经与宇宙万物融合到了一起，当然更谈不上以自己的不成熟意念来支配这个世界了。所以，这名修行者还没有办法使自己停留在认识的某一个阶段上止步不前，必须永不间断地去追求进步。因为佛教中的大千世界之本质和表象都是不断变迁和进步的，生命的大法就是要永远追随这种变迁，此为生命之质变的不二法门。

对于一切存在来说，时间是生命得以证明的本体；对于所有的生命来说，时间是永远不可超越的存在。但是，空间却是所有生命所暂时寄身并需要不断认识的客体，对于一切生物的认识能力来说，空间的所有一切都是非常陌生的。时间和空间，二者共同构成了人类以及万物的物质生活和精神生活的根源。一般来说，修道者能够通过静观时间的整体而最终把握到了事物的具体，在此基础上调动起自己的主观意志去不间断地、一步步地勘破一道道大自然的法门，就能够默识到一切生命对于时间的本体来说，只不过是昙花一现的短暂现象而已。就人类眼下的认识能力来说，还不知道有超越了时间的生命存在；而生命所拥有的有限时间即使对于宇宙间的极其有限之空间来说，亦不过沧海之一粟。即使以人类目前所能认识和把握的知识范畴，就能够知道还有极其众多的生命拥有时间所永远也不能到达的广阔空间。至于将无穷的时间和无限的空间来加以比较，则已经不是人类智力之所及了。在天地宇宙之认识上，人类并不比井底之蛙高明，充其量不过五十步百步之间。

释迦牟尼在求得了正果之后，并不甘寂寞，几乎立即就开始在恒河和印度河流域以及喜马拉雅山西南的大山里广招信徒、四处活动，并努力向大众宣传一种灵魂不死、因果轮回和极乐世界学说。

老子比较欣赏佛教中的《四弘誓愿》，虽然老子认为这些主张是永远也没有办法实现的，就算释迦牟尼已经求得正果并且拥有许多自愿献身的信徒，也还是无济于事，因为人类世界毕竟是由肉身凡胎的动物组成。佛陀和后世的一些菩萨们的四个誓愿是：

一、未度者使得度，即令众生皆得超度；
二、未解者使得解，即令众生皆得解脱烦恼；
三、未安者使得安，即令众生皆安住于戒定与修行；
四、未涅槃者使得涅槃，即令众生皆消除生死轮回之苦。

（按：引自《法界次第》，个别字词有改动）

老子对这些主张虽仍然保持着自己的不同看法，对佛祖的发明却能够予以善意的理解，这些宏愿至少是具有大智大勇的做法，这对于一名厌倦了尘世的智者，已属难能可贵了。

佛教关于众生平等、善有善报、恶有恶报、亲善友爱、人人是佛的思想一经出现，就极其猛烈地冲击甚至瓦解着原始印度教盘踞已久的精神信仰领域，很快就引起了当地人民的巨大反响。眼下，这些具有巨大心灵震撼力的新思想，正有四处蔓延之势头。

但老子对于释迦牟尼所一直坚持不懈地进行着的那些多少有些招摇的宗教宣传活动，心中很是不以为然。这不是在出风头吗？这不是在招摇过市吗？这不是在兜售贩卖一种信仰吗？思想、理论、信仰、宣传、鼓动，都是那些世俗领导者们乐于采用的、浅陋拙劣的教化手段。其实，对于那些已经对生命具有了否定意识的人，用不着其他人进行思想诱导就能自行地渐入佳境；而对于那些仍在时间上斤斤计较于生命长短的人，即使用锤子敲开了他们的脑壳，也仍然无法增加他们的觉悟。何况，佛陀似乎已经认识到：

色等及无心，色等长养心，
身受用安立？识藏现众生。

心意及于识，自性法有五，
无我二种净。广说者所说，
长短有无等，展转互相生。
以无故成有，以有故成无。
微尘分别事，不起色妄想。
心量安立处，恶见所不乐。
觉想非境界，声闻亦复然。
救世之所说，自觉之境界。

（《楞迦经》）

佛教徒对天地宇宙以及大千世界的这种别开生面的认识和理解，极为老子所激赏，虽然老子认为与自己的思想相比，也并没有什么高明之处，尤其在色与空方面，简直是如出一辙。尽管老子内心对此免不得感到有些奇怪，但想到天下的许多真理都往往是殊途而同归，便也心中坦然。老子对释迦牟尼多少有些不满的地方是，这个王子既然已经具有了这等不凡的见识和大智慧，就应该及早完成自己生命的最后超越，而不是把功夫下在理论宣传方面。须知，宣传的手段除了使神奇化为腐朽外，就什么也没有了。

老子生平反对所有的思想理论，他认为所有那些表面看上去冠冕堂皇的时髦理论，都产生于人类对命运的无可奈何，都渊源于思想和智慧的废墟之中，都是生命的正常渠道被堵塞之后的副产品。所以，所有流行的、花里胡哨的思想理论，都只是一些廉价的商品，它们与摆放在集市上的那些鸡零狗碎的小物品一样，越是廉价则越加抢手；反之，则越是抢手便也越是廉价。老子以为，真正的思想和智慧都一定是超凡脱俗的、是独立存在的、是隐蔽而不显彰的，决不是用宣传或倾销的手段而得以推广和普及的。

老子始终坚定不移地认为，大道只能来自心灵的自我领会和自我豁决，而不是廉价的奉送；真正的思想和智慧固然不是商品，而真正的思想家也决不是只知道扯直了嗓门空喊叫嚣的理论家、政治宣传员或商品推销员。事实上，大道始终蜷曲于大自然的幽暗处和事物的本原中，对于世间绝大多数热烈追求事物表面使用价值的人们来说，那些潜藏于穷乡僻壤和深壑幽谷中的大智慧和真正的思想精华，都是些心灵感受的奢侈品，是身体负荷的超载物，他们虚弱的身体和脆弱的心灵恐怕承担不起这些东西。

老子认为，生命的大智慧，仅仅可能为一小部分禀赋奇异、天资灵敏、心灵纯净的特殊人物所拥有，这使得他们能够超脱出生命的狭小格局而达成身心的无限自由，而人类的大多数人却是没有办法获得解救的。智者自智，愚者自愚，这是人类知识出现后所造成的恶果，没有人能够以个人力量来改变这种状态。可以想象，如果能够采用教育和宣传的方式来提高大多数人的品质，则世道怎么会越来越混乱而人心越来越阴暗？可见，智慧和真知都只能产生于个别人而不能普及于全体，这只要看看地上的石头超过了珠宝有多少，就可以得到证明。老子承认人类中有真人，真人就是真正的人类，正是他们的存在，使人类避免了与野兽为伍的命运。但真人的数量实在是太少了，和不真的人一比（不真即假），就犹如珠宝和石头一样，根本不成比例。

在老子的一双饱经风霜的慧眼里，整体的人类之真实价值，甚至不及一些较为聪明伶俐的动物和品种优良的植物。比如中国神话传说中的龙这种动物，有谁能知道它们是以怎样的方式存在呢？它们与自然万物全都了无瓜葛，孤独地升腾于云岚雾霭之中，遨游于天地之间，有能力呼风唤雨却从不招摇过市，世间很少有人能够一睹它的风采，可谓生灵中之佼佼不群者。至于一些品质优良的植物只要开花就大多能够结果，它们的开花与结果都没有多少自私自利的目的，也不是因为欲望膨胀而不得不发泄所产生出来的生命意志之冲动，而是按照生命本能自然而然地就促成了。所以，它们的生殖不但不会给其他生命带来负面影响，且有助于自然景观的改善。

至于人类这个容貌丑陋而形体低下的群体，只不过是些树枝、树叶、树皮之类的东西罢了，其卑微不足道已到了无法确定其基本价值的地步。他们之中也有些是勉强开过了花的，却不过是些谎花。谎花一般都不能结果，即使勉强结出了果，也只是恶果而非善果；他们都不是活泼健康的生命，只是些残疾的躯壳而已。这样一种存在物，实际上除了在天地间制造出一堆堆垃圾外并没有其他意义。他们（它们）非但不能给宇宙的自然景观增加任何美感——地球因此而成为宇宙间最肮脏和丑陋的星球——亦不能使生命本质增加鲜亮的色彩。当然，在宇宙需要一些生命来加以点缀而天地间却只有谎花而没有真花的时候，一些拙劣的生命形态也是可以暂时存在的。

在所有世道每况愈下的苍白时代以及人心躁动而欲望沸腾的社会里，智慧和真知——当然也包括已经得道的真人在内——都只能静悄悄地隐退到一些没有人烟的荒凉地方去休养生息，以期获得保全，以免被虚伪、激情、亢奋、狂热和神经质这样一些无聊人生所必然具有的病态表现所陷害、谋杀或埋葬。在所有大道失落的时代，真知和良知都距离人心非常遥远，致使一些潜藏在各种理论和主义之中的、犹如咒语一般的伪善教条，能够借助某些虚假的路标而大行其道。它以对人类命运幸灾乐祸的轻薄态度，居然以花言巧语就能够轻而易举地征服人们脆弱的心灵。满怀精神焦虑和心灵空虚的人们乞灵于理论上的期待，就像乞丐一样，以一种得过且过的心理来打发岁月，他们只求得到生命的苟延残喘，而不敢希冀心灵的真正解脱。

使老子已经犹如死灰一般的心灵受到巨大震动和震撼的是，佛教在破除人类情感方面的不遗余力，这体现在佛陀对《十二因缘》的阐述。老子根据传闻，归结其要点如下：

一、无明——是说人类烦恼之惑，覆盖了本性而无所明了。

二、行——是说人们在过去世（即前世），因身口而造作出一切善与不善业。

三、识——是说因惑业牵连，于刹那间而投生为胎，致使进入轮回之道。

四、名色——名是心，心如有名则无形质；色是质，亦即身体。一旦投胎之后，至第五个七日，则名形就位，生诸根形，四肢亦有差别。

五、六入——是说从名色之后，至第六个七日，则毛发爪齿开始生长，六根开张是有六尘之用。六根谓眼根、耳根、鼻根、舌根、身根、意根；六尘谓色尘、声尘、香尘、味尘、触尘、法尘。

六、触——是说脱离母胎之后，至三四岁时，六根虽接触六尘，但尚不知产生苦乐之念。

七、受——是说五六岁至十二三岁时，虽然已知好恶，但尚未起贪淫之心。

八、爱——是说从十四五岁至十八九岁时，种种贪淫之心已生发，但犹未普遍地展开行动。

九、取——是说二十岁后，贪淫之心急剧膨胀，在五尘境内（色尘、声尘、香尘、味尘、触尘）大肆追求。

十、有——是说因为追求各种幻境，而起善恶业，它们之间相互牵引，而种下三有之果报。因果循环为有，三有即欲有、色有、无色有，此亦即三界也。

十一、生——是说现在所种下的善恶业，后世要切实地落实在个人的六道四生的循环中。六道者，天道、人道、修罗道、饿鬼道、畜生道、地狱道；四生者，胎生、卵生、湿生、化生。

十二、老死——是说从来世受生之后，经过一个短暂时间，则此具皮囊已经腐败损坏。

《十二因缘》在破除人类生命和情感方面做得如此之彻底，实在是难能可贵，老子对此表示钦佩。但对其中的因果和轮回，老子则表示反对。老子不但拒绝承认生命从低级阶段向高级阶段的演变过渡，且坚决否认佛教中的生命之多次轮回和不断转化。他认为生命的本原是直接的诞生，如果有过渡的话，亦是从高级沦落到低级。

如果严格地按照佛教所提供的那些善知识、善智慧，态度严肃地一步步地推演下来，就不能不对万物之间的所谓因善恶所产生的福报和恶报以及心灵觉悟的具体作用，产生出一种无奈和消极态度。万物之发生、变化以及生命生灭之间，既然普遍存在着固定的因果关系，所以，一个修习佛法者，即使能够在思想上认识到自身因果的存在及其转化过程，但这个无始无终的过程不但需要靠自己的心灵自证来完成其间的每一个细节，且难以通过其他得道者的开导和启发来获得成功。

而且，依照佛教的说法，所谓"业"与"障"既然充斥于整个宇宙间一切生灵的本体之中，甚至构成了生命本身，则心灵自证在具有普遍意义的因果关系面前亦完全无能为力，它一点也不能帮助习道者因此脱离因果与身体之间的相互纠缠。一个人——无论他到达了怎样的思想境界——仍须按照因果关系的固定节奏，最终完成因果的往复循环之后才能使生命形态上的循环得以结束，从而进入到生命的大圆满。

思想，尤其是修行生命或超越生命的思想，应该依靠静观和默识的手段来不断打破心中之块垒，这样，每一次思想上的破除，就能够促成意境上的一次升华，也就等于是生命本体的一次更新。这是一种极为艰苦卓绝的思想劳动，因为生命更新是无法得到证明的，它在人的精神和肉体上经常表现得一片空白，令人难以捕捉其中消息。更新固然通过扬弃，这是没有多少征兆的合理结果；扬弃也可能达到更新，但这是没有多少把握的事情，也许扬弃之后什么也没有获得。扬弃之所以能达到更新，是一个勤习苦练和不断否定自己的漫长过程，其中的每一个环节都只能有所失而不能有所得。

这种对生命意志连续性的自我否定需要进行到什么地步？从来也没有人明确地指出其具体途径，似乎只能是随缘而定。但必须是依靠个人的觉悟来完成，其间来不得丝毫侥幸和懈怠。任何伟大智慧的孕育和诞生，都将面临着痛苦的分娩而绝非是幸福的降临，包括宇宙本体在内，无不如此。在老子看来，真正的大道决不是普通的知识或学问，它当然既不能靠一些法言或咒语而侥幸成功，亦不能靠所谓"当头棒喝"来轻易获得。尤其是，它不能用一些所谓大众传播媒介的手段来进行宣传。既然认识不能帮助最终解脱，那么，佛陀做那么多表面文章有什么用呢？老子对此不能释然。

此外，在这个除旧立新的鼎革时代——整个世界都处于一个心灵涌动、豁决、觉醒的时代，对老子思想冲击巨大的外来思想真是纷至沓来、层出不穷。在列国并立的局面下，由于还不存在统一国家在意识形态方面的种种限制，所以，华夏各处的信息传播渠道是相当广泛而且便利的，地处天下心腹的洛阳古城更是各种传说和各种新思想的散布中心。因此，佛教之外还有许多更富有感染力的轶闻传说都纷纷灌入到老子的耳朵里，牵动得老子颇有些心猿意马、坐立不安。比如，传说在桥萨罗（大印度地区）以西亦有一个类似中国的地方，主宰这个地区的国家名字经常变来变去而没有一定，但红海和沙漠却是这个地区比较鲜明的地理标志，至于那里也有像中国一样的两条河流（幼发拉底河和底格里斯河），老子就叫不出名字来了。

　　沙漠，在当日中国比较狭小的疆域内尚比较罕见，在中国人口还没有膨胀到了人满为患的时候，这种贫瘠的荒漠地区还没有被纳入到中国人的视野之内。所以，对于沙漠的了解，即使如老子这样博学洽闻的智者也是极有限度的，老子只知道这是一些因缺水而不能生长植物的地方。按照对自然万物与人类之间密切关系的深刻理解，老子知道，在所有物质条件艰苦的地方，人与人之间的关系也同万物之间的关系一样处于紧张状态。天文深刻地影响并极大地限制着人文，其间种种迹象十分明显。

　　植物的品种极其稀少而数量极度不足，无疑极大地贬低了动物的生命价值；物质的严重匮乏，则极为明显、也相当有力地限制了生命在物质生活意义方面的多元化展开；而飘忽游走在这块贫瘠土地上的众多游牧民族的掠食者，又时时把暴力掠夺和残忍屠戮横加给当地的无辜人民。这样一些来自大自然的严厉无情之惩罚和人为凶残事件的频频发生，抹杀了各种人为的努力，也愈增添了这些地方的恐怖气氛，使这里的人民处于一种持久的恐惧不安之中。人类是由自然所限定的生物，在一切无法改变或征服大自然的地方，或在那些大自然瞬息万变的地方，产生出一些对生命意义持否定态度的思想，无疑是极其正常的事情，这也是由天不由人的宿命论思想产生的源泉。

　　大沙漠靠海的边缘地带曾有名曰以色列和犹太国者，该国家虽已灭亡或名存实亡（老子所处时代，这两个国家都还存在），但该地区的人民却到处流传着一些关于天堂、天国和上帝的学说，据说内容都非常精彩。老子记得其中一首《传道诗》这样写道：

　　　　虚空的虚空，
　　　　虚空的虚空，
　　　　凡事都是虚空。
　　　　人一切的劳碌，
　　　　就是他在日光之下的劳碌，
　　　　有什么益处呢？
　　　　一代过去，一代又来，
　　　　地却永远长存。

日头出来，日头落下，
急归所出之地。
风往南刮，又向北转，
不住地旋转，
而且返回转行原道。
江河都往海里流，
海却不满；
江河从何处流，
仍归还何处。
万事令人厌烦，
人不能说尽
眼看，看不饱；
耳听，听不足。
已有的事后必再有；
已行的事后必再行。
日光之下并无新事。
岂有一件事人能指着说
这是新的？
哪知，在我们以前的世代
早已有了。
已过的世代，无人纪念；
将来的世代，
后来的人也不纪念。

（《传道书》）

从这些词句中所流露出来的思想，在老子眼里并没有多少新奇新颖之处，甚至还不及自己见解深刻精辟，但毕竟与自己的思想颇多吻合之处。老子欣慰地看到，"虚空的虚空，凡事都是虚空"，正是对生命本质的真知灼见，而生命的真实意义其实就蕴涵在虚空之中而别无所在。在渺渺茫茫的无穷时间的洪流之中，在浩浩瀚瀚的无限空间的隔绝之处，生命本身的价值已经遭到了宇宙定律（道）的最彻底的否定，而那些由生命激情中所流溢出来的所谓英雄事迹、道德伦理以及千秋万世名，就显然是些不足挂齿的东西了。

老子早就得出结论，人类的终生辛苦劳碌、疲于奔命和努力奋斗，甚至由人类经验所创造出来的那些思想、信仰、智慧、文化、文字、知识以及社会的进步和繁荣，都纯属徒劳无益之举，它们除了制造出一些令人头晕目眩的表面现象之外，而于生命本体之提高无丝毫帮助。外在的华丽和虚荣掩饰了内心的虚空，本体外的众多诱惑不断地填补了生命器官方面的不足，从而造成了心灵和身体之间的严重反差。人类身体从此疲于奔命于天涯海角略无宁日，而心灵就此成为一片荒芜之地，这是生命不能不遭到彻底否定的原因所在。

上帝教中的许多观点都颇与老子思想有神似之处，这使老子早已枯槁的心灵，居然出现了一点死灰复燃的迹象。如果不是因为自己始终没有公开发表自己的思想成果，他几乎怀疑自己的学说已经流传到了那里。此外，还有一些比较散乱的传闻，其内容在老子看来也与自己的学说雷同，他一直把这些传闻一字不漏地记在心中，如：

> 弯曲的，不能变直，
> 缺少的，不能足数。
> 因为多有智慧，
> 就多有愁烦；
> 加增知识的，
> 就加增忧伤。

（《传道书》）

对天地之间的事物能够达到这种高度，就已经进入到了认识大道的初级阶段，这使老子对那个曾经叫做以色列和犹太的国家和人民产生了些许好感。智慧是乱世的根源，是一切勾心斗角、尔虞我诈的根源，是所有烦恼和忧愁的根源，也是人类心灵永远不能获得超脱的根源；而知识，尤其是那些只知道描述事物外在表象的、含义模糊的经验知识，除了使人增加一些病态和变态的心理以及一副极其虚弱的体质外，亦别无益处。老子头脑里似乎模模糊糊地预感到自己的一些高深学说虽然不能为中原那些热衷于名利的世俗人们所接受，却未必就不能走红塞外。传闻中还有一些排比整齐漂亮的词组，老子尽管感觉其中的道理还有不足之处，却已高出了中原一些优秀学者的认识水平，他记得其中有这样一些语录：

> 凡事都有定期，
> 天下万物都有定时。
> 生有时，死有时；
> 栽种有时，拔出所栽种的也有时；
> 杀戮有时，医治有时；
> 拆毁有时，建造有时；
> 哭有时，笑有时；
> 哀恸有时，跳舞有时；
> 抛弃石头有时，堆积石头有时；
> 怀抱有时，不怀抱有时；
> 寻找有时，失落有时；
> 保守有时，舍弃有时；
> 撕裂有时，缝补有时；
> 静默有时，言语有时；
> 喜爱有时，恨恶有时；
> 争战有时，和好有时。

（《传道书》）

"凡事都有定期"，也就是凡事都有固定的定数和劫数，这对于所有脆弱的肉体生命来说，已是不言而喻的事实。由脆弱的生命中所演变出来的所有事物——战争与和平、欢乐和悲哀、繁荣与衰败、进步与落后、成功与失败、生存与死亡，以及占有和失落中的种种感觉和体验，没有一样是能够保持长久不变并进而达到永恒状态的。

老子欣慰地感到，上帝教的这种认识问题的态度和方法基本是正确的，看一种事物至少要从正反两个方面看，才能多少得到一点完整的认识。比如观察一个人，只看背面容易被假象蒙蔽，只看正面容易被真相迷惑，从正反两个方面进行观察则庶可得其全貌。其实，所谓"正反"，也不过是一个被浓缩了大量真实意义的普通用语而已，观察比较复杂的事物仅仅使用"正反"，也仍然极不全面。即使从正反、上下、前后、左右、表里、内外等各个方面来进行全面观察，也因为事物本身都还随时存在着各种各样的变化，又由于这些变化往往处于层出不穷和瞬息万变的过程中，而人类的心灵和身体上的各种感官是永远也无法追随这种变化的。因此之故，人类对宇宙间所有事物的观察和理解，都不过是人类心灵和精神活动的一时权宜之计，它不能从中求证出什么永恒不变的真理，此为人类永远摆脱不去的宿命。

当老子在传闻中捕风捉影地听到了一些关于上帝耶和华拥有巨大神通的神奇说法后，开始时还感到有些好奇乃至惊喜，以为大道果真与人类的生命觉悟合上了节拍。后来，他发现了有关传闻的随意夸大，就不禁有些怃怃然了。这些关于耶和华的传闻实在是过于离奇了，从他的活动经历以及他的能力和智慧看，也不过就是一名类似战神的普通神灵罢了。他凭什么主宰了那里的人类思想？又配谈什么无所不能的上帝！老子觉得有点不可思议，比如传闻中说：

> 起初，上帝创造天地。地是空虚混沌，渊面黑暗；上帝的灵运行在水面上。
>
> （《创世记》）

在老子透觑万物的慧眼看来，这是何等荒唐不稽的事情啊！天地万物都按照一种自然而然的规律和规则运行，诞生于自然而然的过程之中，即使真的有上帝一类东西存在，也不过是自然而然的产物，又哪里会有能够创造自然世界的上帝？传闻中居然还说：

> 上帝行事有高大的能力，
> 教训人的有谁像他呢？

谁派定他的道路？

谁能说：你所行的不义？

你不可忘记他所行的为大，

就是人所歌颂的。

他所行的，万人都看见；

世人也从远处观看。

上帝为大，我们不能全知；

他的年岁不能测度。

（《约伯记》）

老子认为这是荒谬绝伦的事情。但又听到上帝的某些想法和看法，居然与自己不谋而合，比如：

耶和华如此说：

你们当站在路上察看，

访问古道，

哪是善道，便行在其间；

这样，你们心里必得安息……

我的百姓竟忘记我，

向假神烧香，

使他们在所行的路上，

在古道上绊跌，

使他们行没有修筑的斜路……

（《耶利米书》）

老子听到了这样一些传闻之后，便顿时产生了一种非常亲切而且好奇的感觉，他感到这种学说以及这种学说中所宣扬的理想，与自己的学说、信仰和认识在许多地方都不谋而合，其上面的那个词组简直就像是自己的作品。难道普天之下，真的有所见略同的英雄？

道路，始终是老子最为欣赏、赞美、崇拜并对之一往情深的物种，他认为天地万物的生命根源就存在于道路之中而别无所在，而所有生命的正常展开也是以道路来加以体现的，所谓"兽有兽迹，鸟有鸟道"，有哪一种生命能够脱离了道路而独立存在呢？而且，道路是天然形成的，无论古道还是今道，从来没有人为此做出过什么贡献。的确，当代人类正纷纷"在古道上绊跌"，但却不是因为人类欺骗了神灵，而是神灵欺骗了人类；也不是因为缺少了信仰，而是压根就没有产生出可以作为信仰的合适东西来。

所以，老子敏锐地感觉到上帝教的许多说法都存在着巨大不足以及漏洞，而其在万物起源问题上简直一无所知。看起来，生活在不生长或比较少生长万物的土地上生活的人们，由于缺少对自然万物的深切体验，确实是难以真正了解万物之起源的。比如：

> 光亮从何路分开？
> 东风从何路分散各地？
> 谁为雨水分道，
> 谁为雷电开路，
> 使雨降在无人之地、
> 无人居住的旷野？
> 使荒废凄凉之地得以丰足，
> 青草得以发生？
> 雨有父吗？
> 露水珠是谁生的胎？
> 天上的霜是谁生的呢？
> ……

（《约伯记》）

这样一些简单的自然问题有什么好疑问的呢？老子不禁感到有些好笑亦有点生气。关于天地万物的起源以及它们之间的恩恩怨怨、生生灭灭的事情，老子觉得用不着十分聪明的头脑就可以理解，而在这个产生上帝的地方，却把这些简单问题都搞得一团糟。为此，老子有点坐不住衙门里的冷板凳了。他多次几乎按捺不住内心的冲动，想立即出发到那些地方去了解一下实情。老子虽然对道听途说的传闻并不是尽信无疑，却仍然觉得佛陀的净土和上帝的天堂，都还需要他老人家的亲自指导，才能走上正轨。

中华与大山（喜马拉雅山）极西之处的恒河以及红海之间，毕竟是关山万里、山隔水阻，在缺少现代化交通工具的古代社会里，作为一名生活清贫的思想探险者，如果没有各方面的大力支持，并不是说走就可以走的。而且，仅仅根据这样一些不太可靠的传闻，也还未必就能打动老子并促成他的西行壮举。老子毕竟是一名充满高超智慧的老人，他不但一贯反对盲目行动和贸然行事，而且主张"不出户，知天下"。

但事有凑巧，正当老子迟疑不决的时候，偶然从王朝图书馆里的馆藏简册《山海经》和《穆天子传》中得知，在中国西北地区，有一座巨大的山脉名曰昆仑山，那里像是个有点名堂的地方。

据《山海经》记载：

> 又西三百五十里曰玉山，是西王母所居也。西王母其状如人，豹尾虎齿而善啸，蓬发，戴胜，是司天之厉及五残。
>
> （《山海经·西山经》）

如果只根据《山海经》里的此类记载，就算老子是一名基本上已经消除了七情六欲的得道真人，也不会主动去拜见这样一位半人半兽的雌性怪物。原来，老子在一堆积满了尘土的竹简中又发现了这样的记载：

> 穆王十七年，西征昆仑丘，见西王母，觞于瑶池之上，西王母为王谣，王和之，其辞哀焉。
>
> （《竹书纪年》）

而《穆天子传》则详尽地记载了穆王西征以及与西王母的会见经过，其情节更加迂回曲折，令人浮想联翩。

吉日甲子，天子宾于西王母。乃执白圭玄璧以见西王母，好献锦组百纯，□组三百纯，西王母再拜受之。乙丑，天子觞西王母于瑶池之上。西王母为天子谣，曰：白云在天，山陵自出。道里悠远，山川间之。将子无死，尚能复来。

天子答之曰：予归东土，和治诸夏。万民平均，吾顾见汝。比及三年，将复而野。

西王母又为天子吟，曰：徂彼西土，爰居其野。虎豹为群，于鹊与处。嘉命不迁，我惟帝女。彼何世民？又将去子。吹笙鼓簧，中心翔翔，世民之子，惟天之望。

天子遂驱升于弇山，乃纪丌迹于弇山之石而树之槐，眉曰西王母之山。

（《穆天子传》卷三）

上述记载引人不胜遐想，长期寡居的西王母娘娘似乎与英武豪迈的周穆王一见钟情，二人诗词往来、琴瑟交鸣、情意缠绵，分别时竟有些难舍难分。看来，周穆王如果不是有江山社稷的纠缠，也许真的会留在昆仑山不再东归，成就一段天子神仙佳话。

这样一些满含着浪漫情调的文字记载，再经过大众传播渠道生动细致的描述，就使远离华夏的荒僻昆仑山，居然变成了一处犹如花簇一般灿烂艳丽的神仙胜地，充满了种种神秘的诱惑。一些富有想象力的人们在长时期里津津乐道地相互传诵着它的信息：在昆仑山高耸入云的巅峰有一处仙境，这里是——云雾缭绕、气候适度、风景秀丽、远离尘嚣、遍布奇花异草——丝毫也没有沾染人间烟火气的世外桃源。在桃花源里，生活着一群不饮不食、无知无欲、飞天入地、长生不死、挥洒山河、啸傲日月的快活神仙，他（她）们的首领就是那位名闻遐迩的西王母娘娘。据传言，西王母娘娘的年纪虽然已经大到了不能确知的地步，却不但仍美貌如花，且博学多才艺，善于发明创造，是一位发明并培植出了可以延年益寿乃至长生不老新品种桃树的女性植物学家，这些桃树上的果实成为全体神仙们用之不竭的食粮。

所有的民间传闻都惯于把一些荒唐无稽的事实加以随意性的夸大，就无形中增加了传闻中的可信成分，居然使老子这样清心寡欲的智者也不由得启动了好奇心，可见传说力量之磅礴有力。老子虽然不太相信恒河与红海所发生的事情，却比较相信发生在昆仑山中的神仙故事，毕竟是西周天子周穆王曾经亲自去过的地方，这在简册中记载得明明白白。而且，这个传奇故事距离老子的时代也只过去了300多年。

西行昆仑的路线亦正好与传闻的国家大致相同。而且，这时老子的退休年龄已到，他也就不再申请职务延期并就势辞去了所兼各职，决意西行了。三种传闻之中或有一得，这个风险就算很大也值得冒。

老子的西行道路，实在是曲折而漫长，他从京师洛阳束装出发，最先渡过了夏水泛滥的黄河，然后步履匆匆地路过了正在内讧不已的晋国，一路没有停留地来到了已经日见强大的秦国，这段路大约用了半年的时间。在秦国经过了短暂的停留后——已经对虎狼之邦穷兵黩武的狂热气氛留下了极深刻的印象，老子即从秦国的都邑咸阳出发，一路轻装简行地继续向西部行进。

现在，老子犹如一个行踪诡秘的幽灵，披着一身的霞光和月光，独自一人静悄悄地来到了秦国的西南部边陲重镇——大散关（为便于展开情节，此处把史传的函谷关改作大散关）。

老子决意出走完全是发自内心的一种强烈愿望，不似后来帝国时代的隐士们，他们在隐居之前恨不得要召开一个新闻发布会来公开自己的去处，以便给朝廷和王公贵族们留下一些能够顺利找到自己的线索。老子却想完全泯灭他自己过去的所有一切，甚至连一点点蛛丝马迹都不愿留下。但即使以老子的聪明睿智，也想不到在大散关这样一个偏僻去处，遇到了关尹这样一位极端虔诚的崇拜者。

老子本着自己一贯小心翼翼的行事原则，当然不愿意惊动当地的那些士绅名流，遑论衙门官府了。如果不是为了更换出国的关文，他根本就不会经过城关。但不知为什么他刚刚接近大散关的地界，大散关关尹就亲自率领着当地的各级官吏以及士绅名流，恭迎了他的大驾。老子身为中大夫，曾长期担任过东周中央政府的中层官吏，对于官场的一套当然并不陌生，于是便只有虚应故事，勉强完成了彼此的见面之礼。

见面之后，经过简单的寒暄，关尹一干人等便热情地邀请老子进城里驿馆稍事休息并顺便调换关文。老子虽然遇事颇能处变不惊、沉稳老练，毕竟却不过当地人好客的情面，也就只好在众多人士的簇拥下，乘车来到了大散关街市。老子以为，与这些人敷衍性地谈谈话，迅速办好西行的各种手续之后，就可以马上动身西去了。

不想，在当日的盛大接风晚宴上，大散关的关尹——似名喜——居然在酒酣耳热之际，代表当地的士绅名流，出面恳请老子在出关远行之前，暂且在大散关稍事停留，给世人写下一部关于大道方面的著作，以飨来者，也免得天下绝学而中断于斯世。

这个请求完全出乎意外，老子心中不禁有些愤懑，且不说自己正是为了逃避浮名而决意别离中原，无论帝乡也好，佛土也罢，离尘世愈远愈妙。就算自己有写作的冲动，也不必选择如此闭塞落后的地方来进行，而且，老子认为一切著述都是欺世盗名之举。

看到老子神情有异，关尹知道这个请求大拂老子之意愿，而且，老子刚刚抵达本地尚未洗净一身风尘，就要人家进行著述，亦未免有些强人所难。但犹如老子这样风华绝代的人物，根本是千年万载也难得一见的，如果轻易放弃了这个天赐机缘，岂不将终生噬脐莫及？因此，头脑灵活的关尹立马又提出一个建议，如果老子实在不愿动笔，便在此地开一个短期讲座，以在西北化外之地弘扬中华之学术文化。

关尹的举动显然是早有预谋，当地的士绅名流们都为关尹的请求轰然叫好。老子一时颇感茫然不知所措。这两种庸俗的做法当然都不符合老子的一贯主张，但在崇拜者的谦恭请求面前，即使号称足智多谋的老聃先生，却也实在找不到合适的推辞理由。

结果，老子在内心中经过反复权衡，认为与其在如此酷暑天气里闷下头来撰写一部学术著作，倒不如干脆举行若干次信口开河式的讲座，随意性的演讲在许多时候不过是侃大山——讲者懵懵而听者懂懂，比较在竹简上刻写出一部学术著作总要简单些。以老子的个性，在所有无聊无趣的事情上，能够选择容易和直接的就决不选择困难和琐碎的，正犹如与其繁琐就不如简易。何况，老子也并不认为这里的读书人能够读懂自己的学术著作，但对于语言的理解能力则到处都一样，这里即使差些却也差不到哪里去。

一想到以自己以往的身份和声望，居然要在这华夷混杂的荒僻西北地区举行关于"大道"的学术讲座，老子就不觉啼笑皆非，因为自己是一贯主张行"不言之教"的。老子不禁回想起许多年之前为了讲座和办学问题，曾严厉地批评了找自己问学的孔丘，现在轮到自己，才觉悟到人世间的许多事情，都确实是错综复杂，不是事先可以预作准备和提防的。按照老子的想法，本来可以一走了之，但是否讲学似乎已经涉及中原学术的传播问题。老子窃思，自己自然是看破红尘的年迈老翁，对名声之事早已淡如云烟，但中原学术的名声却是无论如何不能损害的，这个责任，老子感到有些承担不起。

此外，精于世故人情的老子，于朦胧之中也还有深一层的顾虑。在这天高皇帝远的蛮荒闭塞之边地，那关尹喜便是这里说一不二的土皇帝，这人虽然看上去满面斯文且带些书卷之气，却根本就不像是什么世外高人。以老子观察问题的细致和周详，知道这样的权势人物，是万万开罪不得的。想到这里，老子不觉惊出一身冷汗。

于是，在酒桌上，双方经过反复磋商及讨价还价——此讨论绝对不是讲课费多少——老子终于勉强同意暂时逗留大散关，每天举行若干时辰（时间不限）的专题学术讲座；而关尹则慨然允诺老子，在中秋到来之前，一定恭送他老人家离开大散关继续西行。

如果从第二天算起，到八月中秋正好还有三个月的时间，老子在酒桌上捏指计算了一下课时，知道自己将要在大散关举行大致八九十次的讲座。事情既然已经反复磋商到了这种地步，就再也没有回旋余地，老子除了应承之外，也已别无选择。

原来，以关尹和当地一些士绅们的意见，原本准备让老子长期留在这里举办私学，以便使他们的子弟能够学到些诗书礼仪伦理道德之类东西，以备一旦有机会便去中原发达国家留学之需。现在老子既然已经很爽快地答应了他们的请求，也就不好再勉强老子。一是他们对老子这样一位名满天下的著名学者，内心里还是不免有些畏惧的；二是他们根据见面后的一种模糊感觉，感到老子的知识学问可能很是玄妙高深，但却未必能够调教出可以飞黄腾达的学生。

双方的意见终于达成一致之后，众人便纷纷告辞而去。

上篇

道经

第一讲·众妙之门

道，	道，
可道，	可以行走的道，
非常道；	不是永恒的道；
名，	名，
可名，	可以作名字的，
非常名。	不是永恒的名。
无名，	没有名字，
天地之始；	是天地的原始。
有名，	有了名字，
万物之母。	是万物的诞生。
故	因此
常无欲，	经常处于没有欲望的状态，
以观其妙；	以便观察万物的内在精妙。
常有欲，	经常保持有欲望的状态，
以观其徼。	以便观察万物的表面边际。
此两者，	有欲和无欲这两样东西，
同出而异名，	是同一来源而名称不同，
同谓之玄。	都是非常幽深玄妙的。
玄之又玄，	玄妙之中有玄妙，
众妙之门。	是一切微妙事物产生的门户。

　　在设备齐全的驿馆里连续休息了三天之后，老子已经完全消除了年来长途跋涉留下的疲劳困倦，恢复了往昔的神采。第四天上午，老子手里拿着连夜写出来的几根竹简，在几名地方士绅的陪同和引导下，徐步走入讲课大厅。

眼前的场面，不觉让老子感到有些意外。大厅是一座庄严气派的殿堂，殿堂内雕梁画栋、陈设考究，这对于见过大场面的老子来说，倒也还没有什么了不起。却见得大厅上方早已高高地搭起了一座临时讲台，台上几案齐备，案上有一大簇鲜花正发出浓烈的清香；案下之正中则铺着一张硕大的虎皮，虎皮之旁的两座青铜香炉中正冒出清淡的香气。这样经过精心策划而设置出的华丽排场，使一贯简朴的老子大吃一惊。

这时，只见关尹喜快步走上前来，先向老子躬身敬礼问安，恭恭敬敬地搀扶着老子在几案正中的那块虎皮上面坐定，再亲自为老子斟上了满满一盏清酒。然后，他走到了案旁，正襟肃立，开口道：

先生们！

今天我们以激动的心情，迎来了名满华夏九州的中原大学者，德高望重、博学多闻的老聃先生，这对于我们西北边塞地区，可以说是一件空前的盛事。尤其令人感到喜出望外的是，老聃先生一片古道心肠，不弃我蛮荒僻陋之地，居然俯允在下之恳请，在此地为我边疆学子士人举办关于华夏历史文化的系列讲座，以弘扬我中华传统古学，以教化我边塞臣民。在下在此代表我大散关全体人民和各方各界人士，谨向老聃先生表示衷心的感谢！

各位！老聃先生乃中原列国所公认的得道高人、思想宗师、学术泰斗，精通天地万物及百家之学术，尤其对道学有精深的研究和重大建树。先生高深的学术造诣和高洁的道德人品素为列国学人所共景仰，大家所熟悉的孔丘先生曾虚心向老聃先生请教礼仪问题，他赞誉老聃先生为不见首尾的神龙。今先生鹤驾西来，践履敝邑，教我学人，示我大道，各位当倾心就教，庶使先生之学术能在我西北开花结果。

再次感谢老聃先生！下面，请老聃先生讲话。

听了关尹的开场白之后，老子不免心里窃思，想不到这位关尹倒还见识不少，对自己的以往之事居然知之甚详。尽管老子心里不无感触，但脸上却是一片平静，没有丝毫变化。当他高高地踞坐在讲台正中的虎皮上之后，不觉冷眼望了望台下的听众，他一点儿都没有想到，偌大的厅堂里，居然坐满了黑压压一大片人，场面宛如朝圣一般。

老子不觉有些激动，这对于已经在身心方面差不多修炼成了婴儿的老子来说，应是很不寻常的事情。

于是，老子勉强按捺住心头的躁动，开口说道：

诸位先生！

刚刚来到贵地就要做先生，实在有些汗颜。可以非常坦率地告诉诸位，经过多年的自我清除，老夫之腹中终于变得空空如也了，所以，实在已经没有了诸位所殷殷期待的那种学术。请诸位恕老夫直言，我以为整个中原亦已无真学术也，往古之大道久已隐没不显，往古之学术亦湮灭不存者久矣。财富愈多，人心愈薄；人心愈薄，大道愈晦；人智愈开，大道愈灭；大道愈灭，学术亦堕落为衣食稻粱谋耳，此诚乃千古不变之真理。放眼当今之天下，诸多君子学者四处游走、招摇过市，此诚小人道长而圣人道消。在诸多歪理邪说鼓荡之下，世道人心久已分崩离析，而国家社会亦随之日趋土崩瓦解，此不惟传统学术之在劫难逃，亦华夏大难临头之征兆也。

诸位！人心之骤变、欲望之膨胀、古风之荡然、正道之渐灭，致使中原大地处处都物欲横流，不可阻挡。

学问之道因人心之骤变，实亦早已步入歧途。读书人热衷于功名利禄，亟亟若饥犬扑食；百姓追逐于淫欲饱暖，惶惶若饿虎下山。开疆拓土、沽名钓誉、功名事业、知识智慧、奇技淫巧、仁义道德、君子小人，各种歪理邪说、谬论伪学充斥于天下。人心之不古，世道之险恶，无有甚于今日者，此乃世道愈加丧乱之根源所在。

老夫本乃一庸官俗吏，对中原文化之传承早已深感绝望，久慕西部化外之地民风淳朴，不识奇技淫巧礼仪智慧为何物，窃以为此实乃太古大道硕果所仅存耳。此次出关西行并无固定目标，志在避世而已，并不打算在中途做任何停留，亦没有传播中原学术道德之意图。不意在此蒙关尹先生之抬举，委我以举办讲座之重托，此实乃出乎意外之事也。我何人哉？我愚人也。诸位如欲学习时新之礼仪道德及时髦之知识智慧等流行学问，亦即说，诸位如欲学习功名利禄之学及进取之道，则我委实没有办法能够满足，非不为也，实不能耳。诸位如欲寻觅天地之大道，则我愿尽绵薄之力。

老夫没有学问、没有智慧、没有知识、没有教养、没有理性、没有正义、没有是非，所有那些能够在人世间飞黄腾达的方法和手段，都一概没有。试想，老夫如果满肚子都是那些东西的话，在中原处于那样一种乱七八糟的局面下，岂非正该施展身手？也就不会跑到西北来了。老夫有的是怎样静观、默识、逃避、躲闪、忍让、委屈、保全自己生命的道理，这些道理或许可为走投无路的人们提供一条人生的退路。

现在，老夫已经把自己的学问根底以及能够讲授的东西都老老实实地告诉了诸位，可以断然地告诫诸位，如果是有志于仕进的精英人士，千万不要听信老夫的信口开河，坐失了眼前的大好机遇，老夫不想耽搁诸位的锦绣前程。坦然告之，勿谓言之不预也。

现在，开始上课。

老子说完了一席简短的开场白之后，便随手拿起了一片写满了篆字的竹简，清了清喉咙，开口说道：

道，可道，非常道；名，可名，非常名。

这几句话刚一落音，当真如霹雳落地，立即引起台下一片轰然，也不知是喝彩还是捣乱。或许是老子的官话与当地土语发生了语言障碍，亦未可知。老子见状，当然并不认为自己所说的道理有什么不对，他早已知道，以这些听众的水平，还不能理解高深道理。他清了清嗓子，正要因材施教，进行一点启发式教学。

只见一少年已举手提问道：

先生在刚刚说出来的十二个字中，连续提出了三个"道"字和三个"名"字，令人颇觉高深莫测。然先生所言之道，是不是道路的道？先生所说的名，是不是名字之名？若果然如此，则道路和名字这两种东西，虽然其属性和功用全然不同，却皆为人世平凡之物。"道"与"道"之间如果没有不同，又哪里有什么非常之道？"名"与"名"之间如果也没有不同，又哪里会有什么非常之名？在下敢问，非常之道还是不是道？非常之名还是不是名？

老子微笑道：

在正式开讲之前，有必要向诸位解释一下有关道的基本概念，以免发生概念上的混淆。自从老夫提出了所谓"道"的思想，经过世间浅学者的随意曲解，就已经成为一种似是而非的东西了。大凡一种接近真实的事物，人们都不愿虚心接受，为了逃避它，就不惜歪曲它。现在，"道"好像已经不是人类的东西，而成为了脱离生命、脱离事物、脱离世界（世为时间，界为空间）、脱离精神、脱离物质的独立存在，连我这个发明者亦不知"道"为何物了。

其实，道不在天地万物之外，它不是抽象的意念而是具体的存在，它不是一种纯粹的精神产物，道的出发点不但是物质的，而且，它在本质上就是道路。道路不但是人类创造物质财富唯一的和始终畅通的渠道，也是人类产生出精神、灵感和智慧的真正发源地。国家有国家的发展道路，社会有社会的持结道路，个人有个人的生存道路，甚至天有天道、地有地道、人有人道，万物各自有自己的生存之道。

在此不谈国家发展和社会前进方向的道路问题，它们是国家执政者们应该关注的事情，只向诸位谈一点生命维持之道路，只有在这条繁衍了生命的道路上，才可以归纳出生命存在的道理；而在生命的道理中，则可以顺势寻找到生命的最后归宿，而生命之归宿也仍然是一个道路问题。在人世间，有所谓"生死之外无大事"的老话，但生有生之道，死亦有死之途。发现和洞察生和死的正确途径，是道之精髓所在，也是大道之真义所在。

老子说到这里，略微停顿了一下，面向那少年道：

诚如子之所言，道路和名字这两种东西，乍看起来确实是平淡无奇且平庸至极，但认真思索之后，便可感觉到，它们其实包含了至深至极的道理。比如道之为路，人们每日走在上面，感觉是天经地义；比如名之为字，人们无时无刻不在使用，亦感觉自古当如是。不仅人类如此，天地万物皆然，只要是能够行动的物种，他们的所有行动都不能片刻离开道路；而他们的行动目标，也不过是直取与自己相关的名利。可见，道与名，实乃辨识天地万物、诚然也包括人类本质的最直接、最简便、最有效的途径。

老夫上面所言之道，就一般意义上理解，"常道"便是事物存在的固定道理，它们是永恒存在。在此把能够走路的道路作为非常之道，请诸位注意，这里说的"非常道"就是大家所说的道路，它们是随时可能发生变化的，就是说，作为人类行动的对象，道路随时都会追随物的行为而发生本质变化，它是运转的、变动的、迁移的。

此处可以把所有已经命名和能够命名的事物作为非常之名，这就是所谓"非常名"。常名是永恒的称呼，而非常名则与道路一样，是随时可能发生变化的。至于目前还不能行走的地方和不能命名的事物，都是人类的观察力和理解力现在还完全不能了解清楚的东西，所以，暂时不把它们放在学问中进行探讨。由于此处提出的是一个全新的观念，在叙述之中就免不了会发生语言和文字之间的诸多混淆。可以说，人类现在所使用的语言和文字，在内涵和内容方面的意义都实在是太有限了，如要阐述一些比较新颖和独到的见解，就只好突破一点语言和文字方面的限制，并不是要故作高深。

"道，可道，非常道"中的三个"道"字，第一个道字说的是作为独立存在的道路，做主语用；第二个道字则是能够被用来行走的道路，做宾语用；第三个道字指的却是被形容的道路，做状语用。上面六个字旨在说明一个道理，即道的普遍性和实用性。为了使诸位加深理解，老夫勉强引申发挥一下："道，能够行走的道不是永恒的道路。"这句话的组合形式，也无须执着，即使改为"道可道，非常道"，其意义也没有什么不同。至于老夫所用的三个"名"字，亦可做如是观，每一个名字（或名称）都代表了一个事物，都代表了人们对一种事物的认识，人类把所有自己多少了解了一些表面特点的事物以及与自己关系密切的事物，都以名字的形式加以体现，以便使人们在认识这些事物特征和性质方面能够达成共识；同时，将一些虽然已经发现了它们的存在却丝毫也不能了解的事物，也以名字的形式使之得以保留。

但宇宙间独立存在的事物何其之多？人们既不能了解甚至也无法发现的事物，还不知道究竟有多少。自然界的事物，犹如一座由没有刻上字的竹简所堆积起来的高山，等待人们去填写上名字的还不计其数。在光怪陆离的宇宙面前，在千姿百态的自然万物面前，在座诸位，也包括老夫在内，不过是一群坐在井里看青天的青蛙罢了。

所以，能够行走的道和能够知道的名，都是人类认识中的已知，这里所讲的一些道理，亦只是针对世间人的这个已知。至于宇宙万物间还存在着一个不知何等巨大的未知，今天不想有所涉及，也许过几天我会多少谈一点，也许永远都不谈。而且，可以很坦率地告诫诸位，以先生们的才智，对于未知世界里的一切，还是少知为佳。

少年面现不屑之色，愤然说：

据晚生所知，中原的学术似乎是将"道"作为一种提高心灵修养的高明境界，将"名"作为身体活动所要努力争取的远大目标。成道可使身体不亡、精神长在，与天地自然共存；成名可使青史留名、声著千秋不朽，与日月同辉，而风闻先生正是这种伟大学说的开创者、创议者。今先生降履敝地，敝地幸何如之！小子等无任欢喜，数日来翘首以待，以为先生将以大道开示于我等，庶使我蛮荒之人得以一心向道。今闻先生之言，何其言不由衷也！莫非以我等为化外之民，不足以闻大道乎？

老子闻言，愀然曰：

欤！此何言哉？子且莫躁，容我细细说来。老夫且问汝，中原之学术究竟有何特点，子知乎？不知乎？

少年慨然曰：

晚生就学日浅，但对于中原学术道德尚能略知一二，对中原所流传的大道亦多少知道一些。

老子神态郑重地说：

足下既然已体知"大道"，则老夫倒要向足下请教了。可以明白地告诉足下，老夫虽孜孜以求大道数十年，却迄今尚未得闻大道，每叹末世无知大道者，有以教我。足下既已知之，可速去，勿听老夫饶舌！

少年闻言，愕然片刻，乃幡然改容，鞠躬为礼，伏身前趋而言曰：

晚生知错了。晚生所知之"道"，其实本不足道。

老子坦然笑曰：

你原来就没有对，所以，现在亦没有错。知道了一些事情，就等于是学到了一点知识，而知识不过是人类对于一些事物特征的最粗浅的了解，并不是什么了不起的大事。人们了解或熟悉了一件事情，态度很随意地把它说成是"知道"，这应该是习惯使然。但"知道"这区区两个字，其来历却很不简单。其实，人们对于自己所了解的一些事情，只不过是略微留下些皮毛的印象，与所谓"道"尚且距离很远。

老夫在治学过程中，始终是把"知"和"道"分为两途。在我的思想认识中，所谓"知"是了解或理解，"道"则是道路，把"知"和"道"两个字合而观之，就是了解了有关道路的情形。了解了道路的一些情形之后，人们开始从中得到了一些感受和体验，并从这些体验中总结出来了一些生物和事物中的运行规律，这就成为了所谓的"道理"。道理本来是计算道路之长短的专门用语，但行走道路之多少及长短亦可视为人们获得了体验事物的规律之多少，这便使道理成为了一种经验知识。

其实，在人类的发展过程中，人们除了切实的行动之外，是没有任何其他体验渠道来获得真知。你们大多是所谓"知识分子"，就应该知道一个事实，即在道路、道理这些抽象知识刚刚出现的时候，还没有带文字的书籍可以帮助人类增长见识和知识。

可以把道、道路、道理这些事物之被发现运用，视为蒙昧初开时代的象征。在那样的清明朴素的时代，人们曾经把了解道路规律作为一切知识的基础。现在，人们如果对一些刚刚了解了一点表面皮毛现象的事物，动辄说知道，实在是有些大言不惭。

关尹道：

无论如何，道路不过是一种相当普通、寻常可见的东西，即使是一般没有知识的普通百姓以至贩夫走卒，他们也许还不能理解其他事物的本质，但对于道路却不会感到陌生，而对于一般士大夫和读书人来说，道路实在是比较容易理解的事物，不知夫子何以对道路如此重视？难道道路之中含有什么极其深刻的人生道理不成？

老子笑道：

岂止是含有？道路正是生物，当然也包括人类在内的所有生物的生命起点和归途。在人们眼睛中愈是充满奥秘、秘密、神秘和神奇的事物，则愈与人类生活脱离甚远，而至高和至真的道理却往往蕴藏在最普通的事物之中。道路是人们眼中最普通的东西，其实却蕴涵了天地万物所具有的所有品质，人类所了解的最基本的和最高远的道理都可以从中得到体现。你刚刚说普通百姓乃至贩夫走卒不能理解事物的本质，而一般士大夫和读书人都能够理解道路，老夫窃以为不然。也许对许多时髦的知识和较新的时尚，士大夫和读书人会理解，甚至理解得相当深刻。但对道路的理解却与理解一般知识全然不同，也许普通百姓，尤其贩夫走卒们反倒更容易理解些。

其实，天地以及天地之间所有具有生命的物种，在性质上都可以一分为二，也就是说，所有事物都分别具有物质的和精神的两种属性，但人类观察事物却容易注意事物的外观而忽视了事物的实质。比如要了解一个人，最简单的方法就是通过他的身体（物质）而了解到他的外形，通过了解他的外形，可以知道他的身体强弱、身材高矮、相貌美丑，以及五官、手脚、皮肤等等，甚至也可以了解到他的动作快慢、语言多少、声调高低以及性格的外向方面的种种特征，进而做出初步的判定。

就一般认识问题的步骤看，大多数人的认识到达了物质层面这一步，就自动地结束了自己的认识过程，这时，他们自以为对事物的观察和了解得已经够多，甚至以为已经认识到了事物意义的全部。其实，一个人对事物了解到这一步，还根本不能算是认识的最后阶段，因为人们至此除了凭借感官而了解了一些特征和外貌之外，还不能认识这个人的内心、性格、爱好、知识，以及心灵和精神中的东西。只有对事物的精神层面进行过比较详尽的了解和认识，才有可能逐步认识事物的实质。

以此类推，人类认识同类甚至包括认识自己尚且不能做到由浅入深、由表及里而达到全面认识，则对于其他万物的认识又怎么能够深入？老夫此处所提到的道，就是这样一种构成复杂而内容浅显的普通道理，如果仅仅凭借感官来了解，则所谓"道"只不过是一般物质性的道路，人们完全可以一眼洞穿它的全部内容。但如果人们像了解一个人那样来了解道路的内在品质，则道路的性质马上就会变得异常复杂。

什么是道路？它出现在什么时候？它具有什么功能？它从哪里开始到哪里结束？它有什么样的性格和品质？它有什么样的功能和能量，它与万物之间的关系怎样？人们行走在道路上与萎缩在房屋里，在心理上、生理上、自身的生活方式上、对事物的了解理解上，都会有什么不同？所有这些问题，试问在座诸位，有谁能够回答？

所以，老夫既然接受了为诸位讲解大道的艰巨任务，就准备从"道"的基本特征讲起。从物质（形而下）的"道"一直到精神（形而上）的"道"，逐步把道理讲出来。其实，人类的学问全在一个道字，这样评价道，并不是我天生有爱好道路的怪癖，而是因为天地间一切事物的起源都离不开道路，而人类的所有事物也是自道路开始。可以认为，没有道路便没有万物以及人类的一切，道路是天地万物的起源。至于道在精神方面的重要作用，反而应该排在后面，即使从作用上也是如此。

关尹道：

经夫子这样一解释，在下对夫子的认识论就多少有些理解了。如果拿一个人做比方，仅仅从外观上来了解确实是不够的，尽管大多数人通常的做法都是如此。所以，人们对除了自己之外的人，都不能说就是了解了。对于自然万物，人类当然就更加陌生。比如对于一只山鸡、一头山羊，人们除了知道它们可以当做食物来果腹，当然不能知道它们的心理以及它们的性格和品质。但对于道路，在下却还是想不通它的精神内容，因为它们都是没有感觉、没有生命、当然也没有思想的东西，它们与一块石头和一粒沙以及一滴水全然没有什么区别，应该怎样去了解它们的性质呢？

老子答道：

对于一般自然存在物来说，有没有生命与有没有道理是没有什么关系的，没有生命并不等于没有道理，有生命并不等于有道理，何况人类现在所了解到的生命概念并不精确亦不准确。事实上，生物的存在之所以不同于一般物质存在，只不过是多出了一种感觉存在，感觉在就是有生命，感觉不在就没有了生命。所以，如果仅以存在作为生命的象征，则天地之间没有任何一种东西是没有生命的，只不过表现的形式有所不同罢了。诸位当然都熟悉石头？最普通的是鹅卵石、花岗石，比较高级的有玉石、宝石、钻石、金刚石，它们的生成毁灭，其实与其他生物的生死是没有什么区别的。就一般的存在形式而言，任何有开始和结束的东西，都应该是有生命的，即使石头也不例外。大家对于天地当然是熟悉的，你说它们有没有生命？

不知大家是否清楚，人类现在所存身的天地以及所看到的万物，都不是先天就存在的，它应该有一个开始和一个原始，这个开始便是事物的本原。关于本原的具体情形，在此难以用只言片语加以叙述，没有谁看到过开天辟地的原始时期的真貌，但如果能够正确地运用自己的已知再加上自己的想象力就可以想见，在天地形成的初期，天地之间是一片混沌，万物都处于自然而然的孕育和萌生之中。人类在那个时候或许还没有出现，即使出现了也与万物没有区别，是什么事情也不知道的。那时，天地万物都处于一种自然存在中，他（它）们一定都行动在道路上，却并不存在任何"道理"。

诸位！在分析和观察事物之原始和性质的时候，有一个问题要加以注意，即本原并不是根源，尽管它们之间有许多相似之处，但在本质上却有所不同，对二者的认识亦不能故意混淆。略而言之，本原是事物纵深处的终极原因，根源则是事物的最初萌生处；本原在渺茫不可知处，而根源却具有人类可以观察和发现的特征表现。

关尹愕然曰：

这实在是大问题，夫子能否进一步加以说明？

老子道：

实则，仅仅把事物分为本原和根源，并不能完全说明事物的全部内涵。大家都知道，所有的事物都渊源于孕育和诞生的潜在过程中——这个孕育过程为人类眼睛所不能洞察，孕育导致了诞生——人类眼睛可以捕捉到诞生的详细过程，诞生再促成了孕育。所以，可以把某物种的第一个出现算作事物的根源，但这第一个出现究竟是怎样孕育和诞生的，便直接涉及事物的本原。这样的问题如果不是经过学者自己冥思苦想所获得，其他人要解释得透彻明白就相当困难。在此不妨以一个尽人皆知的例子来勉强说明。诸位当然都很熟悉鸡和鸡蛋，鸡蛋是鸡所生，没有鸡便不会有鸡蛋，所以鸡是鸡蛋的根源。但是，如果进一步追问，鸡是从哪里来的？按照人类现在达到的认识能力，都知道鸡是从鸡蛋里孵出来的，而事实当然不可能如此。这样，便涉及事物的本原。根源是比较容易发现的，就像树木的根一样；而本原却难以发现，对于一般平常人的智力而言，也可以说是永远也不能发现的。是否可以大胆地认为，人类现在所发现的所有事物特征以及人类现在所了解到的知识，基本上都是对事物根源的了解，它们跟事物的本原大多没有多少关系。

关尹：

然则，了解了事物的根源，是不是有助于了解事物的本原呢？

老子道：

这二者完全是不相干的两码事，比如，你想要了解鸡蛋产生的根源，随便了解一只母鸡就可以做到；但如果要了解鸡的本原，就算是把天下的鸡蛋全都打碎了也没有用处。所以，你如果要了解人的本原，即使把许多人的底细都调查清楚，甚至以一些人体来做解剖实验，终究不过是了解了一些人的根源，还是回答不了人的本原问题。

请诸位不要继续追问人类的本原问题，以老夫目前的智慧和认识能力，还回答不了这么重大的问题，而且，即使能够勉强回答，在座诸位也未必能够听得明白。可以明确告诉诸位的是：人类以及其他自然万物，当然都是在天地开辟之后出现的，他们各自都既有自己的根源，也必然有自己的本原。人类眼下所勉强能够把握到的知识，无不是局限于前者而忽视了后者，老夫所提倡的大道则主要来源于后者。

关尹道：

没有天地之前，当然不会有万物。在下不能理解的是，天地开辟之后，万物是如何出现的呢？

老子答道：

对于天地开辟之后万物如何诞生的问题，老夫无法作出直接回答，因为我也没有亲眼看到这样的事实，就不能强作解人。老夫勉强能回答的是，那时的物与物之间的简单关系，那时——天地开辟之初，万物对人类，人类对万物，互相之间没有一点了解，人类不知道任何一种东西的名字，亦可以说，万物在那时都还没有名字。

老子说到这里，忽然收住话头，浅啜了一口清水，便顺手拿起了另外一片竹简，朗声读道：

无名，天地之始；有名，万物之母。

诸位！人类对万物的所有命名，都不过是人类对一些事物经过了表面观察之后所作出的初步判断，这些名字不但距离事物之本原很远，甚至也不能准确地表达事物的根源，它们不过是早期人类对事物表面特征的极为粗心大意的刻画。比如"天"字，不过是在两个横之间添上了一个人字，它怎么能够说明天的实质？比如"日"字，只不过是一个小圆圈，它怎么能够表达出太阳的真实意义？但就人类来说，则名称的出现，可以说是代表了人类认识事物的开始，这条途径大致不错，如果不是始终受到一些不正确知识的困扰而裹足不前的话，也许终有一天人类能够接近事物的本原，进而出现人类学、人体学、天文学、天体学、气象学以及专门叙述各种自然事物的物理学，我对此是充满乐观态度的，虽然我对目前的状态并不满意。

肃立一旁的关尹，趋前问曰：

先生难道认为，天地在开始的时候，是没有名字的，天不叫做天，地不叫做地？

老子答曰：

岂止是天地！宇宙万物在开始的时候，全都没有名字，没有人类，怎么会有名字？名字的出现很晚，比语言晚得多。而且，所谓“名”和“字”本身就包含了极其复杂的含义，它们虽然对人类的日常生活至关重要，但人类对这两个字并没有真正地认识。

关尹道：

然则，应该怎样理解这两个字呢？

老子道：

名和字是有所区别的，所谓“名”是人类能够进行语言交流之后的产物，我并不确切知道人类究竟在什么时候发明了语言并能够利用语言进行日常对话和思想交流。但根据事物的发展规律认识到，人类于诞生之初期应该是没有语言能力的，那时，人类也应该与其他所有动物没有多少性质区别，都处于一种自然而然的生存过程之中。但人类经过了不知何许年月而掌握了对话和语言能力，这时，他们开始把自己在此之前对事物所做的观察和了解都诉诸语言，其中最重要的一个举动就是给他们所能认识的事物进行命名，现在人们所知道的各种事物的名称大约就起源于这样一个时期。

至于文字的起源就晚了许多，据我所知，在中原以外的大多数地区，至今还没有发明出文字来，即使在文字素称发达的中原，能够认识文字的人也相当有限。所以，人类在认识事物方面的能力，如果只是从语言方面着眼，是没有多大区别的；但在使用文字方面却存在着显而易见的能力之高低。现在，且不谈文字给人类造成了相当严重的身份地位的不平等，那些问题不是在座诸位所能解决的问题。

经过上面的简单提示，相信诸位应该领会到，天地万物在诞生之初期本来是一团混沌，那时，天地和万物以及人类都算是名副其实的无名之辈。只有经过了极为漫长的发展时期，人类才会在掌握了语言之后逐渐给万物命名，而"名"的意义也主要是反映了语言方面的而几乎没有文字方面的意义，它们是人类眼睛的观察结果而不是智慧运用的结果，所以，大多数事物的名称都普遍缺少人类心灵方面的感应。对于人类来说，这是一个必然的发展阶段，而对于万物来说，却是一次偶然的意外。

所以说"无名，天地之始"。便是提醒诸位注意，天地万物本来皆是无名的，对事物的具体命名，是人类经过了不知几许年月的观察和摸索，才具备了粗糙的命名的能力。

那么，为什么说"有名，万物之母"呢？

在此只能依据人类目前的认识水平来进行阐述，也只能以人类目前的思维能力来进行判断。站在人类的立场上，万物在没有名字的时候，就不算是标准的物，只能算是一个空洞的存在而已。无论万物之中的任何一物，只有当它有了属于自己的名字，才有了自己的生命属性，有了自己在万物中的地位，也有了自己在空间的存在价值，否则，它除了是它自己之外就什么也不是。万物中的任何一个种类，只有具备了上述条件，它才可以在天地万物的序列之中占有一个位置，甚至天地本身亦不能例外。所以，老夫把"有名"作为万物的母亲，就是因为万物都是从那里孕育而出。

一鹤发童颜的老者趋前躬身问道：

老聃先生之所言，实如空谷足音，发前人所未发，闻之犹如醍醐灌顶。一个令人扑朔迷离的"道"，在先生谈笑风生之间，其实质便已昭然若揭，老朽不胜敬佩之至。仔细想来，自然界生物既然无不存在生命之长短，便当然应有开始亦应有结束。然则，人类作为生物之一员，他们如何能够认识万物并对万物加以命名？愿闻其详。

老子以眼角瞄了一下这位与自己年岁相仿的好学老人，微微颔首，再拿起了一片竹简，高声读道：

故常无欲，以观其妙；常有欲，以观其徼。

老子读毕，只见台下一片寂静，百十个人全都瞠目结舌，不知所以。良久，关尹请求道：

先生之言太过高深，在下所治之地实草昧方开、文明初现，尚祈先生以浅白之语见示，不知可否？

老子向那发问的白发老者颔首曰：

理解这段话，一定要结合前面所讲到的无名和有名的问题，此处不过把无名和无欲联系在一起，又把有名与有欲联系在一起。这个说法应该怎样做进一步的理解呢？首先，可以直率地告诉诸位，人类的所有欲望正是从有名而开始。诸位当然都能根据自己的生活经验体会到，欲望这种东西从来就是有针对性的，人类对所有自己还不能认识的东西都不会引起任何心理欲望。所以，在天地万物都还没有名字的时候，人类也应该是一个没有欲望的群体，这里把无欲与无名联系在一起，以此。

人类给万物进行命名，当然是以自己的兴趣为出发点，所以，人类感兴趣的以及与人类生活联系密切的事物都被率先加以命名。这种做法，在开始为万物命名的时候并没有什么不对。当人们的欲望还不是那么强烈且没有止境的时候，则天地万物的供给亦足以满足人类生存的基本需求。但人口不断增加之后，万物因日益丧失了自己的生存空间而数量日益减少，大量人口因开拓自己的生存范围而侵犯和缩小了万物的领域，万物的自然发展就不得不被迫停止了。由于人类的参与，万物不能无限地生殖繁衍，而人们的欲望却反而日益膨胀，这样，人类和万物之间的平衡关系就遭到了彻底破坏。人们的欲望之所趋，几乎全都是针对着那些有名的东西，越是有名的东西，人们也就越是有欲，以有欲而追求有名，以有名而挑动有欲，是世道人心愈趋愈下的根本原因，这里把有欲与有名联系在一起，亦以此。

对于人类来说，天地万物都不能离开人的心理活动而独立存在，它们都是人类心灵认识和体察的产物，尽管万物的实体本来是各自独立地存在，它们在本质上与人类没有什么不同，但没有人则没有物之名。而且，认识和分辨陌生事物的特征与性质的方式方法，在每个人的内心之中都大致有两种不同的方法和态度，就是"无欲"和"有欲"。这两种极端不同的心理活动，必将引出对事物性质的截然不同之认识；不同的认识，则必然导致出人们完全不同的行为方式。作为一个人，如果能够在心理和行动上经常保持一种无欲状态，那么，他便会以一种比较温和的态度，去观察所有未知事物的外部和内部结构，因此便会观察和认识到它们的生命本质以及生长规律，这就是"常无欲，以观其妙"的道理。以这样的心理，可以促使观察者努力使自己的行为去符合万物的自然规律，而不是强迫万物来顺从自己的欲望。

人类抑或万物生长的根本法门，究其实就是以一种自然而然的自主行为来维护和延续各自的生命存在。作为一名冷静的大自然观察者，如果能够丢掉了心里面沸沸腾腾的欲望，主动去学习和效法万物的生命和生活特点，无疑会在生活方式以及生活态度方面增加对生命意义的理解。老夫把这些特点称为"妙"，万物的这些"妙"处是人类所不了解的，只有通过不带欲望的观察，才能获得意想不到的巨大收获。

与此相反，另外一种生存态度是所谓"有欲"，欲望是所有生物用来维护生命延续的另外一种方式，其性质和特点是不断地使自己的身心处于不断地扩大、展示、宣泄和膨胀之中，在欲望的带动下，人类的行为方式很容易地就走向了侵犯和扩张之途。一个人如果始终满怀着无穷的欲望来观察一些自然界事物，则他们能够注意和发现到的就不是"妙"，而是"徼"。所谓"徼"是事物的分界和边际，有欲的人们抱着一种实用主义的态度去观察万物，所观察到的只能是事物的外部结构，这些价值微末的东西对人类来说，可能具有使用和适用价值，但对于生命质量的提高却没有多少帮助。老夫已经把话说到了这般地步，相信诸位应该能明白其中道理了吧？

老者肃然曰：

先生所言，老朽闻之不胜欣喜，茅塞为之顿开。然无欲与有欲之间是否有联系？尚望先生不吝赐教。

老子又抄起了一片竹子，读道：

此两者，同出而异名，同谓之玄。玄之又玄，众妙之门。

老子读毕，眼见得在座众人没有任何反应，知道大家都没有明白这段话的含义，便又接口说道：

名者，所以纪万物也；名者，实乃人心之反映。我们现在所知道的万物之名，都是人心对事物做出的分辨和认识，这个认识过程微妙玄通、变化万千、漫长而曲折，引起了万物的连锁反应。

无名和有名、无欲和有欲，犹如一对孪生兄弟，它们都产生于天地初开的混沌时期。无欲的时代只有"道"之存在而万物皆无名，有欲的时代则出现了"名"，而坦荡平直的"道"却已经隐晦而不可分辨了。如果把角度变换一下，即无名的时代也无欲，有名的时代便有欲，也一样可以说通。但没有了"无"，便不能生出"有"，人类确实是从"无"中而生出了"有"；但拥有了之后，按照自然的演变规律，最终仍然会"无"，因为没有任何事物是永恒长存的。所以，有和无、无欲和有欲，都是虚无缥缈、无从把握的东西，人们越是加深了对它们的认识，越会感到它们的玄虚。

老者道：

然则，什么是先生所说的"玄"？还望先生明示。

老子道

所谓"玄"，是一个不太容易说明的字。最平常的解释是微妙，至于玄字为什么是微妙的？则没有人作出合理的解释。其实，玄至少应该有两层内在含义：其一，是说明了一种现象，一种不断变化和始终游移着永不停止的自然演变现象；其二，是表现为一种行动，是事物所具有的一种错综复杂、变化多端且绵绵不已的连贯行动。不知诸位见过一种出生在海洋里的螺没有？螺身上带有一道道或粗或细的纹路，互相连接着上下盘旋，一直到达顶端，就像旋转的阶梯一般，人们通常把它称为螺旋。作为一种生物，螺可以被人们捉在手里进行观察，所以，人们能够知道其纹路之走向。但如果螺身上的纹路变为具体和随时发生变化的事物，则可以相信没有人能够把握清楚。所谓"玄"字，就像螺旋，上下盘旋而绵绵不绝，看起来纹路清晰，而实际行动起来又难以贯通。虽然如此，在此把无名与有名、无欲和有欲喻为玄，亦不过是一个不得已的比喻。玄字虽然意味玄妙，却还是未必能够详尽说明"有"与"无"里面的玄妙。所以，在此使用了"玄之又玄"来进行说明。

玄虚而又玄虚，正是万物生长以及存在的规律之所在，它们是人类进入到万物玄妙之处的唯一门户。

关尹：

然则，何为众妙呢？

老子道：

所谓"妙"，只从这个字的组合就可以看出，它与"好"字的性质差不多，从女从少，是不是少女的意思？美妙、巧妙、奥妙、妙龄、妙趣、妙手，都是在好的基础上进一步好，以致达到了玄妙和奇妙，这种境界被人们称为妙不可言或妙趣横生。可以想象，一种意境如果进入到了这般状态，便使人感到有些莫名其妙了，所以，妙字带有不可思议的内涵。如果有人将一种想法策划到了比较复杂的地步，人们就称之为神机妙算。以上把妙字的种种变化加以介绍，诸位可以从中体会文字含义的流变。

在人类生活中，少女以及少男当然都是美好的象征，可以说她（他）们都具有妙不可言的特点。但天地之间的生命当然不止人类，遍观寰宇，各种各样的生命中当然都有自己的妙。各种生命能够欣赏的也只是符合自己习性特点的妙，而对其他生命的妙却经常表现得不屑一顾，比如驴子宁可要一把草也不会要一块黄金，人类则当然要一粒黄金而不要一座草山。人类眼里的妙，可能正是其他动物眼里的垃圾，反之亦如是。此处所提到的众妙，便是指所有生命形态中的妙，它们都确实能各自曲尽其妙。只要人们能够正确地把握有与无之间的辩证关系，就可以观察到万物之妙。

对于这个问题，在后面的讲授中还要多次谈到，现在就不多说了。今天的课就上到这里吧。大道理永远独立存在着，本来是无需多言的。今天因为是第一次讲座，有些基本概念应该介绍清楚，但一不小心，就说得太多了，话说多了会过剩，而过剩的东西就是垃圾。希望诸位回去之后，不必学而时习之，只认真体会一下道和名即可。

明天的讲座，是否选择在户外进行？这不是老夫需要新鲜空气，而是因为教学内容的关系。

第二讲・行不言之教

天下皆知美之为美，	天下人都知道美所以为美，
斯恶已；	就有了丑恶；
皆知善之为善，	都知道善所以为善，
斯不善已。	就有了不善。
故	因此，
有无相生，	有和无互相生成，
难易相成，	难与易互相促成，
长短相形，	长和短互相比较，
高下相倾，	高和下互相补充，
音声相和，	音和声互相和谐，
前后相随。	前和后互相追随。
是以	所以，
圣人处无为之事，	圣明的人都于无为之中来处理事物，
行不言之教。	不以语言来进行教化。
万物作焉而不辞，	万物自行生长变化而不加干扰，
生而弗有，	生养万物而不据为己有，
为而弗恃，	有所作为而不自以为是，
功成而弗居。	获得了成功而不自居。
夫惟弗居，	正因为他不自居有功，
是以不去。	所以他的事业能够长久。

　　作为一座市镇，散关是一个很奇特的选择。散关亦称大散关或崤谷关，是一座没有什么名气的小山城，位于陕西南的渭水平原与秦岭山脉的相互衔接之处，因建于大散岭上而得名。大散关的东部、南部和西部尽皆被包裹在秦岭山脉的崇山峻岭之中，而北部则是渭水冲积平原的西部边

界，所以地理位置十分险要。从古代农业国家的国防安危角度着眼，则修筑散关就是为了捍卫渭水平原的农业生产活动不致受到外来威胁。所以，散关城墙之内不远处就是空阔的原野，而城墙之外则是连绵不断的群山，这里在当日是进出秦蜀之间的唯一交通要道，也是秦国的西部军事重镇。

次日，天色刚刚破晓不久，老子就与一干学员一道来到了大散关高大的城楼上。这时，旭日东升、霞光灿烂，大散关内外尽皆被笼罩在一片金色的霞光之中，深远、幽静、辽阔、广大，显得无比庄严且神秘莫测。几棵枯木朽株，骨干粗壮而枝叶凋零，犹自傲然兀立于苍穹之中，愈凸显出边塞地区荒凉中的几分豪迈；几只身躯矫健、凶猛剽悍的苍鹰在城垣的上方反复盘旋，越发增添了天地间的苍凉和雄劲。

老子自幼生长在河南南部的丘陵地区，那里当然也不是没有山丘，但与西部的崇山峻岭一比，就不过像是些小土包子罢了。老子自青年之后浪迹四方，也大多是在河南一带打转，惯见的仍然是那些不大不小、不高不低的土包子；辗转至中年之后，则供职于京师洛阳，迄今老之垂垂将至，生平何曾见识过如此辽阔广大的场面？内心不觉十分激动。在老子看来，这一大片荒凉的去处，正是接近事物初始的地方。

山区和平原的交相辉映，激发出了老子的灵感，他手指着关外的一片荒野，回首向众人慷慨而言：

天下皆知美之为美，斯恶已；皆知善之为善，斯不善已。

老子望了望众人满脸的惘然之色，长长地嘘了一口气继续说道：

美是什么？它不过是人类的一种感觉而已，是人类把自己的感觉强加给自己以及自己之外所有物种的一种价值观。事实上，天地万物也包括人类在内，并没有关于美的意义准确的判定标准，所谓审美不过是人类对某些事物做出的一种切合了自己利益的现象判断，它并不能说明事物性质的内在优劣。事实上，每个人的审美标准都不相同，石匠眼里的石头最美，木匠眼里的木头最美，而在兵家眼里，则杀人的利器最美。人类的审美标准是非常势利的，他们大多以一种流行的看法为自己的看法。所以，天下的所有俗人都以一种固执态度来认识所谓"美"，正是一种"丑恶"心理的生动表现。

什么是善？同样，它也不过是流行在人类中间的一种行为方式。善，它本来是人类与生俱来的一种性格属性，所以，它在当代的日渐消逝，意味着人类自身的沦落。不仅人类，善亦是万物普遍具有的本性，善的行为不是对自己行为的故意掩饰或有意做作，而是一种本性的流露。直白地说，善是出乎自然的本性和行为，它不能被制造或鼓吹出来。对于善，人们如果都按照一种流行的观点来理解，正说明了天下到处流行着不善。老夫以为，世间万物，只要能顺其自然就好，本来没有什么善恶。

说到这里，老子用手指着西南方的天地，高声说：

> 故有无相生，难易相成，长短相形，高下相倾，音声相和，前后相随。

众人顺势看去，只见天地苍茫，犹如一圆盖，极远处，秦岭山脉像一条横卧的巨龙，正跃跃欲飞。

这时，那少年开口说道：

晚学听本地长老说，中原学术中，有一种诡辩术，惯于把有说成无，把福说成祸，把软弱说成强大，把黑马说成白马，也能够把所有事物都用一种辩证法的手段而归纳到一个因果循环的圈套中，颠倒而说之。不知先生所说，是否采用了这种学说？

老子略微踌躇了一下，接口道：

足下所说的那种中原学术，实乃老夫的发明创造。这种理论虽然并不完善却并无特别值得非议之处。它持一种纯粹客观立场，观察事物的着眼点在于事物的本质而不对事物的表象进行辨识；它论述问题着重于事物的性质而不参与分辨事物是非的争执，它不具有辨别善恶以及人类伦理道德优劣的使命，它不过教导人们看待所有的事物都应该持有一种比较全面的眼光和态度。用这样一种态度来对待一种事物，就不会仅仅看到它的一个方面之或好或坏，而是看到好中有坏而坏中亦有好。比如：

"有"和"无"是相生的，"无"中生"有"，"有"又归于"无"；

"难"和"易"是互相成就的，没有"难"如何能"易"，没有
"易"又如何显示"难"；

"长"和"短"则是互相比附的，没有"长"便没有"短"，而没有
"短"又如何能够"长"？

"高"和"下"却是互相倾陷的，"高"不能处于"下"，而"下"
也不能处于"高"，二者互相排斥；

"音"和"声"则是相和的，"声"追随"音"，而"音"附和
"声"，二者相和而成声音；

"前"和"后"的关系则是连带的和循环的，二者互相追随，最终则
无所谓前后，所以，"前"既是"后"，"后"往往也是"前"。

少年若有所思，不再开口。

老子眼望着远方山峦之中正在升腾而起的云雾，开口道：

是以圣人处无为之事，行不言之教。

那老者听了这话，不觉心中一凛，急忙问道：

老朽自幼读先哲之书，每闻先王之道，在乎治世救世；君子之行，在
乎礼仪道德。《易》曰："君子自强而不息。"此之谓也。老朽不解，先
生之言与先王之道何其相反也？

老子笑曰：

汝既素习先王之道，其与吾道相抵牾，固自然之事耳。先王之道，教
汝舍己而为人，汝其果真能舍己为人乎？吾道则劝汝舍人而为己，汝自家
只管好自家的事情，这应该是不难做到的。世间万物之兴衰荣辱，皆有其
自然之理、之势，既不必圣人者助成之，亦不必强梁者摧毁之。是以圣人
为了助成万物之自然演变，理应使自己处于淡泊无为之中。对人类来说，
古代圣人曾经以一种无为的姿态来引导民众，其治理国家的实际效果也远
远超过了那些不断以哗众取宠手段所获得的英雄业绩。

老夫窃以为：

万物作焉，而不辞生，而弗有为，而弗恃功，成而弗居。

老者诧然曰：

能否请夫子详解之？

老子曰：

万物都是按照自然的方式而孕育、诞生，那么，它们既不会随意地停止生命，也不能轻易地延长生命；因为它们并不是为了有为而生存，它们的生存没有任何功利目的，只是极其自然的存在；它们或许对其他的生命有莫大的贡献，但它们不会因此而居功；它们即使获得了成功，也决不会由自己来占有甚至享用任何成果。这是万物的本来性质，也是人类原本具有的本性，但自晚近以来，人类的这种本性逐渐遭到了破坏。

老者闻言，目瞪口呆，使劲地拍打着一颗雪白的头颅，喃喃自语道：

成而弗居，成而弗居！然则万物失去了竞争能力，如何能够长久？老朽就算打破了脑袋也想不明白。

否！老子斩钉截铁地说：

夫惟弗居，是以不去。

众人听到这里，仿佛听出了一些道理，却又仿佛什么也没有听到，他们似乎觉察出这些道理的深刻性，却又无从捕捉其中的具体内容。对他们来说，这些道理实在太过深奥，一时之间，他们不可能全部领会。老子见状，知道众人的智慧显然还需要有一段时间来提高，否则，如何能够理解自己的独家见解？于是，老子宣布下课。

第三讲·不贵难得之货

不尚贤，	不标榜贤能，
使民不争；	使人民不争夺（这种荣誉）；
不贵难得之货，	不推重稀有物品，
使民不为盗；	使人民不偷盗（这些物品）；
不见可欲，	不显露引起欲望的东西，
使民心不乱。	使人民的思想不受干扰。
是以圣人之治也——	所以，圣人的治理方式是——
虚其心，	使自己心里虚空，
实其腹，	使自己腹内充实，
弱其志，	弱化自己的志趣，
强其骨，	强健自己的身体，
常使民无知无欲，	永远使人民处于没有知识没有欲望的状态，
使夫知者不敢为也。	使那些有智谋的人不敢试图作为。
为无为，	一切举措都无为，
则无不治。	就没有治理不好的（国家和人民）。

老子是一位心思细密而行为慎重的人，他刚刚步入礼堂，就发现学员的人数有所减少，心里就不觉感到有些好笑。老子当然不是孔子，他本来就不善于讲学，也从来没有任何讲学的经历，而且，他根本就对所谓学术、知识这些东西缺少浓厚兴趣。但这两天讲下来，却讲出了一些兴致。他忽然觉得，当一名传经授道的教师也蛮不错。

现在，他忽然发现听众有所减员，心中就不免多少有些失落感，但老子决不会像孔子那样，能够因材施教，使各种不同素质的学生都能根据自己的理想和喜好而得到学术指点；也断不会去搞有教无类那一套来拉生源。老子只是根据自己的固定想法而径自讲去，全然不顾听众的反应，老子毕竟不是办学谋生，而是在此被拉了官差。

老子刚刚落座，关尹率先趋前发问：

先生昨日所言，在下鲁钝愚顽，虽经过彻夜苦思冥想，终未得确解。以夫子的意见，万物各自按照自然本性而自生自灭，它们可以不辞生、不有为、不恃功，甚至"成而弗居"，这些道理虽然过于艰深，但在下经过深思熟虑也还能多少理会。但万物之中，唯人类为灵长，人类自然不以自生自灭为满足。万物皆无知无识，自然只有屈从于自然规律而争取生存；人类既然有思想、有知识、有智慧，如何能够做到摈弃自身的一切？而且，夫子所说"夫惟弗居，是以不去"，在下思之再三，仍不甚明白。

老子本以为关尹只是一名擅长说辞的政客或是一名擅长武力的武夫，但听了他的提问，则此人头脑清晰、言辞周密、神态自然，显然是一位具有极佳智慧和判断力的出色人物。

老子微笑道：

万物的事情太大，且不去管它，只说人类的事情好了。居功而生傲，傲则生是非，是非之下，岂能长久？所以，一个人只有在成功之后才能做到"弗居"，自觉地使自己处于一个比较冷僻的位置而不是处于一个十分显赫的位置上，才是持久长生之道。

关尹神态肃穆地问：

在下是一庸俗官吏，所谓三句话不离本行，敢问夫子，当今天下大势，似乎越来越动荡不安，其原因何在？

老子呷了一口清水，神情肃穆，高声说道：

不尚贤，使民不争。

这番话一说出来，当真是石破天惊、振聋发聩！台下一片哗然，很有点群情激愤的态势。

这时，下面站起了一位汉子，大声问道：

在下读书不多，见识不广，几近化外之民。唯在下虽系一无知无识的粗鲁之人，但亦知贤人实乃天下国家之珍宝。敢问夫子，崇尚贤人与百姓之争利如何能够连在一起？况百姓为盗，在货不足；百姓之欲，在不可得。今夫子本末倒置，请问道理安在？

老子寻声看去，只见一名50岁上下的中年汉子，身材健壮长大，身着一袭麻布长衫，头上戴着一项用红色麻布和树枝编织而成的鹖形高冠。此刻，该人挺胸昂首而立，正虎视眈眈地注视着老子。

老子上下打量了一下发问者的衣着服饰，已知道此人应该是楚国人士，只有楚地才会出此等卓尔不群之士。不觉在心理上增添了几分亲切感，楚国现在已经变成了自己的祖国了。他忽然想起了近几年来正在西北声名鹊起的一位著名人物，不禁微微笑道：

看足下的这般装束，想必是楚国的鹖冠子先生了，老夫远在中原时就已经久闻大名了。对于足下这样的名士所提出的问题，老夫没有把握回答得好，恰好足下提出了圣贤问题，此亦为老夫素所挂心者，就不妨在此讨论一下。在老夫看来，所谓"圣贤"者，无论他们的本领或名声如何地惊天动地，但究其根底，亦不过人类中的一个分子而已。然则，圣人并没有三头六臂，并不能法力通天，却何以凌驾于自己的群体之上而成圣成贤？以老夫愚见，不过是因为他们发明出了一些器物，这些器物不但引起了人们的兴趣，而且刺激了人们的欲望，于是，他们获得了圣贤的美誉。

据老夫所知，华夏上古之时，所谓国家直如一村落耳，史载其时万余诸侯国家，不过万余村社耳。试问足下，当日国无多财，世无贤人，家无珠宝，人无余赀，奈何国家不乱、盗贼不兴、百姓不争而社会井然有序？鹖冠子先生，汝知是何道理？这是因为：

> 不贵难得之货，使民不为盗。

鹖冠子闻言，不觉一怔，还未及回应，早有一人朗声道：

古时人人皆贤，故财货寡而民不争，不知夫子以为如何？

老子定睛看去，只见一人，二十四五年纪，长衫儒巾，英姿勃发，如玉树临风般卓立于台下，不觉心中一乐，怎么孔丘先生的学生信徒普天之下到处皆是，可不怪哉？

于是，老子拱手为礼，神色肃穆而答曰：

闻足下之言，似亦习圣贤书者，岂不闻五帝三王之事？黄帝时，蚩

尤作乱，炎帝不协命，三帝之战，血流成河；尧帝时，共工、獾兜、三苗
及鲧不用命，祸乱天下；舜即位，流尧于平阳；大禹即位，放舜于衡山。
其后，三朝代立，无不以武力杀伐为能事。是时，贤人安在乎？上古所以
安，非因人人皆贤，实因无贤人耳。老夫窃以为，世所谓贤人者，大多实
乃歹人也。贤人者，闲人也。这些人不事生产、专以智谋和伪诈而博取富
贵，民间以此为高明，则人人习智谋与巧伪，争夺所以起。所以，

> 不见可欲，其心不乱。

民间为什么会出现盗贼？是因为整个社会都把一些机巧的制造品作为
难得的东西加以宝贵，于是有胆大妄为者以此为谋生之手段。如果民间的
社会风气发生变化，都视珍珠宝物如粪土，则盗贼自然就消失了。在天地
开辟之初期，人心本来是极端纯净的，在过去的万古千年中，人们的心灵
都像水一样一尘不染。但晚近以来，由于一些贤人之出现，不但把各种机
巧和奢侈品变成了生活的追求，而且把侥幸成功的好处显示给了民众。更
有甚者，他们居然以各种各样的利益来毒害民众的心灵。

老夫是以认为：

> 是以圣人治，虚其心，实其腹，弱其志，强其骨，常使民无知无
> 欲。使夫知者不敢为也。为无为，则无不治。

儒生闻言笑曰：

夫子之主张岂非愚民政策乎？

关尹插口曰：

诚如夫子所言，百姓复归于无知无欲却身体强健，只知为国贡献而不
知索取，则真是国家之福也。

老子面现不愉之色，怫然曰：

二位之言均大谬矣！吾何人哉？吾焉能为虎作伥乎！老夫之主张百
姓无知无欲，非使百姓只知为国家服务而不知为个人牟利之谓也，而是因
为财货的增加永远不能满足心理欲望的膨胀，此所谓欲壑难填也，与其让

百姓追求那些没有止境之物而不能到手，就不如使他们满足于已获得之物而不使之丧失。所有的仁人智者都拼命地鼓励人民进取和争夺，但他们的真实目的，岂是为了百姓生活的改善？他们的真实目的，不过是刺激起百姓的欲望，使他们为了更多的获得而不能不拼命地劳动，而这些劳动的成果，民众究竟能享受到多少呢？难道不是绝大部分都进入到了统治者的库房？所以，老夫希望执政者们，对国家和百姓能够实行一种无为而治的管理方式，尽量避免过多地榨取他们的劳动。而且，要使民无知无欲，执政者自己首先就要做到减少和降低欲望，否则，就纯属欺人之谈。老夫主张愚民，实为救民耳！

今天的讲座是不是可以到此结束？明天的讲座仍然在户外进行，最好是选择在贵地的马路上。

第四讲·象帝之先

道，	道，
冲而用之或不盈，	承受各种压力而作用却不会枯竭，
渊兮，	是那样博大深远，
似万物之宗。	好像是万物的始祖。
挫其锐，	挫掉万物所带有的锐气，
解其纷，	化解掉万物所有的缤纷，
和其光，	汇合它们的光彩，
同其尘，	混同它们的尘垢，
湛兮！	深邃啊！
似或存。	好像是真实的存在。
吾不知谁之子？	我不知道它渊源何处？
象帝之先。	好像出现在上帝之前。

　　散关西城门外，有一条出入城镇的东西向大道，是当日中国以及汉族与其他少数民族的地域分界线。由此而东，乃华夏农耕文明世代开发之家园；由此而西，实山居、游牧、狩猎各民族错落杂陈。东西两个世界，两种截然不同之景观。老子一行在此停了下来。

　　这时，天近黄昏，进出城门的旅客很多，熙熙攘攘、车水马龙，煞是热闹。过往行人的成分很杂，内中固然有一些华人以及附近不远处的游牧人；更有许多深目高鼻、白肤黄发的白种人，大致是从西域、小亚细亚以及印度和中东远道而来的行商，他们成群结队，驱赶着排成了队伍的骆驼，来去匆匆。悠扬而清脆的驼铃声回荡在夕阳残照的关隘古道上，就使所有的行客都不免停下了匆匆的脚步，一脸惘然的神色。

　　忽然，马路远处响起了一阵凄凄楚楚的牧笛声，声悠悠、音颤颤、情浓浓、意切切，始则绵绵若流水，继则幽幽如孤鸿，终则嘶嘶若马鸣。路上行色匆匆的商旅们，一时都不由得伫立道旁，竖耳倾听，面上就禁不住挂上了几分凄楚惘然之色。

这时，城门楼上传来了沉重的洪钟的巨响声，铿铿然、锵锵然、忿忿然，一时压倒了所有的杂音。

老子袖手站立在大路之旁，饶有兴致地观看着马路上川流不息的人群。这些充满了异国情调的景物，似乎引起了他的浓厚兴趣。学员之中颇有一些在当地大有身份的人，他们在家里固然是养尊处优，而出门时则大多是安车以代步，他们都已经很不习惯站立在马路旁边了，他们觉得伫立街头有失身份。但看老子兴致勃勃的样子，而关尹也好像对马路大有兴趣，便也只好耐住了性子，默立在他们的身后。

忽然，老子指着马路，冲口而说出一番话来：

道，冲而用之或不盈，渊兮似万物之宗。

老子说完，回首望定了众人，缓缓地接着说：

老夫生平所学、所信、所宗，全在一个"道"字。这次在贵地举办讲座，也全是以一个"道"字为中心而展开。前次曾跟诸位谈到了道路的问题，其实，人世间的一切道理，无论虚之又虚或玄之又玄，都不过是道路理论的发挥或浓缩。看道路之为物，反复用之而不突出、不自满，它的沉潜、博大和幽深，就好像是万物的本原。

关尹问曰：

在我的意识中，人类生活诚然离不开道路，但道路亦不过是供人走路所用，今夫子说它"冲而用之或不盈"，在下是完全可以接受的。夫子说的这个"冲"字，在此似可训为"重"，重者即重复或反复之意，不知我的理解对不对？但夫子说它"渊乎似万物之宗"，是不是有些夸大其辞了？道路除了行走功能外，还有什么了不起的地方吗？

老子没有回答关尹的问话，再次把手指向马路，只见大道上人流滚滚、车马川流不息、尘土飞扬。

高声说道：

挫其锐，解其纷，和其光，同其尘，湛兮似或存。

众人一时尽皆愕然，细细地品味这几句话之后，虽然感觉到其中蕴涵了无穷真理，但又似什么也没有获得。

老者小心翼翼地问道：

夫子的意思好像是说，人世间的道理都尽在道路之中，这句话怎样才能正确理解呢？

老子道：

老丈说得不错，老夫确实是这样的看法。诸位现在可以看到，任何一方土地只要成为了道路，就无时无刻不是处于繁忙和贡献之中。道路永远在为自然界的所有生命物种竭尽全力地服务，而自己却没有任何休息的时间；它承载着人类最伟大的进取目标和最肮脏的垃圾；它坦然地容纳下万物间的一切高尚和罪恶；它挫锐解纷，对万物都具有和光同尘的作用。诸位想一想，人们能够离开它吗？哪怕是须臾之间。

道路赋予了人类以及其他绝大多数生命以展现其生命意义的途径，时间、空间以及所有流动和活动着的物质和物体，都把自己有限的存在时间和有限的活动空间充分体现在道路上。只有在道路上，所有的生物都可以充分表现自己，众生在此完全平等。

老子聚精会神地注视着尘埃滚滚的道路，神情中充满了浓浓的柔情蜜意。这时，太阳已经徐徐地坠向了西部的群山深处，车水马龙的大道忽然间就沉寂了下来。行人走兽们在利用完了道路之后，无论他们此次出行是得是失，现在都已离开了大道，就像战士走下了战场。他（它）们返回到自己所出发的地方，把无穷的寂寞留给了道路。

老子高声说道：

吾不知谁之子，象帝之先。

众人放眼望去，朗星皎月映照下，黑湛湛、青幽幽的道路孤独、凄冷、安静、沉默而庄严肃穆地存在着、伸延着，它时而坦坦直直、时而曲曲折折、时而蜿蜿蜒蜒，却不间断地向茫茫群山的深处伸延而去，缠缠绵绵而没有尽头，确实是若有若无、似存似亡，极目处则与天地融为一体。道路是何时和怎样产生的呢？它决不是上帝的制造品，因为连上帝也要行走在大道上，难道它才是开天辟地后的第一个出世者？

经老子信手指点，大家好像忽然觉悟到，原来大道不在高山之巅、不在绿水之畔、不在密林深壑之中、不在穷乡僻壤之处、不在九天之上、不在大地之下，亦不在心灵深处，它原来就在自己的脚下。众人回头再看老子，老子却已经闭目进入了婴儿状态。

第五讲·以百姓为刍狗

天地不仁，	天地不讲究仁慈，
以万物为刍狗；	听任万物自生自灭；
圣人不仁，	圣人不讲究仁慈，
以百姓为刍狗。	听任百姓自生自灭。
天地之间，	天和地之间，
其犹橐龠乎？	不正像是橐囊和管子吗？
虚而不屈，	虽然虚空却不枯竭，
动而愈出。	越推动产生出的东西就越多。
多言数穷，	话说多了手段就会穷尽，
不如守中。	不如保持适中。

大散关算是秦国西部边陲的大城，担负着防范西南羌夷、西北胡族和戎人进犯的重要职责，所以，虽然远离内地，但南来北往的行旅并不算少，街面店铺林立、街道宽敞整齐，较之中原市镇亦不遑多让。城市里居民的种族庞杂，但华夏族占有绝对优势。

这一年夏季的气温始终居高不下，几乎自入夏以来，已经连续多日没有降雨，当地的居民为此感到忧虑。于是，由本地政府负责组织、地方富绅负责集资，决定搞一次规模宏大的祈雨祭祀活动。当老子一行走上街市的时候，由郊外农民组成的气势磅礴的祈雨队伍，也刚好来到了城里，他们准备到十字路口的龙王庙举行隆重的祭祀大典。

看到如此场面，老子停下脚步，指着队伍中的一些花花绿绿的以稻草扎成的人、狗等，问道：

汝等知道这些东西是什么吗？

关尹笑道：

这便是祭祀龙王所用的刍狗。夫子快看！现在，百姓们开始焚烧这些刍狗来祭祀龙王老人家了。

老子长长地叹了一口气，说：

> 天地不仁，以万物为刍狗。圣人不仁，以百姓为刍狗。

鹖冠子闻言，抚掌称善。

那麻衫儒生，却满脸怒容，亢声道：

天地仁慈，抚育万物，使之生长繁衍不息，以供人类之需求，其何以不仁？圣人教我以礼仪，使之以行；教我以道德，使之以立；教我以孝道，使之以和；教我以仁慈，使之以睦；教我以信义，使之友邦邻；教我以衣冠，使之以别禽兽；教我以知识，使之以辨万物，其何以不仁？夫子此言，态度偏颇极端，晚学委实不敢赞同。

老子反身向那儒生问道：

足下之发问，虽不为无理，却实属强词夺理。足下岂不闻乎，仁者，人也。老夫之"天地不仁"，即是说天地不是人类，不能以人类之情感视之。如天地仁慈，何以使万物自生自灭，而不加以关照？何以使万物互相残杀，而不加以制止？何以使万物来去匆匆，而不加以垂顾？在老夫看来，天地是没有知觉的，是没有感情的，也是没有善恶是非的。同时，天地也是没有理智的、是自然运行的，在它们的眼里——如果它们有眼睛的话，万物是完全没有区别的；由没有理智的东西对一些没有任何性质区别的万物，怎么谈得上什么仁慈之心？正因为天地没有垂顾人类的仁慈之心，所以，就不免把人类与其他万物一样，都看成是与稻草人一样属性的东西。而真正的圣人——不是那些道貌岸然的圣人者流，也具有与天地一样的用心，大仁者须使自己脱离一般的人类水平，这样，他们对于所有的百姓也应该是没有区别的，是一体对待的，是与看待稻草人一般的看待，所以，圣人也谈不上有什么仁慈之心。正因为他们（它们）具有这种视万物如稻草的心胸，才能够公正无私而不偏袒地对待万物。天地和圣人都是以这样的态度来处理自然界的所有事物。所以，

　　天地之间，其犹橐籥乎？虚而不屈，动而愈出。多言数穷，不如守中。

　　关尹惊问道：

　　夫子难道说天地像一只两头不缝合而中空的口袋，或者像一根犹如籥一样的管子，两端开放而中空？

　　老子微笑颔首。

　　关尹道：然则，虚而不屈，动而愈出，当作何解？

　　老子回答道：

　　汝不见寻常之口袋乎？只要把一端缝合，则其深浅可立见，其容量亦可大致揣知。但如果两头皆空，则汝知其口袋之深浅乎？知其容量大小乎？籥的道理亦然，如果两端封闭，不过一根普通之竹管、木棒或铁棒而已；如开其一端，则恰如古语所说的"一窍不通"也；唯其两端开放而中空，才能吹奏出无可限量的音调和音响。用这种道理来看待天地和圣人，就可以明白，天地正是因为永远处于一种自然而然的沉默状态，处于一种开放且自然运行的过程之中，才使自己的能量永远丰盈充沛，源源不断地催发出勃勃生机；圣人们不运用那些充满了虚假认识和主观判断的语言来对民众进行别有用心的教化工作，所以，人们永远不能真正了解他们的用心。

　　圣人之所以能够造福于万物，是因为他们具有"虚而不屈，动而愈出"的良好自然状态。

　　从运用语言这件事情来说，也是如此。一个人如果喋喋不休地发表看法，就难免透露出各种弱点和破绽，就会使自己处于一种被动的境地，所以，与其反复阐述一个观点，就不如牢牢地把持着自己的中心思想不变。这样，便会永远处于不败之地。

　　关尹听到这里，不禁手舞足蹈而问曰：

　　夫子所说的"守中"，究竟是内心的中，抑或行动的中？盼夫子有以教我。

　　老子答曰：

　　内心的"中"与行动的"中"并无本质不同。内心有了一个中心，行动就必然受到它的指导和指引。内心如果没有一个中心，行动就不免失去了分寸，甚至有时会失去控制。

关尹又问道：

然则，内心的中心往往会受到欲望干扰而无法确立，这样，行动总是处于矛盾之中。不知夫子有何明示。

老子一时默默无言。

第六讲·是谓天地根

谷（欲）神不死，	爱欲之神不死，
是谓玄牝。	这叫做微妙的生殖器官。
玄牝之门，	这个微妙生殖器官的门户，
是谓天地根。	就是天地的根源。
绵绵若存，	它绵绵若线地存在着，
用之不勤。	用起来却没有穷尽。

　　龙王庙前的祭祀大典已经进入高潮，锣鼓齐鸣，声震天地；数百人身披五彩服装，载歌载舞。数千名祭拜者都心悦诚服地拜倒在老龙王的泥塑下，仿佛这具泥塑在弹指间就能挥洒出一场不多不少的甘霖。热情和激情都已宣泄完毕，人们一时间都沉浸在期待和幻想的喜悦中，即使龙王的威灵一时还没有显现，但人们也已感到心满意足，他们已经从盛大祭典中获得了巨大的心理慰藉，似乎丰收就在眼前。

　　老子沉思良久，乃开口道：

　　　　谷神不死，是谓玄牝。

　　关尹闻言，怅然道：

　　夫子此处之所谓谷神，莫非是我先农之神——后稷？然何为玄牝？莫非是开天辟地之女娲乎？

　　老子笑道：

　　关尹先生！你算是很有联想力了。可惜的是，老夫已发誓此生绝不授徒，否则，你倒是可以登堂入室了。你适才所言，虽未全中，亦不远矣。这里说的所谓"谷神"，不是谷物之神——即周之始祖后稷，而是一种不断滋生的情欲，可以权且称为情欲之神。

前次，老夫曾经谈到了有欲和无欲的问题。现在，老夫可以告诉诸位，天地之所以生，万物之所以成，都是因生命之情欲所发挥的作用。所谓"欲"字，是人类对所有心理欲望所发明出来的象形符号，从这个符号的结构看，确实是构思精巧，可以说表现出了人类的情欲或爱欲之所在。诸位想一想，以人类的生活需求，如果一旦离开了谷物怎么办？所以，欲望来源于谷物的缺乏。因此，关尹先生说谷神是谷物之神是可以说通的。但此处不用谷神而用欲神，可以直截了当地说明问题之本质所在，因为情欲这东西，不唯涉及人类，也不仅广泛存在于万物之中，亦流行于冥冥的自然之中。正是大自然没有行迹的情欲，促成和创造了万物。请注意！这里的创造不是制造，而是说人类所发现的自己以及万物之所由出，都是情欲勃发所促成。

玄牝这个词，为老夫独家所创，为世人所不知，所以解释起来很麻烦。"牝"者，母也，凡物之雌者、阴者皆可称为牝，玄牝即是一种原始的生殖能力，采用世人所熟知的名词说，即雌性生殖器。所以，玄牝是一切生命的渊源所在，是万物所萌生的根源。由于万物之情欲是绵绵不绝的存在，所以永远也不会死亡。因此，作为情欲的象征，老夫把"玄牝"称为万物生殖、诞生、繁衍和存在的根本。为什么这样说呢？

玄牝之门，是谓天地根。绵绵若存，用之不勤。

这几句话是老夫多年以前总结出来的学术思想心得，颇为匠心独具，中原学人亦颇有所闻。然诸位刚刚听到，可能不易理解，待老夫略加解释。玄牝既然代表了生殖的器官和能力，但什么是它的门户？这是一个不易说明的问题，如果容我打个比方，一切疑问就会冰释。现在，老夫想向诸位提问，但诸位不必回答，让老夫自问自答。

问曰：人是怎样来到这世上的？

答曰：父母所生。

问曰：父母何以生？

答曰：男女结合则必生产。

问曰：男女为何结合？

答曰：男女互相爱悦。

问曰：男女何以互相爱悦？

答曰：异性相吸引。

问曰：异性何以相吸引？

这个问题问答到了这种程度，差不多已经到了极致。下面的问题便涉及万物的生命根源，虽然人类文明往往把这个生命根源用一块遮羞布掩盖得密不透风，但问题并不因此而不存在。其实，生殖的出现，就是因为情欲的产生。情欲这种东西，可以分为许多种类，而保护生命和延续生命可以算是所有生物的共同本能。保护生命的欲望，将放在后面讲，延续生命的欲望则表现为生殖的要求。这种要求既是一种心理愿望，也是一种生理冲动，它在各种动物中表现为雌雄之间的结合，人类也是如此。如果放眼天地，则天地亦未尝不是如此，一阴一阳之结合而成为天地。

然则，对于绝大多数的生物来说——许多靠花粉传播生殖的植物可以除外——仅仅有生殖的愿望和冲动是不能促成生殖目的的，即使已经拥有了雌雄和阴阳两性的存在，也还必须拥有生殖的手段或工具，这与人们做其他事情都往往需要工具一样，促成生殖亦需要持有工具才能完成。对所有的生物来说，这种生殖手段和工具就是生殖器官；生殖器官亦是欲望的宣泄渠道，也是天地万物滋生繁衍的根源，这也是老夫所说的"玄牝之门"。这个生殖之门，曾经引起了生物界的互相残杀以至于为之灭绝，所以，人类对它采取了诸多的防卫措施，似乎要限制它被随意性运用。

人们都知道，人类的生殖器官与身体的其他部分一样，都是绵绵若存，而不是突然或随时可以产生。所以，使用生殖器官与使用其他器官没有不同，都不能用之过勤。诸位须切记，无论何物，尽皆绵绵若存，不勤方可以用之长久，生殖器官亦当如此，万万不可纵欲过度。诸位都是成年人，想必皆通晓其中利害，无须老夫饶舌。

众人听到这里，不觉如梦方醒。虽然一时之间还不能理解透彻，但都觉得老子的这番话简直精彩极了。

夜幕降临，四野沉寂，众人亦纷纷散去。

第七讲·天长地久

天长地久，	天长地久，
天地所以能长且久者，	天地的存在之所以能长远而持久，
以其不自生，	在于它们不自己生殖繁衍，
故能长生。	因此能够长久存在。
是以圣人——	所以圣人——
后其身而身先，	使自己走在后面反而置身在前面，
外其身而身存。	不关心身体反而使身体安然无恙。
非以其无私邪？	这不正是由于他没有私欲吗？
故能成其私。	因此能达成自己的私欲。

第七天，众人来到老子下榻处的大厅，却不见老子踞坐在讲台上，正自奇怪，只见从内走出一少年童子——为照顾老子饮食起居，关尹特招聘童子数名——开口向众人说道：

诸位先生、大人，老聃先生吩咐小子转告诸位，他老人家今日身体不适，今天的讲座且由关尹大人暂行主持，主要是自学。自学之后，便请大家进行自由讨论。这里有老聃先生写出的竹简，请大人们过目。童子说毕，把手里的三五根竹简置于案上，返身而去。

众人一时面面相觑，不知其故。待要上前询问老子的病情，却已不见了童子的踪影；欲待入内室问安，又恐引起老子不快。正自踌躇间，却见关尹大人早已越众而出，踞坐于讲台的虎皮之上，满面肃穆地向众人高声喝道：

尔等快快各自归位坐好，待在下看看夫子写了些什么。

关尹说着顺手抄起了最上面的一片竹简，定睛看去，只见竹片上密密地刻写了22个遒劲的篆字，关尹细细品味，未得要领。

于是，关尹面向众人，高声读道：

天长地久，天地所以能长且久者，以其不自生，故能长生。

关尹读毕，长长地叹了一口气道：

老聃先生的学术，委实博大精深，往往一字之中包含了大千世界和宇宙万物。现在，下官且先谈谈自己的看法，不到之处，请诸位指教。我想天长地久这句话没有什么难以理解之处，不过是说天地的存在比较长久罢了。但天地为什么能长久？夫子告诉我们，是因为天地都不能自生。什么是自生？我认为，所谓"自生"就是自己进行生殖，也就是自己生殖出与自己相同的东西。夫子昨日所说的生殖，就是生育。

生育是什么？夫子不在，大家可以放开一点谈。其实，无论生殖或生育，按照我们当地的土话说，就是女人生孩子，也就是猪下崽、羊生羔、牛产犊。不仅人类有生育，其他万物也全都有生育，有生育的东西便有寿命，所以，通过自己进行交合的物种之中从来没有长生者。天地日月则不然，它们虽然能够生养万物，但自身却没有生殖和生育这种事情，天地没有自己的父母，也没有自己的子嗣，所以，天地能够长生不死。这是我个人一点临时产生的看法，不知有没有些道理，请诸位讨论。

麻衫儒生跽坐原地不动，亢声说道：

如果仅仅根据夫子写出来的这几句话，关尹大人的理解可能是不错的。但这几句话本身却是不正确的。大家都知道，万物的生殖和繁衍，都是靠阴阳交合而完成，即使天地亦莫能外。在下闻乎古代哲人之言，天为阳，地为阴，一阴一阳之交合而成天地，天地成而后育万物，万物成而后各自拥有了生育系统，是可见天地亦是生殖的。不过，因为天地太大，人类还观察不到它们的交合和生育过程；而其他万物，大多都能够被人类观察，所以，人类对于万物的生殖情形就了解得比较清楚。

众人无言，关尹沉思有顷，说道：

我不敢苟同足下的高见，天地交合是不错的，但天地的交合是为了孕育万物，而不是为了自我繁殖，凭借事实就可以看到，天地之外并没有另外一个天地，可见，天地之不自生是正确的看法。大家试想，天地之间的阴阳交合可以孕育出这么一个万物杂处的大世界，而人类的生育除了生养出一个小人外，还能生产出什么呢？这个问题太复杂，我们这些人恐怕讨论不出什么高明见地来。现在，且看看夫子有何高见。

关尹拿起另外一块竹简读道：

> 是以圣人后其身而身先，外其身而身存；非以其无私邪，故能成
> 其私。

那麻衫儒生听后，忿忿然道：

这几句话说的就越发不成样子了。大家想一想，后其身就是后退，后退就是后退，还谈什么身先，不过是掩饰之词耳。外其身，不过是把身体脱离到国家社会家庭之外，就势摆脱掉自己的人生责任而已。在下想，圣人如果都成了一些胆小怕事、遇事逃避躲闪的懦弱者，哪里还是什么圣人，不过一群鼠辈而已！以这样逃避和退缩的态度和行动，即使获得了个人的身存，又有何价值？至于以一种无私的模样和行事方式，来成就个人的私欲，就已经不是圣不圣的问题，而是连小人也不屑为的了。

关尹闻言，皱眉道：

夫子的道理，未必如汝所理解。下官寻思，圣人凡事忍让，并非是由于胆小怕事，而是避免无谓地惹是生非，这应该是一种高尚行为，宜乎其为圣人。但圣人遇到必须率天下之先的时候，也是决不退让的。外其身而身存，按照下官的理解，不过是把自身置于是非之外，而不是社会和责任之外。至于无私和成私，也是一种高明的人生态度，大家都听到了夫子谈欲望，欲望能够促成万物的生长繁衍，而这种欲望则处处体现了一个"私"字，私是万物都存在的东西，没有办法泯灭，但以一种无私的态度来进行，则可以使私得到比较正确的体现，不知这样的理解是否正确？

众人均无言。

第八讲·处众人之所恶

上善若水。	至高的善好像水一样。
水善利万物而不争，	水善于造福万物而不争夺，
处众人之所恶，	置身于人类所厌弃的地带，
故几于道。	因此水的行为差不多接近道了。
居善地，	居住要善于选择合适的地方，
心善渊，	存心应善于沉潜深邃，
与善仁，	与人交往要善于仁爱，
言善信，	言谈要善于讲求信用，
正善治，	为政要善于治理，
事善能，	做事要善于发挥潜能，
动善时。	行动要善于把握时机。
夫唯不争，	正因为不与万物进行争夺，
故无尤。	所以才没有过失。

连续举办了几次讲座之后，新鲜劲一过，老子就已经颇觉不耐，他感到与其与这一般俗人在这里饶舌费话，还不如干脆留在洛阳的京师图书馆里，那里好歹也还是个清净所在。本来以为到了散关就差不多等于到了昆仑山，下了昆仑山就应该距离佛陀和上帝出现的地方很近了。现在，老子终于知道昆仑山固然还远在数千里之外，而佛陀和上帝的去处则遥远到了不可确知的地步，心情就不免有些焦躁。

看到老子心情郁闷，饮食俱减，关尹知道老子去意已决，看来讲座是很难继续举办下去了。但连日听老子讲道，关尹正感到渐入佳境，深为老子的高深哲理所折服，如果轻易让老子这样不世出的高人居然从自己的眼皮下溜走，错过一段难得的大因缘，岂不抱恨终生！经过反复思索，又与当地的士绅、名流以及自己的下属们进行了紧急磋商，最后，关尹决定由自己率队护送老子西行，关尹职务暂由副尹代理。

在春秋晚期，大散关外还不在华夏民族的疆域范围之内，关外的道路很不安静。尤其是所经之处大多是各个不同民族混杂居住的地区，长期以来，许多游牧部落都专门靠掠夺抢劫为副业，他们性格暴烈如火而且拥有相当迅速快捷的交通工具——体格健壮而脚程能够致远的优秀马匹，这使得关外的道路时刻存在着各种意想不到的危险。在这些地方，不同民族或部落之间利益争夺的民族色彩表现得比较具体而且鲜明。所以，关尹为了确保旅程安全，不得不事先进行了一番周密的策划和准备。

关尹毕竟是散关的最高军政长官，辖区之内的大小事情完全可以由自己独立做主。于是，经过几日筹备，就筹置好了车马粮草以及所需日常生活物品，挑选了50名精壮武士，组织了一个小小的团体。大多数学员本来就听不懂老子究竟讲了些什么，借此就使自己免去了听课之苦，只有二十几名对道似懂非懂的学员参加了这次远行。

次日黎明，天刚刚放亮，关尹率领的车队静悄悄地出了散关西城门，浩浩荡荡向西北方向疾驶。

经过数日的车马颠簸，车队来到了黄河水边的一个小镇，由于这里是黄河从此掉头北下的拐弯处，所以便也有了一个小小的街市——这个小镇日后成为兰州，但当日却名不见经传。

这时候，正是晚霞满天的黄昏。虽是盛暑天气，塞外的晚风却已多少有些寒意了。

老子静静地伫立在黄河水畔，一动不动，犹如泥塑一般。对于黄河，老子是再熟悉不过了，他长期供职洛阳，时时利用工作之余暇，流连于黄河岸边，也因工作关系而多次奔波于黄河两岸。尽管黄河水混浊犹如泥汤，他却对黄河有一种深深的爱意、有一份浓浓的情意，有一股苦苦的眷恋。但同样一条黄河由于所处位置之不同而行为表现亦迥然有别。洛阳城下的黄河每年到了这样的季节就已经是浊浪汹涌、惊天动地，犹如腾空欲去的巨龙，令人望而生畏；眼下这条小河却温顺、乖巧、湛蓝碧翠，安安静静地流淌着，丝毫没有洛阳黄河那种乖张暴戾之气。为什么一条河却具有如此鲜明不同的性格？

许久，老子转身向关尹问道：

这里就是黄河了？

关尹点头称是。

老子高兴了，手指河水向众人说道：

老夫奉告诸位，万万不可小觑水这种东西，当水是一种孤立存在的时候，如小溪、小流、小川，你们看它是何等的软弱！眼前的这条小河本来发源于高山之巅，按照它的行进路线，本应一路东下，沿着一条直道而直奔东海，但在这里却遇到了高山的阻拦，按照人类的性格，黄河与这座不知名的高山在此应有一搏。但诸位请看，黄河并不鲁莽行事，而是沿着卑下之地向北方流去。但当它汇合了沿途的千川百谷之后——像洛阳的黄河，就变成了天下最强大的东西，没有任何东西能够阻挡它。

人与水的关系，真是太密切了。想当年大禹为了治理河水，常年浸泡在水里，连腿上汗毛都脱落，三过家门而不入。这当然是一种大公无私的精神，也是一种奋斗的欲望和拼搏的意志；但他后来建立起自己的小王朝，却是一种极端自私的行为。然而这种自私行为不正是通过一种无私的举动所表现的吗？无私和无欲，是一切事物的原始，二者往往互相驱动，便成就了圣人的伟大事业，这种性格恰好可以用水的行为来进行比喻。老夫以为，全天下的英雄、伟人或圣人的行事都是受到了水的行为的启发，比如：

上善若水，水善利万物而不争，处众人之所恶，故几于道。

这是一席石破天惊的宏论，众人听后，只觉得昏暗的天地之间豁然开朗。水，在所有生物，当然也包括人类的眼里，那是何等微不足道的东西！几乎没有任何人对它予以重视。英雄和圣人们自不必说，即使最粗俗卑劣的小人们，也惯于把所有最污浊的东西强加给它。整个人类似乎都有一种极端错误的看法，那就是，水天生就是被其他万物欺侮的。人们分明知道自己以及自然界万物离开了水，是一天也存在不了的，却在利用了它的价值同时，把肮脏的垃圾留给它。众人想到这里，眼望着绵绵不息的流水，一时之间都面带愧色。

在天地万物中，水无疑是最伟大的物种，撇开它的重要性不说，仅仅它的性格表现，就是其他万物所远远不能及分毫的。在天地万物之中，最大的善就是水所行的善道。

老子一面说着，一面用手指向黄河：

居善地、心善渊、与善仁、言善信、正善治、事善能、动善时，夫唯不争，故无尤。

一个人如果能够使自己的行为达到水德的万分之一，那么，天下就没有任何事物能够伤害他了。

众人听到这里，都衷心地佩服起这位从中原汲汲赶赴塞外来隐遁的世外高人。他们觉得，老子的学问和见识，简直是仰天俯地，无所不在，尤其是其中有一种精神直通环宇。

关尹恭敬地问道：

夫子前面说水，后面论人。水之性格表现的道理或诚如夫子所言，它确实可以算是宇宙万物中最高尚者。对于水的高贵品质，在下想，人类今天虽然还不知道尊敬它、爱护它、保护它；只知道蛮横地治理它、使用它、污染它、糟蹋它。但将来或许有一天，人类恐怕向它顶礼膜拜还来不及呢。前日，夫子看到了那么多祈雨的老百姓，已经说明本地由于缺水的缘故，所以，对水是相当尊重的，也是知道爱护的。

万物以及人类与水的关系如此密切，所以，自然界的一切生物，尤其是人类的性格中应该有水的深刻影响。但是，作为一个人来说，如果贸贸然效法水的作为，将何以自处？人毕竟不是水，他如何寻得到善地？他的心如何能够像水一样流入善渊？而且，即使没有外力的干扰和破坏，他亦难以把大量的善付与仁慈；他的言语不能局限于善和信；他的行动也无法像水那样冲积出自己的一块平原和土地；他的能力不能限于善能，他也很难把握最好的天时。所以，水可以不争，人如果不争，虽然可以无尤，却难以存活。小子迟钝愚昧，顽冥不化，斗胆说出我的想法，尚请夫子不弃，有以教我。

老子没有回答关尹的问话，只是望着黄河，默默无语，谁也不知道他在看什么，想什么。

晚霞犹如色彩斑斓的鲜花，散落在朦胧胧的大地上，平铺在蓝湛湛的水面上，老子隐身在霞光之中。

黄河，黄河！

这个名字起得并不确切，这分明是一条清澈见底的溪流！这就是水，是水的美德，也是水的功德。

第九讲·金玉满堂

持而盈之，	手里握持着丰盈的获得，
不如其已；	不如索性全部放弃；
揣而锐之，	怀里揣放着锐利的东西，
不可长保。	就不能长久保持；
金玉满堂，	金玉堆满了大厅，
莫之能守；	没有办法能够守持；
富贵而骄，	富贵者要是傲慢骄纵，
自遗其咎。	就是给自己种下祸殃。
功遂身退，	功德完满就引退，
天之道。	这是天的长生道理。

关尹道：

今夜风清月白，我等远道而来，不妨在此多停留些时候。只是一路鞍马劳顿，不知夫子还有此雅兴否？

老子颔首道：

天下大道万千条，人生如寄旅，走到哪里，哪里就是家。况乎驻足黄河之畔，岂非人生之大乐乎！

于是，关尹吩咐手下在此地安营扎寨，只见那几十名士兵立即现身，安营的安营，扎寨的扎寨，拾柴的拾柴；另外一边则烹羊宰鸡、洗米择菜、埋灶生火。真是人多好办事，只消片刻，几席丰盛的晚餐已经就地摆好。

老子端详着酒席，默然，然后开口说道：

持而盈之，不如其已；揣而锐之，不可长保；金玉满堂，莫之能守。

关尹闻之，恍然若有所悟。不禁接口道：

不才晚学，本亦中原宋国之殷商后裔，先祖为了避内地之战乱而举家西迁而辗转来到渭水之畔，迄今已逾三世矣。然晚学故国之情思却未尝一日或减。晚学虽为了谋生而不得不居此庸俗之官位，然生平之志岂在此焉？只是举目天下，烽火狼烟、刀兵遍野、虎狼当道、鬼魅横行，哪里会有一片净土可供吾辈存身安命？夫子所言不差，一个人如果手里持着一个盛满水的杯子，就不能不小心翼翼，与其战战兢兢地努力维持着一种丰满欲倾的处境，实不如迅速结束这种状态；一个人如果总是使自己身上隐藏着一件锋利的兵器，怎么可能保持长久？在这样的乱世里，一个人即使挣得了金玉满堂、富可敌国，其实也是没有办法保留下来的，即使不出现其他任何意外，至少生命的最终消失便否定了这种占有的合理性。而且，只要富贵了，就免不了有些骄傲的言行，也免不了要引起周围人的嫉恨，这样，就等于自己给自己留下了当下的祸咎。然如何能够从这种窘境中脱身出来？望夫子有以教我。

老子闻言，望定关尹喜，缓缓而言：

功成、名遂、身退，天之道。

老子说完，看了看众人，又接着说：

说起人这种东西来，老夫真有点难以启齿。每个人，都是拼掉了性命也力争在人道和世道上有与众不同的表现，实际上也就是在人生道路上获得成功，但这种所谓成功的本质是什么呢？其实不过是一些私心的实现，是一些欲望的一时满足。什么私心啊，欲望啊，它们的目标所向，说到底可以归结为财富、权力和名声这三样物事，但只有你还有一个会思考的大脑，就知道这其中没有一样东西对于生命本质的改善具有真实的价值。而且，由于这些东西已经成为当今时代人人追逐的目标，任何一个人的过多或过分占有，都将威胁和影响到其他人的切身利益，所以，占有的过程固然难免要引起剧烈的争夺以至相互残杀，侥幸获得了胜利的人也根本不可能把一种占有的成功保持到底。诸位试想，举世滔滔之中，真正能够获得成功的能有几人？大部分人都不过是围绕着成功和失败的路线飞快地奔跑了一圈而已。

所以，老夫始终认为，在追求生命存在和努力维护生命真正利益的道路上，人类之中很少有真正的理智者，也从来没有成功者。然则，大家可以看看上天，它始终默默无言，始终在运行，始终在进行着那样巨大的事业，但它居然能够保持长久，这是为什么？就因为它把持了一条符合自己性情的运行规律，也就是拥有自己进行活动的正确道路。人如果在人道上已经走到了尽头，就应该尽快放弃它而去效法天道。

关尹嗫嗫道：

苍天高远、天意渺渺，我等人世间之过客、大自然中之俗物，如何能够无知而觑天心，无缘而聆天音，无助而知天意，无阶而达天庭？久闻夫子实乃天人，中原有圣人名孔丘者，曾誉夫子为神龙而不见首尾。今晚学得闻夫子教诲，幸何如之！尚祈夫子不吝以天道教我等，晚学闻曰："朝闻道，夕死可也。"晚学愿闻天下正道以殉之。

老子幽然曰：

所谓"正道"者为何？老夫亦不能确知，知之者，其或孔丘欤？墨翟欤？天道者为何？我亦何尝能知！知之者，其后世小子乎？人之安身求全之道，安身避死之道，我或略知之。子如愿闻安身求全之道，老夫不才，将倾囊而授之于子，子其勉哉！

关尹大喜，躬身为礼曰：

谨受教。

第十讲·专气致柔

载营魄抱一,	魂魄与身体合为一体,
能无离乎?	能不分离吗?
专气致柔,	聚敛气息而求柔和,
能婴儿乎?	能达到婴儿那种状态吗?
涤除玄览,	屏除了精微细致的观察,
能无疵乎?	眼睛里能不留下一点瑕疵吗?
爱民治国,	爱护人民和治理国家,
能无知乎?	能不运用一点知识吗?
天门开阖,	天地之门的一开一合,
能为雌乎?	能够处于雌弱吗?
明白四达,	头脑清醒而知识广博,
能无为乎?	能够无所作为吗?
生之、畜之,	让万物自然生长繁殖,
生而不有,	化成万物而不据为己有,
为而不恃,	造福于万物而不自以为是,
长而不宰,	领导着万物却不加主宰,
是为玄德。	这就是最精妙深远的德行了。

老子仰首眺望暮色苍茫的天际，在西北辽阔无垠的原野上，天穹似也显得阔大和深远。

他不禁回身叹息道：

　　载营魄抱一，能无离乎？专气致柔，能婴儿乎？涤除玄览，能无疵乎？爱国治民，能无知乎？天门开阖，能为雌乎？明白四达，能无为乎？

众人不解其意，一齐痴迷地望着老子。

老子解释道：

诸位，人类身体的各个部分都是连在一起的统一组合，是一个有机之整体，它们之间不能被随意隔绝，此为显而易见之事实。上面所谈，是向诸位提出了有关人体的几个专门问题，因该论超尘脱俗，为世间浅学者所不解。尔等乍闻之，亦难以意会。老夫且略作解读，其大意是：身体和身体所运载着的魂魄是勉强合在一起的，它们能不能做到不分离？如果专心致志地保持身体之柔和以及锻炼呼吸之畅通，能不能达到婴儿那样的自然状态？人们力求能够洗涤干净自己的心灵，但是否能达到一尘不染的程度？爱护国家和治理百姓，能不能使自己处于无为的地位上，达到一种无知的境界？人类身体中的窍孔，就像天门一样，依靠它的开阖来进行呼吸，但它能不能达到一种犹如阴性的平和安静状态？窍孔即使已经达到了明亮清晰和四通八达的程度，能不能在行为上做到无知无识的无为境界？

众人闻言，面面相觑。鹖冠子躬身为礼道：

夫子所言之"载营魄抱一"，使魂魄二者抱元守一，浑然而成一体，不再分离二处，以成就人之完整身心，这是一种极高明的修为境界，不知以我等俗人之身，将何以得之？

老子看着鹖冠子，微笑道：

魂魄之抱一，是为了使二者不分离；二者能够不分离，需要"专气致柔"，使自己达到一种婴儿状态。

关尹骇然问道：

每个人所以能够长成昂藏六尺的汉子，不知花费了父母多少心血、耗费了世间多少财物，几乎从呱呱落地之日起，他的父母、亲人以及他自己，梦寐以求的就是能够无病无灾地顺利长大成人。以夫子的看法，生命应以处于一种婴儿状态而无须成长为大妙，如此，则把人生的整个过程都视为一个身体和精神上的退步，似难以令人苟同。

老子曰：

生命本体的日渐扩充和增强，对于一般的世人来说，根本谈不到什么得失问题。如果缺少了一种合乎道理的生命原则，则每个人的生命过程都一样——幼年、少年、青年、壮年、老年，人生每一个阶段的全部活动，都不过是在为死亡铺垫道路。可以坦率地说,自然的死亡并不是什么了不得的大事,它如果是自然规律,就无须回避,也根本无法回避。关键在于,人们都在以百倍的努力和千万倍的热情在向死亡靠拢,而他们却不能自知,在某种意义上未始不可以说,他们都属于非正常死亡。

每一个人——无论是成功或失败者,都终日生活在一种忧虑和挣扎之中,他们忽而得意而忘形,忽而失意而绝望,都是因自己外在存身条件发生变化所产生出来的心理变化,都是因欲望和知识所产生出的魂魄与身体的分离。其实,外在条件的变化固然能够对身体存在产生比较重要的影响,却往往并不与心灵发生直接关系,而且,外在的变化对于身体的影响也往往并不是什么生命攸关的事情。但由于人们习惯于通过外在条件的变化多端来肯定人生价值,便有了种种患得患失的欲望心理,以这种心理来处理自己的人生过程,自然使生活目标与人生意义出现了严重之背离。

试看婴儿有此种现象乎?婴儿之所以没有出现这种现象,并不是因为他们领悟了生命的大道理,而是因为他们根本没有领会能力。由于婴儿没有这种能力,所以他们还处于一种无知状态,正是因为无知无欲,他们就生活得比较自然和谐。所以,如果每一个人都能够像婴儿样,对那些出人头地的东西表现冷淡,都抱了一种比较淡漠的心理,身体上背负的沉重负担就会减轻,生命中就会产生出一种如释重负的感觉。

关尹问道:

然则,如何能够获得这种淡泊的心理?

老子答曰:

再次建议诸位,不妨看看天是怎样运行的?大家刚才问我天道是什么,老夫没有回答,因为如果连基本的人道都还不能理解,还谈什么天道?天道就是自然循环中的人道!

生而畜之,生而不有,为而不恃,长而不宰,是为玄德。

天地创造和孕育了万物之后,就把它们分别储藏和蓄养起来,让它们在自己的保护下而自然而然地生长、成熟和败落。天只是孕育和生养万物，却从来也不对万物进行占有甚至予取予夺；天，即使有了这样的伟大创造，也并不自恃功德无量而肆意行为；天，它虽然生长了万物却并不主宰以至统治它们，而是让它们自由自在地按照自己的本性而生长。所以，在天地的所作所为中，体现出了最大的功德。

关尹曰：

夫子是说人道应该取法天道，人的作为应该取法天的作为，但人毕竟只是微不足道的人而已，他不具有天的能力——甚至连自己都保护不了，如何能够取法天的作为？

老子眼望面前停着的一辆车，一时默然。

第十一讲 · 无之以为用

三十幅共一毂，	三十根辐条集中到一个车轴上，
当其无，	形成了辐条之间的空隙，
有车之用；	就有了车子的用途。
埏埴以为器，	抟和泥土做成陶器，
当其无，	有了陶器中间的中空，
有器之用；	就有了器皿的用途；
凿户牖以为室，	开凿门窗来建造房屋，
当其无，	有了门窗和四壁的空洞，
有室之用。	就有了居室的作用。
故	因此，
有之以为利，	"有"给人提供了利益，
无之以为用。	"无"能给人充分利用。

许久，老子指着车子向众人曰：

诸位请看这车子，以诸位的身份和地位，几乎每天都要乘坐它，但能否从中看出些人生道理呢？

众人纷纷围拢上前，都把一双眼睛投放到这辆车子上，细细地打量琢磨。这是关尹所乘坐的一辆以四匹马驾乘的专用车子，此刻，马已经被牵去吃草，只剩下一辆空车。车子很高大宽敞、装饰得相当豪华，尤其与众不同的是，在厚重的丝织车帘里面的座位上，铺着一张硕大的虎皮，充分显示出了车主人的显赫身份。尽管如此，众人除了能够看出一些权势对人生的影响之外，并不能从中发现什么人生道理。

这时，老子指着一只木头车轮说道：

三十幅共一毂，当其无，有车之用；

诸位想一想，这车轮子所以能够成为车轮，岂不是由于它的中空？否则，它不过是一个木头圈子而已。

众人木然。

老子又指着酒桌上的一只陶罐说：

> 埏埴以为器，当其无，有器之用；

这只陶罐之所以能成为盛物的容器，岂不是由于它的中空？否则，它亦只不过是一堆泥土而已。

老子再指着远处闪烁着灯火的房屋说：

> 凿户牖以为室，当其无，有室之用。

诸位看看那些房屋，如果不是有了窗户和门，就不过是一间土牢。老子说到这里，望了望众人，又接口道：

> 故有之以为利，无之以为用。

说完之后，老子知道众人不能完全理解，便又解释道：

所谓"有"之概念对物来说，是一种产生、一个出现，它当然具有一种存在价值，人们日常所追逐和索取的便是这种产生和出现，但其实并不了解"有"的真正价值。"有"虽然经常能够被占有，其价值却永远独立存在。天下人以"有"为莫大之利益，为了实现"从无到有"而不断奋斗、索取和争夺。他们都不知道，最具有价值的东西，恰恰是无，只有"无"之中才能生出"有"，而"有"之后却只有"无"。可以认为，"有"是现实中的利益之所在，而"无"才是具有最大使用价值的东西。

众人茫然。

第十二讲·去彼取此

五色，	五种颜色（青、赤、黄、白、黑），
令人目盲；	能够令人目不明；
五音，	五种声音（宫、商、角、徵、羽），
令人耳聋；	能够令人耳不聪；
五味，	五种滋味（酸、苦、甘、辛、咸），
令人口爽；	能够令人口受伤；
驰骋畋猎，	驾车驱马去田猎，
令人心发狂；	能够令人心狂躁；
难得之货，	稀少的物品，
令人行妨。	能够令人行为越轨。
是以	所以，
圣人为腹不为目，	圣人只求吃饱肚子而不求看着好看，
故去彼存此。	所以摒弃后者而保存前者。

夕阳如血，彩霞却越发璀璨。

老子环顾众人，缓声道：

有和无之间的关系，是宇宙万物之间种种因果关系的根本。诸位想想，宇宙万物，除了人类之外，任何生物的存在，都仅仅是享受着"无"，却决不霸占着"有"，只有人类每每忽视了"无"而竭力要霸占一切"有"。人类的做法，不仅损害了宇宙万物之间的和谐共处，而且破坏了自身的和谐。其实，所有的一切，哪里是能够霸占的呢？

说着，老子手指着头上的彩霞向众人说道：

五色令人目盲，五音令人耳聋，五味令人口爽。驰骋畋猎，令人心发狂；难得之货，令人行妨。

　　诸位看看这天上的晚霞，该是何等的辉煌灿烂！它们现在岂不是占有了这整个天空？可是，诸位知道，过不了多大一会儿，这些晚霞根本用不着任何其他力量的逼迫就会自行散去，甚至连一点痕迹都不会留下，天空则仍然是天空，一切晚霞、乌云、风暴、雷雨都不能在它的上面长久存在。由此可见，事物应该有主体和客体之区别，这天空、这大地、这高山、这流水、这道路，它们都是存在的主体，而飞翔在天空上的鸟、坐落在大地上的物、隐藏在高山里的兽以及行走在道路上的人类，都应该是客体。所有客体的存在，都无疑是依附于主体之上，但客体有时却往往反客为主，反而对主体进行占有，这当然是本末倒置的事情。事实上，所谓占有其实只不过是一种现象，而且是一种客体自己并不觉察的假象。以晚霞占有天空为例，从物体的本质说，它们确实有过了这样一次或无数次占有主体的表现，但从万物的存在来说，它们的灿烂除了提供了一时的景观之外，什么实际价值都没有。所以，一切令人看起来眼花缭乱的景观，听起来悦耳的声音，吃起来美味的食物，都足以令人对假象产生出一些极端错误的看法，它们使人眼花、耳聋、口舌受伤。

　　以上谈的是宏观的主客体关系，落实到具体事物上，也仍然有主客体之间的关系存在。比如飞鸟的主体是鸟的身体，老虎的主体是虎的身体，人类的主体自然亦是自己的身体，因为物的存在与否就在于这个身体是否存在而不在于其他附属部件之有无。如果我们看到一只飞鸟为了爱护它的羽毛而不惜到汹涌激流中去进行沐浴盥洗，就知道这只鸟已经犯了舍本求末的毛病，它也许可能会偶尔得志三五次，但迟早要为此蠢行付出惨重代价。同样，人类如果为了满足自己的虚荣矫饰之心，而刻意打扮得花枝招展，刻意追求骄奢淫逸，刻意追求口、眼、耳、鼻等感官上的享乐，悍然置自己身体于不顾，甚至为此而赴汤蹈火，这种行为究竟是否算爱护身体？

　　人类骑马打猎这件事情，本来是为了谋生而不得不拿生命来进行的冒险活动，这活动本身不但没有任何消遣娱乐的成分，甚至对身体会有伤害。但热衷于此道的猎手们，一旦跨骑骏马，手执利器，身携强弓劲弩，驰骋在山林和原野之中，心灵就会进入到一片狂放、狂热、狂野之中，再也无法收拢得住，长此以往，他们若非惨死于猛兽的利爪之下，也往往会暴毙于深山密林的沟壑之中。同样，人们对于一些紧俏物质的追求也是这样，尽管这些物质对于每个人的实际生活并没有太多的影响，但却能够使人们的行动受到它的重要影响，为了获得这些东西，人们的行为往往失去常规。

儒生问道：

五色、五音、五味这些东西，确实大多属于身外之物，晚学对此深表赞同。但人类之所以为人类，岂不就是因为人类有这些追求吗？如果人类真的如夫子所说，能够达到一种所谓婴儿状态，则人生岂非索然无味？何况圣人始终提倡"衣食足而后知礼仪"。不知夫子是否认为，自古圣人的教导都是错的，只有夫子的看法是对的？

老子思索片刻，说：

年轻人，老夫不过是一个很平凡的老人，虽然有些固执己见却并不是一条疯狗，只会四处咬人。你所说的圣人之言，其中有许多很好的道理，老夫也是极表赞成的，但也有许多我没有亲身体验过的道理，就不敢盲目附从。当然，没有人可以不吃饭，老夫虽然可以千日思考却不能一日不食，类似这样的认识是所有人都能明了的事情，用不着作为一种大道理进行专门探讨，何况是圣人。你所说的圣人之言，可以算是天下之通理，老夫说的却是天下之至理。通理和至理虽同为一理，但道有远近、理有分殊，天下人习天下之通理，但只有特殊者才可以习天下之至理。至于自古圣人的教导是否正确？则亦应视个人之不同而定夺，同样的一样东西，对一些人至关重要而对另外一些人却无关紧要。老夫以为，只要是一名圣者，他的主张都应该有上下两条道，一条是普天下芸芸众生的生存之道，一条则是特立独行者的道路。但无论如何，他总是要摈弃和防止那些与生命和生活无关的欲望之泛滥。

是以圣人为腹不为目，故去彼存此。

儒生闻言，有些大惊失色，不禁大声反驳道：

自古的圣人，难道只是为了吃饱肚皮而不计其余了吗？

老子笑道：

　　这一点，汝倒是说的一点不错。圣人也好，贤人也好，他们的第一个目标就应该是使自己吃饱了肚皮，而不是饿着肚子去四处奔走救世，甚至是饿着肚子去追求那些色彩斑斓的东西。事实上，无论什么人，肚皮都是第一重要的东西，它支撑着整个身体并维持了生命的存在，所以，它亦应该是人类身体的主体。所有人的生命需求在本质上都差不了多少，贤人也好、君子也好、圣人也好，总应该脚踏实地地解决好自己的肚皮，然后再来宣传自己的主张。否则，即使他自己愿意，也没有人会情愿跟随他去饿肚皮。

　　但是，基本的生活需要与额外的奢侈追求，则完全是不相干的事情。人们如果试图在自己的正常需求之外去追求那些分外的东西，马上就会发现自己的处境无比艰难。真正的圣人——如果他是真正的而非冒牌货，实际上首先是为了吃饱肚子，而不是为了满足眼睛的好奇，二者之间在不能并立的时候，就只好去掉那些不切实际的需要。

　　众人一时无言。

第十三讲 · 贵大患若身

宠辱若惊，	得宠与受辱都会惊恐，
贵大患若身。	看重宠辱得失如看重身体一般。
何谓宠辱若惊？	什么是宠辱？
宠为上，	以受宠为上，
辱为下。	以受辱为下。
得之若惊，	得到了（辱）为之惊恐，
失之若惊，	失去了（宠）为之惊恐，
是谓宠辱若惊。	这就是宠辱若惊。
何谓贵大患若身？	什么是看重宠辱犹如看重身体？
吾所以有大患者，	我所以会有大祸患，
为吾有身，	因为我有身体，
及吾无身，	如果我没有了这身躯，
吾有何患？	我还会有什么祸患？
故	因此，
贵以身为天下者，	像宝贵自己身体一样宝贵天下，
若可寄天下；	就可以把天下寄托给他；
爱以身为天下者，	像爱护自己身体一样爱护天下，
若可托天下。	就可以把天下托付于他。

关尹闻言，连声说：

夫子说得好，实在是好得很！今夜风清月白，如夫子雅兴未尽，我等不妨在此幕天席地，尽此良宵。

晚霞已经散尽，大地被笼罩在无边的黑暗之中。满天的星斗在闪烁，银河若隐若现地斜挂在牛斗之间。

现在，星辰们开始按照自然而然的顺序代替满天的云霞来占有天空，一时间尽情地显现自己的光华。

这时，老子开口说道：

刚刚谈到事物的主客体关系，也谈到了人类由于知识的增进而逐渐打开了欲望的大门，致使生命的本原在诸多虚伪追求下而日益被淡漠被忽视，人类的心灵在欲望驱使下而遭到严重扭曲。

宠辱若惊，贵大患若身。

关尹惊问道：

夫子难道说，荣宠和耻辱都会引起惊恐？

老子道：

每个人只要一旦被欲望缠上了身，这个身体便永远也不得安宁，时时都仿佛有大患在身，无论得宠还是受辱，在心理上都时时处于惊恐之中。这时，每个人虽然置身其中却不能感觉到危机的具体存在，人类的活动首先是为了维持生命的存在，而只有具备了一个充满自然活力的身体才能证明生命的正常存在。不但一个死人是没有生命，一个失去了自然本性的活人究竟还能不能算是具有生命，也是大可疑问的。自古及今，人们从来没有办法摆脱这种困境，每个人都因此而如同患了重病的人。

关尹道：

夫子能否详加解释？

老子道：

人这种东西，从生命的本原看，与其他生物全然没有本质之区别，因为生命并没有高低之分。我们不能说一只山羊的生命高于一只野兔，也不能说一只雄鹅高贵于一只蜜蜂，所有生命贵贱的看法都是人类按照自己的价值观所排定，其中很少经过理性的鉴别。在人类把万物进行了等级排列之后，他们自己也自愿或被迫地进入了一个等级森严的社会，在这里，高贵者的生命似乎比低贱者的生命贵重，智慧者的生命也好像优越于愚蠢者的生命，于是，荣宠和耻辱作为一种社会价值而被承认。

何谓宠辱？宠为上，辱为下。得之若惊，失之若惊，是谓宠辱若惊。

宠是被人宠爱，这可以表现在社会价值的各个方面，被君王宠爱，被官长宠爱，被家长宠爱，被众人宠爱，这是一种被社会公认的光荣；辱是指被侮辱或羞辱，也可以表现在各个方面，被君王侮辱、被上级侮辱、被众人侮辱，这是一种被社会公认的耻辱。由于荣宠和耻辱的降临往往象征着个人身份地位的变化，所以，人们得宠之时也就是春风得意之时，他们当然唯恐一朝失去，就不免时时处于自我惊恐之中。

一般来说，一个飞黄腾达的人是比较少受侮辱的，所以，一个人之所以受辱往往也意味着其社会地位低下或正处于降低。与受宠的荣耀相比，受侮辱当然是一件令人颜面尽失的事情，但凡有些血性的人都不能无动于衷。所以，得失之间都不免惊慌失措。

儒生问道：

什么是大患若身？怎样能够避免这个大患？

老子答曰：

何谓大患若身？吾所以有大患者，为吾有身，及吾无身，吾有何患？

这几句话，道理其实很平常，如果写在竹简上，大家一看便知。但这样平平淡淡地说出来，由于各地方言的关系，则颇不易理解。其实，所有的祸患，自然也包括宠辱在内，它们之所以会长久地纠缠着人们，只是因为有了这个身体，这个身体就像是一个皮囊，不得不容纳下许多与自己不相干的东西。如果没有了这副皮囊，那么，还会有什么耻辱之类的大患？所以，有身与无身，是有无荣宠耻辱的根源所在。

儒生问道：

难道人类可以舍弃掉这副皮囊吗？

老子答曰：

我不知道是否能舍弃这副皮囊，但身体的存在意味着生命的存在，如果没有了身体则生命也就不复存在了。所以，如何对待自己的身体就等于如何看待自己的生命，如果不能郑重对待身体，就不会郑重地对待生命。在这里，应该提醒诸位，重视身体并不是如何来点缀他的外表，而是如何使他避免一切可能遭到的侵犯；重视生命也不是如何来追求满足及奢华享

乐，而是如何使生命得以在自然而然中安然度过。所以，

  贵以身为天下者，则可以寄天下；爱以身为天下者，乃可以托天下。

  这两句话的意思是，一个人如果能够像爱惜自己的身体一样尊重天下，便可以暂时寄身于天地之间；便可以把天下托付给他来进行管理了。可见，一个人只要尊重自己的身体，才可以寄身于天地之间，逍遥自在地生活；而一个人只有关心和爱护自己，才能够兼爱天下，这样的人，是可以管理整个国家的。相反，如果一个人不知道尊重自己、爱护自己，则自顾且不暇，哪里还能够兼善天下呢？我一般把能够尊重和爱护自己的人称为圣人。

  众人尽皆称善。

第十四讲·绳绳不可名

视之不见，	看却看不见，
名曰夷；	其名曰"夷"；
听之不闻，	听却听不到，
名曰希；	其名曰"希"；
抟之不得，	摸却摸不着，
名曰微。	其名曰"微"。
此三者，	这三种事物，
不可致诘，	都不能刨根问底，
故混而为一。	它们本来浑然而成一体。
其上不皦，	它的上面并不是特别明亮，
其下不昧，	它的下面也不是特别晦暗，
绳绳不可名，	悠悠若线而不能命名，
复归于无物。	便复归到没有形状的状态中。
是谓无状之状，	这叫做没有形状的形状，
无物之象，	也没有事物的具体表象，
是为惚恍。	这就是"惚恍"。
迎之不见其首，	迎着它却看不见它的前头，
随之不见其后。	尾随它也看不见它的背后。
执古之道，	运用古代的道理，
以御今之有，	来驾驭现在的事物，
以知古始，	就能够认识远古的开端，
是谓道纪。	这叫做道路的记号。

这时，天宇空荡、四野沉寂，大地趋于黑暗，万物归于沉睡。一钩弯月斜挂在明净天幕之东北，弯月之下，黄河水泛起一片银白色的微光，恬

静地向北方流去。

老子眺望着月色下半隐半现的山光水色，徐徐说道：

视之不见名，曰夷；听之不闻名，曰希；抟之不得名，曰微。

众人闻言，皆愕然，不知老子所云何意。

那名早已对老子佩服得五体投地的老者，知道这几句话中必定隐含着非同小可的意义，急忙问道：

按照世俗间的寻常道理，只要能够看到、听到、抟持的东西，一般都能够叫出它们的名字。夫子刚刚所言，老朽等实闻所未闻，敢请夫子详言之，以启老朽之茅塞。

老子颔首曰：

这几句话，尔等乍一听来，可能感到有些莫名其妙，其实，其中道理并不复杂，尔等且听老夫道来。

人类的所有活动，当然都离不开眼睛、耳朵和双手，眼睛使人们得以看见和发现万物，人们便是依靠这种发现，根据它们的形状或其他特点给万物加以命名，所以，凡人类所见之处及所见之物，皆能巧立名目。但作为人类中的个人，他不可能对万事万物都能目睹，每个人在他的一生中，能够亲眼看到的事物不及事物的万分之一，所以，他需要用耳朵来弥补眼睛的不足，把听到的事物也作为自己的见闻而加以利用，所谓"闻道"就是这个意思。人们发现和了解万物，为的是利用万物以造福于自己，所以，在了解了万物的属性和特征之后，便要用双手来征服和掠夺它们。

老子说到这里，返身望着众人，又接口说道：

但是，人类的眼睛所能够观察到的事物，果真是准确无误的吗？请问，人类难道不是把自己的杂念和欲望强加给了眼睛，再根据这种带有欲望色彩的眼睛所观察到的结果，来奠定自己对事物的认知法则，然后，再根据这种法则对万物进行命名吗？对于这种歪曲性的命名所产生的所有事物的名字，一个明智者很难予以轻信。

所以，老夫在这里向诸位强调指出，观察任何事物，如果先根据这些事物的名字建立自己的认知，是不可能准确认识事物的。每个人都有眼睛——盲人当然可以排除在外，如果人类的眼睛看一切事物不是首先看它的名字，而是详细观察它的特征以及生命规律，则庶几可近真理。这里所说的"视之不见名，曰夷"，就是说，观察事物见事不见名，就不会使眼睛带有色彩了，"夷"字在这里是没有色彩的意思。

至于人类的耳朵，其扭曲的情形与眼睛没有重要区别。由于人类大多都远离了大自然，对于自然界中的声音已经感到非常陌生了，就存在着更多的问题。人们经常说的"道听途说"一语，已经正确地指出了人类耳朵的诸多弱点。根据刚刚听到的消息，根本不加以鉴别，就轻率地建立自己的认知，这比带了有色彩的眼睛去观察事物的主观态度更糟糕，它可能连事物的影子都捕捉不到。更糟糕的是，人类的眼睛可能造成认识上的谬误，因为眼睛带有了色彩，但耳朵所听到的却是没有任何属性和特征的名词而已，它们都是一个个没有内容的空洞名字，如果仅根据这些名字来确立自己的知识，就已经不是对与错的问题，而是一件很危险的事情了。比如，对于率领一支即将奔赴战场的军队的将军来说，如果只根据听到的敌情及地名来拟订作战方案，就有全军覆没的危险。所以，这里所说的"听之不闻名，曰希"，就是说，对于听到的消息不能轻信，如果不根据名字和一些虚假的噪音来判断事物的属性，则可以得到正确的知识，"希"字在这里是无声的意思，"大音曰希"。

至于人类的双手，诸位都知道，它可以进行劳动和生产活动，可以做许多其他生物所不能做的事情。但双手既可以为人类谋求福利，也可以制造罪恶。而大多罪恶之产生，都是根据眼睛的不正确观察和耳朵提供的虚假情报所编织而成。所以，人们如果试图抟持成功一件事情，既不可根据对名字的想象力而设计，亦不可为了制造一个新名字而行动。这里所说的"抟之不得名，曰微"，说的是：一切有形体的东西都是可以抟持的，而一切无形体的东西都是不可抟持的，这里指的是前者。"微"在此是微小或微弱的意思，亦即若存若亡的意思，抟持一件事情，使之不得盛名和虚誉，处于一种若存若亡的境界，庶几近乎大道。但这三种事物，颇不易一言以蔽之，因为：

此三者不可致诘，故混而为一。其上不皦，其下不昧，绳绳不可名，复归于无物。

对人类的认识和理解能力来说，万物的本质和性质毕竟是难以穷诘到底的。"夷"、"希"、"微"，这三个字既代表了事物存在的三种意境，也是人类的功能器官所无法真正到达的细微地步。这三种意境的具体情形很难刨根问底，但它们却可以混同为一，一就是一体或统一，关于统一的道理，随后将用专题讲解。事物的一体化之上是事物的本原所在，这里没有任何光明的迹象以及其他显著特征，可以供人类进行观察；事物的一体化之下是事物的根源所在，这里也不是特别的幽明晦暗，使人类丝毫不能分辨。事实上，所有的本原都高高地悬挂在渺渺之天上，而所有的根源都深藏在幽幽之地下。但无论万物的本原或根源，最终都将复归于无物，也就是说，万物以及人类，最终都将走向一片虚无，复归到什么都没有的状态之中。

对于事物的本原，以人类目前的认识能力，恐怕还难以窥探其堂奥；事物根源虽然多少接近人类，但人们也只能看到一些蛛丝马迹，至少在目前，人类还根本难以接近事物的核心。虽然上天不明、地下不昧，但万物的本原和根源都确实是绵绵而没有穷尽的，它们的内部肯定存在着我们看不见、听不到、摸不着的统一性。所以，人类不能随意根据那些能够看到、听到、做到的事物表面现象来加以主观性的命名。

老者问曰：

万物名称之出现，实乃人类为了物有所用，强不知以为知，有以致之。闻夫子之妙论，似乎万物除了自然而然之存在而外本来没有其他功利性目的，有者，乃人类之所为。无中而生有，实乃人类名利之心所致。以老朽之见，夫子所言之深意，实则指万物之有，乃人之道；万物之无，乃天之道。其意甚明。不知是耶？非耶？

老子笑道：

这样理解甚佳。所以，

是谓无状之状，无物之象，是为惚恍。迎之不见其首，随之不见其后。

所以说，上天本来没有任何形状，亦没有任何物象，但却能创造万物，其具体表现是：若存若亡、惚惚恍恍，可以把这种状态称为"惚恍"。所谓"惚恍"状态，人类亦是无法观察其根源的，对面迎上去看不见它的头；尾随在它的后面，也无法看见它的尾，正所谓"神龙不见首尾"也。诸位请切记！惚恍，不止是一种状态，而且是一种自然状态。中原有浅学者把这种惚恍称为人精神中的状态，是对惚恍的曲解。老夫不知道除了天之外，是否有高明者能够掌握它，反正老夫是不能的。

老者闻言，再三作揖曰：

天道既如夫子所言，老朽已略知之。然人道如何？尚望夫子不吝赐教。

老子答曰：

执古之道，以御今之有，以知古始，是谓道纪。

老者惶然问曰：

夫子这几句话颇难理解，还望略加解释。

老子坦然道：

这几日已经反复谈到了道。诸位，这个道固然可以分为几个层次加以理解，但它的基本含义就是道路，由此而引申出道理，再由道理而分化出人道、天道以及地道。这里所说的"执古之道"，就是把持或遵守着古代的道，这个道对于思想者来说，可以理解为途径；对行动者来说，可以理解为道路；对于求知者来说，则可以理解为道理。

为什么要执古之道？因为古时的道路曾经是万物创造之初始显现的唯一通道。在道路早已出现的时候，天地万物都还没有名字，天地之间还只是一片空白。这不是说那时还没有万物，而是说，万物无论是先于或后于道路而存在，却必须是有了道路之后，才有了人类对事物的命名。这样，只有遵循着古代的路线，才能驾驭现在的万物，也就是以古代的"无"以驾驭现在的"有"。这样，我们就知道了古代初始时期的情形，这就是所谓"道纪"。道纪是古代道路一步步发展的鲜明标记或印记。

关尹闻言而赞叹道：

道纪，道纪，这是多么重要的发现！人们每日每时都行走在道路上，却何曾了解什么道纪？正因为大家都不了解道纪，所以对天地之间的道理可以说是一无所知。晚学斗胆向夫子请教，在夫子之前是否有人说过这个道理？古代的士大夫们是否了解这些道理呢？

第十五讲·微妙玄通

古之善为道者，	古时善于行路的人，
微妙玄通，	精微、深远而明达，
深不可识。	高深到不被一般人所认识。
夫唯不可识，	正因为一般人不能认识，
故强为之容。	因此只能勉强地加以形容。
豫兮，	再三犹豫，
若冬涉川；	好像是走过冬天的河流；
犹兮，	反复踌躇，
若畏四邻；	好像是畏惧四周的邻居；
俨兮，	严肃端庄，
其若客；	好像是在外面做客一样；
涣兮，	敏捷柔和，
若冰将释；	好像坚硬的冰即将融化；
敦兮，	敦厚素朴，
其若朴；	好像没有经过任何雕饰；
旷兮，	空旷深远，
其若谷；	好像深谷一样深邃；
混兮，	混同一切，
其若浊。	好像是很浑浊。
孰能浊以止？	谁能使浑浊停止？
静之徐清；	只要安静下来就会渐渐澄清；
孰能安以久？	谁能使安静持久？
动之徐生。	运动和变化会徐徐地产生。
保此道者，	保持这些道理的人，
不欲盈。	从来不想丰盈。

夫唯不盈，　　　　　正因为不贪求丰盈，
故能蔽不新成。　　　因此能坚守破败而不随意创新。

老子闻言，举首仰望着灿烂的夜空，深深地吸了一口长气，然后面向关尹和那老者，徐徐而言曰：

　　古之善为道者，微妙玄通，深不可识。

关尹：
然则，何为微妙玄通呢？
老子道：
微妙的意思，老夫在第一天的讲座中就已对诸位谈到，微是微小、细微、精细，妙是奇妙、美妙、巧妙、奥妙，微妙就是精微奇妙；玄通就是深远、通达。请诸位注意！这里所说的古代善为道者，就是一些善于走路的人，这个走路也不是单纯的旅行活动，而是非常具体的行动。古代的为道者，并不是现在意义上的养尊处优的士大夫，他们往往是一些不断进行游历和探索的行动者，他们对于天地万物的理解并不依靠道听途说，也并不带着充满价值、利益和欲望的眼睛去观察、去认识。因此，他们能以自己的切实行动而确立自己对事物的正确判断，他们能使自己的认识达到精微、细致和深远、明达，也能使自己的行为高深到不被一般人所理解的程度。
关尹愕然问曰：
难道古代的为道者真的能够像上天一样，达到了微妙玄通、深不可识的地步？
老子额首道：
是的，在道路初通（这里的初通不是道路刚刚出现，道路出现于宇宙混沌之初）的古代时期，整个人类都对天地万物没有多少认识和知识，士大夫们也还不是现在这样无耻到强不知以为知，他们往往使自己的行动与上天保持一致，所以能够达到像上天一样的状态。
关尹道：

该如何理解古代为道者们的行为呢?

老子道:

夫唯不可识,故强为之容。

正因为上天是不可认识的——也许将来会有认识它的时候,因此所有对上天的描述,都不过是一种凭主观臆断作出的勉强形容。古代那些修道者们使自己的行为与天道相一致,也达到了深不可识的程度,而一般普通群众对他们的行为是难以认识的。

关尹道:

夫子能否对这些行为做一些描述呢?

老子道:

老夫对于古代修道者的行为方式也并没有亲眼见到,对他们的认识不是来自典籍,就是道听途说,所以,老夫也没有回答这些问题的资格。但你既然如此迫切地想要知道他们的行为,老夫只能根据自己的一些切身经验和体验,勉强地加以形容:

> 豫兮若冬涉川,犹兮若畏四邻,俨兮其若客,涣兮若冰将释,敦兮其若朴,旷兮其若谷,混兮其若浊。

远古蛮荒时期的道路,作为后来者的人类,无疑会感到相当陌生,他们的认识程度都一样,并没有高深和低浅之分别。那时,所有行走在道路上的人,都犹犹豫豫展开行动,好像是行走在冬天的冰川上;都踌躇小心地处理各种人际关系,好像是畏惧四周的邻居;都严肃端正地生活,好像是在外面做客一样;都作派柔和松软,好像是坚硬的冰即将融化;都性情敦厚朴实,好像没有经过任何修饰雕琢;都心胸开阔旷达,好像深谷一样空阔深邃;都表现出一副浑噩的样子,好像是很污浊混沌。

是否可以认为,古代的深明天道的行动者们,都能够依据事物存在的真实意义、道理和原则,切实地展开自己的行动?唯其如此,他们才能够使自己的行动与一种上天的规则——即天道——相衔接,自己也同时获得了一种淳朴、纯真、清净、自然的朴素生活,正是在这种生活中,人类的生命才能自然地存在和自然地消失。现代人对道路的性能和性质已经不能明了，对于如何把握正确行动的道理也早已概念模糊。至于对于如何处理人类与自然万物的关系，对于生活怎样得到最大的丰盈，对于生命怎样获得最有利的安置，对于心灵如何获得最合适的安顿，尤其对怎样正确地展开自己的行动，尽皆失去了辨别能力。现代人非但不能熟悉道路本身，甚至对行走道路的交通规则、行为规则、目标以及方向，都已经不能透彻了解了。

关尹小心地问道：

难道现代人已经不会走路了？

老子笑道：

只是用两条腿走路，只要不是天生的残疾人，则是每个人都会的。这里所说的并不是单纯的走路，而是一种行为的准则和规则，一种行路的法则和道理。问题本来是相当清楚的，比如野兔觅食自有野兔行走的比较确定路线和行为规则，它们一般不能跑到狐狸野猫的洞穴附近活动。人类何尝不是如此？不同的集体、氏族和个人要获得自己的生活所需，只能在自己相对固定的领域内、范围内以及路线上进行活动，不能只顾自己的攫取而悍然不顾其他人的需求。现在，问题出在现代道路已经与古代道路有所不同，现代的道理也与古代道理有所不同，对于这些不同之处，现代人都处于一种似懂非懂的状态中。晚近以来，有许多浅学者乘机提出了一些似是而非的道理，来混淆天下之视听，这使得道路经常成为无知的人们葬送生命的战场和坟墓。这样，人们的行为亦不能不发生严重错乱，其实，问题本来并不复杂。

孰能浊以止？静之徐清；孰能安以久？动之徐生。

所有那些表面看起来沸沸扬扬、令人眼花缭乱的事物，大多不过是一时现象之显示。倘若一个修道或得道之士，能够透过现象而追求本质，就一眼洞穿自然万物之底蕴，自然也包括人类在内的所有事物之本质，大都与水的表现一样，谁也无法使那些浊流污水发生变化，但只要它自己能够沉静下来，就会慢慢地达到一片清明。任何人只要能做到以浊而待静，便会使浑浊的处所渐渐地达到清明。事实上，又有什么人能够长久地处于安静而没有行动？但是，在安静之中，使自己的一切行动都徐徐地、渐渐地、自然地产生出来，才是自然的道理。这个道理看起来很简单，其实颇不易实行，掌握了这个道理，每个人都能够迈进到一个极其高明的境界之中。

> 保此道者，不欲盈；夫唯不盈，故能蔽不新成。

这里说的"此道"，仍然指的是道路，当然也可以作道理来解释。诸位已经知道，道路的特点是不满不盈，它虽然承载了万物的运行，却永远处于一种自谦的地位上；正因为道路具有了不盈的特点和美德，所以，才能守蔽而不时时更新。作为一名修道者，或者作为一名明智者，如果能够效法道路的美德，则自然处于不败之地。

关尹喜急问道：

然则，普通人如何能效法道路的美德呢？夫子能否给我等世俗之人指出一条正确的大道？

第十六讲·吾以观其复

致虚，极也；	达到虚空，是事物走向了极致；
守静，表也。	坚守安静，是事物的表象。
万物并作，	万物一同运作，
吾以观其复。	我以此来观察它们的循环往复。
夫物芸芸，	事物虽然形形色色和变化多端，
各复归其根。	最后总是要返回它的根源处。
归根曰静，	归根叫做静，
是谓复命。	这就是生命循环的道理。
复命曰常，	生命循环是叫做"常"，
知常曰明。	知道了事物"常理"叫做"明"。
不知常，	不知道事物常理，
妄作，	轻举妄动，
凶。	就会遭遇凶险。
知常容，	知常而后能包容，
容乃公，	能包容就能公正，
公乃王，	能公正就能周全，
王乃天，	能周全就能符合天道，
天乃道，	能符合天道就能合乎道理，
道乃久，	能符合了道理就能长久，
没身不殆。	一辈子没有危险。

天色已经很晚，月挂中天，天地六合，都死一般的沉寂。忽然，一颗流星划过夜空，坠落在西北方的某一个去处。

良久，老子开口道：

许多已经长期湮灭的道理，即使现在能重新阐述出来，尔等也未见能够理会。从道路到道理，虽然仅仅一字之差别，其间之过程却不知几何许？一个把持了天地自然的根本规律的圣者，虽然足不出户，却完全能够领会到天下万物的至理。但一个酸儒，即使读尽天下书而足不出户，却怎么能够理解道路上的错综复杂和道理中的千差万别？一个贩夫走卒虽然常年奔波在各种各样的道路上，又安知道路的本质和道理的根源？

好在诸位自幼生长在这西北的深山或大漠之中，读了不算太多的书，接受了不算很多的知识。深山生活能够目睹万物的生成变化，而大漠生活则须常年奔波在风云变幻莫测的大自然之中，所以，诸位对道路上的艰辛以及对道理的领会可能要容易一些。老夫对道路和道理的解释，在中原经常被读书人的误解，他们往往把道路和道理故意地加以混淆，也许他们根本就不知道二者之间的关系，希望在此地不被诸位高贤误解。作为一个有志于求道的士人来说，学习道理和取法道路的首要任务应该是：

致虚极，守静笃，万物并作，吾以观其复。

这几句话通俗地说，就是求道者需要主动消除自己的激情和欲望，使自己的内心达到清心寡欲的程度；复次，则要安分守己，遵守清净笃厚的行为原则。这样，大自然中没有了人类的武断和粗暴的干涉，万物都得以在正常的环境中生长和运行，就恢复了它们的本来面貌。一个深知自然大道的人，完全可以稳坐在一个无所作为的有利地位上，以一种超越了自身狭小心理格局的远大视野和博大胸怀，来捕捉甚至观察着万物各自的运作规律，就会发现万物都是向自己的根源复归。此所谓：

夫物芸芸，各复归其根。

万物虽然种类繁多、千姿百态，但无论它们是默然存在还是百般努力展示着自己生命特点，最终结果都不过是向着自己的根源上复归，而不可能有其他结果，这当然也包括人类自己在内。

老者闻言，惊叹曰：

夫子真乃神仙也。乍闻夫子之言，实在是不知所云，待细细思索之后，方可渐入佳境；但随即便又如堕五里雾中而不辨天南地北；再度细细审知，反复推敲，方始恍然大悟。万物芸芸，也包括我们每一个人在内，无论在生命过程中获得了一些怎样积极主动的显示，也不过是给空荡荡的天地之间提供了一个短暂的物象而已，等到生命的能源耗尽，万物便只能从各自的行进道路上撤退下来，按照天地的运行道理而复归其根。这样的道和道理，本来是天经地义的事情，但不是夫子这样的高人，又如何能揭示出来？请问夫子，万物各自复归其根之后，还有没有什么物象存在？

老子没有正面回答老者的问题，他说：

万物复归其根之后的事情，是万物自己的事情，与人类的精神归属没有多少关系，人们只管好自己的事情就好，万万不必替万物的事情操心，人类的能力还操不起那么多的心，这对万物和对人类自己彼此有利。人该如何修道？几天之后老夫也许将会作出说明，今天不加讨论。至于万物之回归自己的本原，则是它们的必然归宿。所以，

> 归根曰静，是谓复命。复命曰常，知常曰明。不知常，妄作凶。

差不多所有物种，最终在归根之前，总是要做出一种显示、一种招摇、一种扩展、一种进步、一种不能确定任何意义的绚丽色彩和旺盛姿态，在这样的阶段，它们会始终处于一种飘摇不定的惯性状态之中而无法停顿下来；但它们一旦归根之后，便可以彻底地安静下来了，可以把这种归根后的表现称为"复命"。"复命"，是我被迫采用的一个动词，其字面意思，就是万物经过了自己的生命力显示之后去向自己的根源处报到。事实上，万物在复命前的许多招摇表现都是它们的变态，而万物在复命后的安静表现则是它们的常态。作为一个人，尤其是一个修道的人，知道了这种万物常态的必然性，就是明智的表现；而不知道这种常态的人们，就经常妄自行动，做出一些违反生命运行规律的事情。所以，万物运行就犹如人们走路，都一定要行走在正确的道路上，而知常乃是最重要的道理，对于万物以及人类，都是如此。

知常容，容乃公，公乃王，王乃天，天乃道，道乃久，没身不殆。

老夫在此，可以很明确地告诫诸位，凡物之为物，知常之后才能有包容万物的能量，这可以直接称为容量；有了这种容量，才能有容纳万物的大公之心；而有了这种大公之心后，便可以成为管理一个国家的王者了；对于万物而言，其首领的地位来源于上天，王就是天；天给万物提供了生长和存在的道路，因此，天就是道；道是一种极其长久的存在物，它往往没有穷尽的时候，这就是没身不殆。

老子的话刚刚落音，周围响起了一片热烈的掌声。关尹立起身来，满脸堆笑，热情洋溢地高声说：

现在天色已交三鼓，虽然是盛夏暑热季节，但边外蛮荒僻陋之地，夜露袭人。夫子来自中原，且莫染上风寒。今宵彻夜聆听夫子教诲，深感夫子之学问实在犹如深渊大川一般渊博宏大。我辈尘世俗人，能于此荒漠之中，得闻大道，幸何如之！今夜累夫子彻夜未眠，在下深感不安，现在请夫子就寝。明日凌晨，我们还要赶路。

第十七讲·太上不知有之

太上，	最好的统治者，
不知有之；	人民感觉不到它的存在；
其次，	次一等的统治者，
亲之誉之；	人民亲近他赞誉他；
其次，	再次一等的统治者，
畏之；	人民畏惧他；
其次，	最次的统治者，
侮之；	人民轻侮他。
信不足焉，	统治者们的诚信不足，
有不信焉。	才会发生彼此不信任。
犹兮，	慎重，
其贵言，	好的统治者应该少说话。
功成事遂，	直到事情获得了成功，
百姓皆谓：	百姓们都说：
我自然。	我们什么都没有感到呀。

翌日，红日东升、朝霞漫天之际，由数十辆马车组成的车队依然顺着大路向西行进。

老子与关尹喜同坐在一辆马车上，马车风风火火地疾驶在西行的大道上。拉车的马匹很是健壮，车子的装饰也甚为华丽，但无奈道路坎坷，几乎每一个土坡或土块，都会引起车子的一阵剧烈的颠簸，如果不是为了显示一种身份和地位，则坐在豪华车子里面，决不会比走在路上更加舒服些。关尹偷看老子，只见老子稳稳地端坐在自己的位子上，双目低垂，面上毫无表情，气定心闲浑然如熟睡中的婴儿一般。

夫子是否安睡了？

关尹小心地问了一声。

老子慢慢地睁开了双眼，笑道：

汝岂不闻，乘车之道，须多思、多看，却不可多语乎。

关尹亦笑道：

然则，机不可失，时不再来。尽管有些讨嫌，在下还是要请教夫子。在下为秦国守卫此塞外荒城，已有数年之久。地属荒凉边地，地贫民稀，晚学虽有志于雄图大业，其奈无地利何？而且，此边民之习性，无不剽悍好斗，喜颇觉难治。祈夫子有以教我。

老子思索片刻，脱口说道：

太上不知有之，其次亲之誉之，其次畏之，其次侮之，信不足焉。

关尹闻言，有些尴尬地笑道：

这几句话夫子如果不亲自解释，在下连三成的道理都理解不了。

老子接着说：

作为一方土地的最高管理者，也就是一级政府的负责人，他的一举一动都涉及这一地区的兴衰，委实大意不得。你能坦率地请教于我，老夫感到很高兴，为你高兴，也为这一方的老百姓高兴。上面这几句话的意思是说，最高明的管理者就犹如道路的行为一样，是若存若亡、时隐时现。在这样的风气下，百姓都很自然地生活着，就好像上面并没有政府和官员们的存在一样，这是最上乘的做法，即无为而治；

其次是力图有所作为甚至大有作为的各级和地方领导者，他们也许会以自己的出色才能、智慧、技巧以及巨大的功业，使百姓在物质生活方面获得了明显改善，在经济上得到了许多实惠利益，从而赢得了百姓的爱戴和赞誉，这是第二等的政治事业；

再次是精明干练、洞察秋毫的领导者，他们由于智慧不足而勇气十足，通常习惯于以雷厉风行的霹雳手段，对地方事务进行管理和对百姓进行治理，使地方的政治以及其他事业得到开展，使百姓深刻地感觉到了政府和领导者的强大威力，这是第三等的事业；

再其次，则是软弱无能的治理方式，领导者的才智不足、能力不足、信义不足、威严不足、勇气不足，而且没有丝毫的道德感召力，这将会引起百姓的轻蔑以至侮辱。这是由于对百姓失信的缘故。这也是最下等和最拙劣的政治活动，是失败的政治事业。

所以，对于一个地方长官来说——帝王也一样——最要紧的不是建功立业，而是不食言、不失信。这就是：

> 犹兮其贵言，功成事遂，百姓皆谓：我自然。

领导者只要把持了关键，就像渔民手里扯住了渔网的绳索，收发便可以随心所欲了。凡事要三思而后行，尤其要少说大话，少做出口头承诺。等到地方上的事业获得成功、百事顺遂，而百姓丝毫没有受到任何冲击和震动，他们就会说：我是很自然的啊，我没有做什么啊！怎么事情变得这样美好了呢？任何一级的官员，包括帝王们在内，只要做到了不扰民、不图虚名、不事功利，就会赢得巨大收获，子其有意乎？

关尹一时陷于沉思。

第十八讲·大道废有仁义

大道废，	大道被废弃了，
有仁义；	便有了"仁义"；
智慧出，	智慧出现了，
有大伪；	便有了虚伪；
六亲不和，	家族不再和睦，
有孝慈；	便有了孝行和慈爱；
国家昏乱，	国家政治昏乱，
有忠臣。	便有了效忠的臣子。

车队犹如急行军一般，在兵车的鸣锣开道中，行进的速度很快，数日后的一个黄昏，车队来到了天下名镇——张掖。列国战争时期，张掖地区并不在中国的版图之内——秦帝国的疆域只到达了甘肃东南部。西周晚期的周穆王西征犬戎，曾路过此地，并在这个经济发达的小镇临时驻跸，但随后就匆匆离去了。后来，秦国政府多次大举西征羌狄，也屡次在此屯兵，但战事一结束就迅速撤离。在当日，这一大片荒凉不毛之地，还不能引起华夏农民们的浓厚兴趣，而且，作为国家战略发展之通盘考虑，长期在此地屯兵驻扎，政治、经济上均得不偿失。但在中原地区战事不绝如缕时期，也有大量中原人远赴塞外，寄身于此，时间一久，也就乐不思归了。

在偏僻的西北地区，张掖俨然是一座颇具规模的繁华城镇，城市主要为四方外来人士所共同筹建，在政治上并不隶属于某个国家。此际，由于秦国的势力日益强大，张掖人便不时向秦国供奉一些礼品，秦国也偶尔派使者来此笼络感情。张掖城内的居民以华族为主，也掺杂一些其他民族人口。街市上店铺林立，繁荣并不输于中原。

前几年，关尹曾率领军队西征路过此地，因此对当地风俗人情颇为熟悉，而张掖地方首脑对关尹也不陌生。所以，当关尹率队抵达张掖城外时，早有一些地方官绅列队迎接，场面很是热烈。

接下来的一干应酬，老子均虚应故事。当酒酣耳热之际，张掖的士绅名流们，都不免把目光都注视到了老子身上。对于老子其人的事迹，他们亦已久仰。现在，亲眼看到了老子本人，却好像觉得有些失望。这也怪不得他们有眼无珠，天下能够深切认识真人真面目的人，毕竟少之又少，否则，老子何至于万里迢迢地去寻找什么昆仑山？

席间，张掖镇长官躬身为礼，举杯向老子敬酒道：

先向老聃先生献上一杯水酒，聊表敬仰渴慕之情。在下早已听闻夫子鹤驾莅临西土，本待前去聆听大道，奈何身不由己，值此多事之秋，不敢轻弃职守，内心甚是苦恼。不意夫子今日降履敝邑，实敝邑之大幸。下官斗胆请教夫子，当今天下纷纭，中原变乱四起，我西陲亦颇不靖。宗周东迁而一去不返，这千里疆域，拱手西戎。我张掖与华夏一脉相传，大禹治水，曾西临弱水及黑水，而今却孤立西鄙，久不沐华夏礼仪之风，亦不知未来前途之所趋。中原列国纷争垂300年，目下尚不知最终鹿死谁手。现有大秦国，实乃颛顼之后裔，拱卫西北穷绝蛮荒之地，遏止胡马不得东下放牧，此或系华夏未来希望之所寄？夫子本乃宗周王廷之近臣，以夫子之高见，中原之乱，其原由何在？未来华夏之前景，是否需强秦东出函谷而宰治天下？

老子举杯，慢慢地啜了一口酒泉名酒，然后徐徐而言曰：

中原之变故，迄今已200余年，其原由错综复杂，难一言以尽之。自古夷不乱华，今则已大乱特乱矣；自古用夏变夷，今则用夷变夏矣；自古华夷不同风，今则已混杂难辨真伪矣。夫复何言！至于天子失道、诸侯失德、士大夫失操守、百姓失准则，上下僭越而世风日下，皆非老朽所敢置一辞。今汝既有此问，则老夫认为：

> 大道废，有仁义；智慧出，有大伪；六亲不和有孝慈；国家昏乱，有忠臣。

关尹微笑，似已料到老子会有此一答；老者颔首，似极赞同老子之主张。那长官一时愕然，举座皆惊。

这时，一当地名流起身为礼道：

晚学自幼居此偏僻化外之地，读书不多，见闻亦少，当真是才疏学浅、孤陋寡闻。然亦久闻华夏贤哲之言，却处处与夫子所言大相径庭。仁义出而大道现，智慧出而物质富，忠臣出而国家安，今夫子反其道而言之，不知是何缘故？亟盼夫子有以教我。

老子抬头打量了一下问话者，只见该人身着华丽、丰姿美仪、举止斯文、彬彬有礼。乃长叹了一口气，说：

听汝所言，知汝亦为读华夏之圣贤书者，然读书须识理，否则便是食古不化。诸位可以思考一下，所谓"大道"者，究竟何物也？它不过是道路而已，不但大道是道路，小道也是道路，天道是道路，人道也是道路。道路开辟之初，每个行路者都安分守己地行走，人们尚不知道财富是什么，所以，道路上的阴谋诡计和暴力流血事件也无从发生，老夫把那个时代称为大道时代。但是，世道的演变促成了道路的危机，道路上的危机造成了圣人和仁义的出现。如果没有危机，则要仁义干什么？

大道之废止，智慧是脱不了干系的。因为有了智慧，才出现了虚伪这种东西；而最为严重的是，大道废、智慧出之后，人类之间的和谐关系便开始趋于紧张，连家庭和血缘关系也受到了深刻影响，亲族间开始不断出现财产以及其他方面的纠纷，于是，才会有孝慈这样的伦理道德出现。至于国家，诸位大多都是官场中人，想必能够明白一个事实，就是国家在兴旺发展和稳如磐石的时候，是不会有什么忠臣出现的。可以非常坦率地告诉诸位，忠臣是依靠国家的衰败和混乱而成就的，决不是相反。

只见一白发苍苍的老人颤巍巍站起身来，向老子躬身为礼道：

夫子所言，实乃高人之高论。然则仁义不能导致大道，智慧不能避免邪恶，孝慈不能纠结六亲，忠臣不能挽救国家，则大道、人生、家庭、社会、国家将何以处之？且以老朽愚见，则大道之废并不由仁义，大伪之出并不由智慧，六亲不和并不由孝慈，国家昏乱亦不由忠臣。实乃上述现象既出，方始有仁义、智慧、孝慈、忠臣之出，以为纠正世道丧乱之偏差。否则，则世道岂非日益混乱？不知夫子以为然否？

老子微微起身为礼，答曰：

老丈所言极是，大道之废、大伪之出、六亲不和、国家昏乱，都不是仁义、智慧、孝慈和忠臣的过错，对此，老夫亦没有异辞。但是，仁义之产生方始导致了不仁义的存在，智慧之出方使伪善得以立足，孝慈之提倡便加剧了不孝不慈事件之屡屡发生，而所有的忠臣义士都不能挽救国家的昏乱。这样的事实，是否可以说明上述所谓圣人之道并不足以矫治国家及社会之时弊。如其不然，则近世圣贤之说如此之多，已近乎泛滥，奈何社会之形势却每况愈下？区区之论，不知老丈以为然否？

老丈颔首道：

高论，确是高论！然则世道其不可救药乎？

老子笑道：

是又不然。

满堂华盖如云，一时都竖起了耳朵。

第十九讲·见素抱朴

绝圣弃智，	根除圣贤摈弃智慧，
民利百倍；	人民便会获利百倍；
绝仁弃义，	根除了仁和义，
民复孝慈；	人民便会回复孝慈；
绝巧弃利，	根除了技巧和私利，
盗贼无有。	就没有抢劫和偷窃行为了。
此三者，	这三种方法，
以为文不足。	只是用来粉饰世道的不足。
故令有所属：	所以，要使人民内心有所归属：
见素抱朴，	应该效法素朴而保持淳朴，
少私寡欲。	减少私心而降低欲望，

偌大的厅堂里，本来划拳行令、交杯换盏，一片欢声笑语铺天盖地，这时忽然间鸦雀无声。

高高踞坐在首位的老子，看着这么多人都以这样一种郑重其事的态度在洗耳恭听他坐而论道，不觉在心里暗自发笑。这么样一个昏天暗地的浑浊世道，哪里会有这样多的人热心追求大道？如果人们都是如此热心地追求大道，世道如何会糟到如此地步？那么，这些人以这样一种态度来对待自己这样一位即将告别尘世的退隐者，究竟想要获得些什么呢？老子在心中反复地寻求答案，却不得要领。现在，他看到众人一片殷殷期待的样子，便觉得无论如何自己是应该发言了，也许在这块还没有彻底被时尚和文明彻底征服的蛮荒地带，人们的心理和行为，都还能够保留着一些原始的淳朴。

于是，老子满脸肃然，朗声说：

在座诸位，大多都是当今动荡世道里的得志者、成功者，还有些满腹诗书礼仪的饱学之士，也有满脑子治国韬略的仁人志士，也许还有胸藏锦绣的高人以及纵横四方的英雄豪杰，对于诸位这样一些颇有成就的出色人物，老夫能有什么好说的呢？

白发老丈愤然问道：

夫子难道以为世道之大坏，皆我辈所造成？

老子笑道：

老夫所言，断无丝毫不轨之心，老丈不必动怒。凡事皆有因果，天下之兴亡乃天下人所一手造成，其所兴必由来以渐，其所亡亦必由来以渐。它不是因一人之所为造成，也不必由一个集团所造成，而是世道本身之循环演变所造成。合而观之，天下兴亡，人人有责；析而论之，世道荣辱，无人与之。因人论事，则老夫以为：

绝圣弃智，民利百倍；绝仁弃义，民复孝慈；绝巧弃利，盗贼无有。此三者，以为文不足，故令有所属。

这几句话说出来，当真是发聋振聩！举座虽无大官员、大英雄、大豪杰、大圣人、大学者，但听了这一席话，都觉得老子所言好像是针对着自己。他们都不能明白，圣人、智慧、仁义、孝慈、技巧和名利这些东西，是人生活动的最高目标，也是社会价值的唯一体现，现在居然被老子视为祸乱天下的根源，他们如何能承受得住？

当地名流霍然长身而立，亢声道：

天地不生圣人，则万古长如夜；人群之中如没有道德礼仪，则人如禽兽；世间缺少了技巧和功利，则社会永无发展进步之日。此三者实乃人生之要义，不可一日或缺；人之贤与不肖，其分别即在于此。今夫子下车伊始便大言炎炎、颠倒是非、混淆黑白，以世道之混乱归罪于圣贤之道，令人闻之耳冷，言之齿寒。在下敢问，夫子此来，意欲何为？我西土亦华夏故地，实乃清净之土，何堪夫子之恶意中伤！

老子闻言，摇首叹息再三，开口道：

子气势汹汹，向老夫咄咄逼来，诚不愧卫道之死士也。面对如此不堪之世道，子尚能矢志不移，以堂皇之言，饰僵尸枯骨之伪学，诚不知人间有羞耻事耶！然老夫试问汝：所谓圣人及圣人之道实乃中原之产品，断非汝西土所出产，则西土果真长如夜耶？汝西土之君子果真如禽兽耶？汝西土之人果真茹毛饮血耶？试问足下，世之争乱缘何而起？世之不慈不孝缘何而起？世之盗贼横行缘何而起？汝知之乎？不知也？

名流一时无言以对。

老子缓缓而言道：

关于国家、社会、世道、人心等方面的问题，因老夫不日即要启程，不宜作长谈，且以浅显之言语汝：世上原本无争夺、无不和、无强弱、无是非、无盗贼、无君子小人之分别；人人以己为师，以己为榜样，以己为工具，以己为圣人，以己为巫师，以己意为行事之准则。是时之天下，国家安然、正气浩然、人心肃然、秩序井然；是时之社会，没有所谓"大道"、"正道"、"天道"、"人道"、"邪道"以及"王道"和"霸道"，人们只管按照自己脚下的道路行进而不必受到任何管束和限制。老夫所指出的和所赞扬的便是这样一个时代，那是一个没有所谓圣贤和英雄的时代，又是一个人人都是圣贤和英雄的时代。不知汝以为老夫所说的这个时代如何？

名流嗫嚅道：

然则，这个时代何以不复存在了呢？

老子温和地看着名流，说道：

以老夫所体知，正在人们都亲密和谐地生活在一起的时候，温馨和睦的社会中忽然出现了重大变故。诸位！请不要问什么时候出现了这种变故，老夫没有亲身经历也没有亲眼看到，也无法作出回答。但可以告诉诸位，首先是脱离了人群而谋求出人头地的一些人，他们的新观念和新作为是引起人类变故的唯一根源。他们究竟是些什么人物呢？首先是所谓"英雄豪杰"们，请记住！这些人一开始并没有英雄的称号，不过是些肩宽腰圆的健壮者，他们依靠身体的优势对自己生活的群体以及周围邻邦发动了攻势，他们无一不在这种攻击中获得了突出的地位，也同时赢得了英雄豪杰的称号。

接下来出场的便是圣人了。诸位请注意！任何一个群体只依靠英雄的逞勇斗狠是不能长久存在的，每当英雄事业进行到了筋疲力尽的时候，便是圣人的表演舞台拉开序幕的时候了。英雄用武力和暴力争夺地位和攫取天下利益，而圣人往往会反其道而行之，他们分别以一些和平、温馨和充满诱惑的手法，轻而易举地达到了与武力手段相同的目的。这一套是些什么呢？尽管老夫知道的内容很多，但此时此地，还不能把它们全说出来，以诸位眼下所处的地位以及对事物的理解程度，知道得太多没有好处。在此只举出其荦荦之大者，这就是仁义。对于仁义，我没有任何恶意，它在本质上并不是坏东西，但由于它起源于社会风气恶劣的环境中，就多少改变了性质。至少，仁义出现的目的是为了限制暴行，但仁义和暴行并不是对立的——不像水与火之间那样不能相容，而是像水与土那样互相克制，结果两者都不能使对方屈服，最后居然势均力敌而彼此并存。这种现象之出现，使人类社会出现了一种奇异的景观，就是暴行之下固然有仁义，而仁义之下的暴行亦屡见不鲜。

现在，老夫说到了智慧，与对待仁义一样，老夫并不反对智慧。诸位！尽管有许多学者攻击并诬陷老夫，但老夫从来都不是一个反智主义者，而智慧本身也没有可以反对之处。但是，智慧是人心突变的唯一原因，这是我个人的偶然发现而为绝大多数世人所不能知。老夫为什么敢于这样武断地得出结论？是大有缘故的。诸位可以设想，在一个智力水平平均的群体里，人们的差别只有身体的强弱，这样的群际关系仅仅是强者和弱者之间的关系，是英雄与群众的关系。但人群中忽然涌现出一个或者若干个所谓智者，则群体从此就没有了片刻安宁。大多数智者都不会把自己的智慧用来修心养性，而是要用它们来造福于人类。所有事情坏就坏在这个造福于人类的观念上，它引起了整个社会和人际关系的大崩溃。于是，在人类群体中，除了有强弱之间的差别，又出现了智愚的分别。智者和弱者联合在一起，便造成了整个社会的躁动；智者和强者联合起来，便垄断和控制了国家的一切，而弱者和愚者之间却没有可以联合起来的条件，因为已经没有什么利益可以瓜分了。

而且，这里还必须给技巧留下一个相当重要的地位。在座诸位，看起来大多都是读过一点圣贤书的人，大致知道华夏的古代圣人们，基本都是技巧的发明创造者，他们因为发明了取火、房屋、舟车、衣服、丝织、农桑、饲养等，获得了突出的历史地位。

　　圣人们的做法当然并没有错，所有这些技术发明都多少改善了人类的生活条件，但他们也许没有注意到，正是在有了这些重要发明之后，整个人类都在心理上发生了急剧的变化。人们从此之后开始变得富有机心，在他们的行动和行为中，开始注重投机取巧，在财富方面的观念也开始以追新猎奇为务。于是，在一片平和清白的人世间，就出现了巧取豪夺、出现了囤积居奇，也出现了直接以暴力手段进行抢劫的强盗。

　　对于目前的世道和人心，老夫当然有很多个人看法，但以今日这种场合，并不适合提出来，也许以后还会有机会，也许永远都没有。现在，仅以两句话为临别赠言：

　　　　见素抱朴，少私寡欲。

　　眼睛不要紧盯繁华灿烂处，坚持一种素朴的修身方式，减少追逐私利的行为而淡化欲望。这也许是置身于乱世的安身立命之正道。是耶，非耶，唯诸位定夺取舍。

　　大厅里响起了一片掌声。

第二十讲·荒兮其未央哉

绝学无忧。	断绝了学问就不再有忧虑。
唯之与阿,	应诺与阿谀,
相去几何?	相差有多少?
善之与恶,	善良与罪恶,
相去何若?	相差有多少?
人之所畏,	大家都畏惧的,
不可不畏。	不可不畏惧。
荒兮,	从荒远的时代开始,
其未央哉!	绵延到了如今!
众人熙熙,	人们都兴高采烈,
如享太牢,	好像正在享用太牢里的祭祀,
如春登台。	好像春日登上了高台。
我独泊兮其未兆,	只有我保持澹泊而无动于衷,
如婴儿之未孩,	好像婴儿还不会笑,
儽儽兮若无所归。	散散漫漫地好像无家可归。
众人皆有余,	大家都似乎是很充足,
而我独若遗。	独有我却好像遗失了什么。
我愚人之心也哉!	我是怀着愚人的心理呀!
沌沌兮。	混混沌沌地。
俗人昭昭,	世间的俗人都那么清醒,
我独若昏;	独有我好像是昏昏欲睡。
俗人察察,	世间的俗人都那么聪明,
我独闷闷。	独有我好像是迷迷糊糊。
澹兮,	辽阔渺茫呀,
其若海;	好像大海一样;

| 漂兮，
若无所止。
众人皆有以，
而我独顽似鄙。
我独异于人，
而贵食母。 | 漂泊四方啊，
好像没有落脚之处。
大家都要有所作为，
独有我顽冥得近乎鄙劣。
我独有别于众人，
而注重理解道理的根本。 |

某日，杂木林里。

老子看了看围坐在周围的学员，开口说道：

诸位！几天来，我等在这黄河以西的大漠上日夜兼程、往返奔波。诸位可以就此思考一下，以我等车马及物质丰盈齐备、沿途馆舍驿站以及官府衙门都远接近迎，一路尚且感觉鞍马劳顿、疲惫不堪，则对于行路之难，诸位该有一番新的体会和感受。

诸位！再请设想一下，一个普通百姓如果是孤身一人行走在道路上，饥餐渴饮的困难自不必说，路上的强人盗匪、沿途的贼人扒手、街市上的流氓骗子和市井无赖、乡村的土豪劣绅，以及突然而至的风雨霜雪、地震洪水，虎豹豺狼、毒蛇猛禽，只要一步不慎，就会葬身虎口、埋骨荒野，可不令人胆战心惊？所以，诸位欲求大道，只管向大道上索取；诸位欲求小道，则只管向小道上去索取，除此并没有其他途径。

关尹问道：

自前几日于张掖城里，聆听夫子高论之后，在下连续几夜难以安枕。夫子关于世道人心之嬉笑怒骂，实在痛快淋漓，在下感同身受。只是夫子最后的两句赠言，在下虽经过反复思考，心中尚未能豁然开朗。"见素"是说眼睛应该注视朴素清洁之处，"抱朴"似乎是说内心深处应该坚守住一块朴实的阵地，最后一句"少私寡欲"，是说应该逐渐减少私心和欲望。只是在下不能想通，这两句话是上下衔接，还是各有所指？

老子笑道：

这是并行的两句话，见素自然能够少私，抱朴自然能够寡欲。一个人如果做到了这两点，就差不多是接近大道了。所以，我反复向诸位指出：学习的目的不是为了追求功利或虚荣，而是为了提高自身的素质。具备了这个素质之后，也不是以之为谋生的工具，而是为了放下一切社会义务、家庭责任、个人权利，而达成身心解脱。那是：

> 绝学无忧。唯之与阿，相去几何？善之与恶，相去何若？

这里的所谓"绝学"，既不是欺世盗名的学问以及所谓造福于人类的学问，也不是屈膝服从的学问，而是造福于自己的学问。这种学问上通天理，下通人道。"唯"在这里指的是"以"，所谓"唯命是从"便是这个道理；"阿"便是呵斥。这两个字在字面上几乎没有差别而实质上却相去甚远，正像善与恶之差别，有时难以进行确切之形容。

儒生问道：

按照夫子的论点，则"唯"字代表了善，而"阿"字则似乎代表了恶，不知是否如此？

老子道：

作为一个字来说，"唯"与"阿"什么都不能代表，只是在它们表现了一种具体的内容之后，它们便具有了较为真实的内容。人们判断世间的是非往往便是根据字义而加以发挥，这种现象之出现，使"字"的外在意义大过了事物本身，而事物的特征意义则大过了本质意义，人类由此出现了思想和行为之间的相互矛盾，其根源在此。

儒生愕然道：

然则，人们何以不拒绝文字对思想和行为的束缚而昂首直奔大道所在之处？

老子道：

是又不然，任何人都生活在一个比较具体的群体范围和地域环境之中，在他根本不能摆脱这种社会及地理环境的时候，他不能不顾忌到环境的作用和影响。人的行动不能脱离环境太远，他不能一意孤行，他不得不在一定程度上服从甚至屈服于环境。

> 人之所畏，不可不畏，荒兮其未央哉！

人人都有所畏惧的事情，即使是为人类做出巨大贡献的圣人，也不可不畏。"荒"在此指的是荒废的意思，可以引申为熄灭。在各种危机以及流言蜚语还没有萌发之前，就采取某些方法将它们熄灭，免得它们由死灰而复燃而蔓延，最终毁灭了自己。

诸位！不得不在此再次提醒大家，任何事情之发生都必然有其潜移默化的孕育时期，在这个萌芽时期里，其外在表现虽然并不明朗，但绝不是无细微处可供觉察，而是有种种显示出了苗头的征兆各自循着不同轨迹和渠道表现出来。人类的事物与自然万物的表现没有什么区别，善于把握自然规律的人，一定善于发现人类事物的规律。

关尹问道：

一个人一生之中，时时都会面临某些突发事件的威胁，但如何能够躲避掉那些突然而降临的灾难呢？

老子答道：

一个人倘若生活在一个浑浊、混乱的乱世中，生活在一个人心险恶的社会环境里，要真正躲避掉灾难并不容易。说句非常坦率的话，即便是我这样一个与世无争的老人，也还没有办法完全做到。但消除威胁的办法和防止灾难的渠道并不是没有，这就是采取一种与大多数人完全相反的生活态度，这就是与众不同。请诸位注意，与众不同绝不是一种故意采取的标新立异的特殊表现，也不是一定要寻找到自己的特行独立的行为方式，而应该是一种对生命延续郑重选择的态度。至于每个人采取怎样的生活态度，都端看社会主流的趋向之归依，如果社会的绝大多数人都主动采取了一种无为、沉默、冷静、素朴的生活方式，则宁可追随大众而不自行其是；如果大众采取了一种暴躁、盲动、狂乱、激进、沉迷的生活方式，则一个高明者断不可通过符合这种大众化的虚假追求而丧失掉自己，他应该在五光十色的假象中去摸索、探求自己的人生准则，在举世沉迷中寻找到自己的生存道路。

老夫的意见是：

众人熙熙，如享太牢，如春登台。我独泊兮其未兆，如婴儿之未孩，儽儽兮若无所归。

诸位自己可以亲眼看见，在这个偌大的世界，每个人都生活在一片熙熙攘攘的尘世中，都并不知道各种各样的危机就潜伏在周围的阴暗处，都好像是刚刚参加完重大祭祀活动之后而享用着丰盛的祭品，也好像是春天登上高台放眼远眺就尽览了无限春光一样，是那样的喜气洋洋、兴高采烈和意气风发，但那些高明者们却正害怕着那些还没有任何征兆的危机。所有的高明者都像是一些还没有长成孩童的婴儿，面对着昏乱的世道，满面的凄然和无奈，惶惶然好像无家可归。正因为如此：

> 众人皆有余，而我独若遗。我，愚人之心也哉！沌沌兮。

这几句话，不完全是说我自己，指的是所有那些不喜欢逢场作戏的人。在这样一个时代里，这些人就好像是一群窝囊废、一群傻瓜蛋、一群可怜虫，整个国家、社会和人民都因为他们总是说些叫人扫兴的话，做些煞风景的事而讨厌他们。这样一种意思，用一般普通语言来解释，就不免有点落俗套，但如果不加解释，则诸位可能难以理解透彻，勉强地加以解释就是：大众生活在混杂的世道中好像都很有收获，只有我自己却好像有所失。我，是怀着一个愚人的心理啊！这个心理总是混混沌沌的。

大家想一想，所有野心勃勃的人，所有大有作为的人，都是满载而归，而独有我这样的人，却好像丢失了什么，这难道不算是地地道道的愚人之心吗？这样的一颗愚人之心，难道不是处于混混沌沌的状态而不十分清醒的吗？接下来，诸位还可以看到：

> 俗人昭昭，我独若昏；俗人察察，我独闷闷。澹兮其若海，漂兮若无所止。

一个没有了真正自我的人，一个丧失了生命原则的人，一个充满了欲望追求的人，可以称为世俗之人。在同样一个没有办法分辨真理坐标的虚伪时代，一切事物都显得真假难辨，高明和愚蠢也往往颠倒了位置。大家只要看一看当今的时代就可以一目了然，那么多飞黄腾达的人却实在是些唯利是图的小人，那么多雄心勃勃的人也大多是包藏祸心的野心家。再看看人民大众，每个人也都是一副很了不起的样子。

人们都仿佛很聪明伶俐，独独我却昏昏然；人们都能够明察秋毫，独独我沉闷无言。诸位！在一个人心昏暗的世道里，一个随波逐流者往往可以得志；而一个具有真知的独行者，却往往是难以生存的。所谓"大智若愚"也许是保全自己的一个权宜之计，但他们仍然免不得要独自承受时代的摧残。什么是高明者！不过是一些看穿了假象的人。其实，他们的心灵并不是一张白纸，无论他们如何使自己清心寡欲，却毕竟是有血有肉的人，但他们既然无法引导世人走出困境，就只有使自己的内心处于苦痛之中。他们就像漂浮在无边的海洋上，四处漂泊着永远没有止境。

台下出现了轻微的躁动，众人被老子的语言所感动，都感到了一颗伟大的心灵在跳动。

关尹听到这里，不觉泪流双颊。

老子目睹此情此景，也不觉受到感染，他提高了声调接着说：

一个真正的智者，一个真正的仁人，一个真正的学者，一个真正的志士，一个爱护和关心人类的人，也必然同时是一个善于爱护和保护自己的人；他们在世人眼里，也往往是一个微不足道的人。但他们仍然我行我素，不为世道人心和潮流所屈服，这就是：

众人皆有以，而我独顽似鄙。我独异于人，而贵食母。

老子说完了这一席话，顿住话头，双目微闭，似已进入沉睡状态，这时，整个人世间的是非都已不在他的眼里。

良久，关尹不见老子有何反应，不禁问道：

夫子的这几句话，颇为难解，是否可以略加解释？

老子闻言，睁开双眼，注视着台下所有人，说道：

众人都在力争有所作为，独独我却以一种愚顽而且好像是粗鄙的态度来对待生活。独独我是与众不同的，因为我所看重的是独立不倚地行进在大道上，而不是与那些力图有所作为的人们拥挤在一起来争抢些什么。"食"在这里是"用"的意思，"母"是指原始的大道。

　　诸位！今天的讲座就到这里吧。老夫说了很多话，由于此讲涉及的内容很多，尤其涉及人生的道理、原则、方式和态度，道理就比较艰深，请诸位回去之后认真思考一下。明日，将进一步地谈论"道"，希望诸位也能根据自己的体会谈出点感想来。

第二十一讲·恍兮惚兮

孔德（得）之容，	小的获得所以被宽容，
唯道是从。	就在于它符合了"道"的原则。
道之为物，	"道"作为一种物质的东西，
唯恍唯惚。	只是恍恍惚惚地存在着。
惚兮恍兮，	惚惚恍恍地，
其中有象。	它的里面却存在着景象；
恍兮惚兮，	恍恍惚惚地，
其中有物。	它的里面却存在有实物。
窈兮冥兮，	深远幽暗地，
其中有精。	它的里面却存在着精微的东西，
其精甚真，	这个精微的东西是真实的存在，
其中有信。	它的里面有信物。
自古及今，	从古代到现在，
其名不去，	它的名字没有泯灭，
以阅众甫。	可以用来观察检阅万物的存在情形。
吾何以知众甫之状哉？	我怎会了解万物的生长变化规律呢？
以此。	原因即在此。

老子手里拿着几块竹片，兴致勃勃地跽坐在一个小土包上，照例啜了一口清水，然后向学员们开口说道：

诸位！到今天为止，老夫已经整整讲授了20次，关于道的规范性、实质性、真实性、作用性方面的道理已经讲得差不多了。各位如果是善于领会的聪明人自然可以得出自己的一些看法，不能接受或不能理解老夫观点的，也应该自我检讨一下。大道本无言，老夫的阐述对大道来说，本是画蛇添足。今天，还是继续沿着大道走下去。因为：

孔德之容，唯道是从。

所谓"孔德"不是什么大德而是小小的获得，容就是包容或宽容，此处的道就是道理。这句话的意思很简单，但解释起来却很麻烦。绝大多数只相信眼睛和耳朵功能的人，比较容易理解一些存在表面特征的东西，如鸟兽虫鱼、花草树木等，一旦涉及事物之间因果关系时就缺乏明晰的分辨力和理解力。全句话串通起来，就是说，人们在行动中的一些利益获得所以被宽容和谅解，就在于这种行为符合了道的原则。

诸位可以心态平和地想一想，人们在自己的日常行动中，有哪一种活动不是与自己利益相关呢？只要人们从睡眠中醒来，就极迅速地开始了一天的行动，在通向田庄、菜园、集市、作坊、工地、衙门、官府、酒楼、饭馆、旅馆、战场的所有去处，都广泛地涉及各种不同的切身利益，每一个人终生都生活在各种利益的相互纠缠中。

关尹道：

然则，利益何以要唯道是从呢？

老子道：

利益这种东西是一种非常奇怪的东西，人们虽然热衷于追求各种利益，自己也能够创造出价值不同的利益，但整个人类的利益却是建立在对自然界其他物种的无情剥夺之上，而人类中极少数人的利益则建立在对大多数人的剥夺之上，所以，利益所到之处无不是刀光剑影甚至血肉横飞。老夫所以提倡符合准则的获得是德，道理即在此。

诸位要准确地理解"德"的真正含义，万万不可按照时下流行的观点来妄断，一种非常流行的观点中最重要的一种说法，居然把德说成是一种脱离了行动的思想方式，这是极其荒谬的看法，是对真正道德的故意歪曲和诋毁。"德"就是"得"，而所谓"得"并没有非常复杂的思想含义，它的鲜明意义就是合理地获得和取得的意思。

孔德之容为什么要"唯道是从"？就因为一切获得都是来自于道路上的行为。大家知道，除了一些所谓"圣人"——他们经常都可以不劳而获——之外，一个人有再大的本事也不能坐着获得，要获得就必须有行动，而行动的正常和正确的表现就是应该效法道的行为，为了避免无谓的争执以及过分地戕残万物，行动必须遵守道的准则。

> 道之为物，唯恍唯惚。惚兮恍兮，其中有象。恍兮惚兮，其中有物。窈兮冥兮，其中有精。其精甚真，其中有信。

作为纯粹物质属性的道路，就好像天地日月一样，其模样、其形态、其风格、其作用，全都明晃晃地摆在人们面前，只要不是失明者，都能日日目睹。但天的规律、地的变化、道路的性格，就不那么容易理解了，可以把这样一些东西称为规律。天有天的变化规律，地有地的演变规律，道有道的运行规律，人有人的行动规律，万物皆有各自的生存规律，老夫在此把这些规律统统归纳在一起，称为道理。所以，道理包含了天地万物之运行、演变、存在的诸多因素，在人类还没有寻找到一个可以统摄万物的基本或总规律之前，道理的表现就不能不头绪纷杂、光怪陆离。

这里提到的道，就是这样一种头绪纷杂的存在。从外部表象着眼，它忽之如来、恍之似去，其形态好像是飘忽不定、扑朔迷离的；从内部性质着眼，则大道在来去飘忽（惚恍）不定之中，也存在有各种仅凭肉眼不易发现的影像（物）；而在去来（恍惚）之中，则存在着由物质构成的固定东西；大道虽然在幽深晦暗之中，但存在一种不易捕捉到的精神，这种精神是真实的存在，因为其中有明显的存在特征（信）。

诸位，在此被迫用自己的语言来解释自己的文字，就只能到达这种程度，不知诸位听懂没有？

老者急忙接口道：

夫子的这一席关于大道规律的高论，当真是深奥犹如渊海，尤其是关于天道、地道、人道以及万物生成演变的途径，经夫子如此循循善诱，即如我辈凡夫俗子，亦得以识破天机，老朽闻之如饮甘露。只是老朽记得，夫子曾开示我等，道理是计算道路的里程之专用名词，如此则老朽不能明白，道路终究不过是积土石而成的物质构成，它们如何能够统摄天地万物？而且，道理如果作为一种规律名词，又如何能像有生命的物体一样有恍惚、有窈冥、有精神？不知夫子能否进一步开示我等？

老子道：

不错，道理确实曾经是计算道路里程的名词，正因为如此，老夫才会把它用来作为天地万物的运动规律，因为道路集中了自然界万物的所有品质、性格的特点，所以，道理才能够用来说明万物的规律。但在今日的时代，人们已经不能明了其中的缘故了。

道路的形成是天然的，它从来没有诞生所以也应该永远没有结束，只要有生物在上面活动、运动，就自然而然地形成了道路，万物只能依附道路而存在而别无选择。迄今，许多道路的性能虽已不能为人类所理解，却仍然是客观存在。大家注意一下地上的蚂蚁，它们都是按照固定的路线而行进，但它们的道路却不适合人类；大家回想一下深山里的动物，也都各自有自己的比较固定的活动范围及行走道路。人类早期，本来是与动物走的同一道路，世上本无人行道，但人走得多了，就开辟出来了一条条人行道。关于道路的形成历史，今天没有准备，过几日再谈。

不知诸位注意到没有，人类是善于改变自然万物使之迁就自己习性的动物，所有经常与人类打交道的自然界各种物质，如山川、日月、土地、江河、湖泊等；或是与人类发生密切关系的动物，如牛、羊、犬、马、鸡、鸭等；或是人类制造出来的东西，如房屋、舟车、工具、祭器等，都无不带有人类的共同特点，这是人类把自己的想象力加诸在自然万物之后所造成的一种虚假幻觉。其实，无论人类怎样善于利用和改造甚至改变自然界的习性，但自然界的所有物质本身都没有多少本质变化，个别动物的变化不过是暂时的屈从，能够随时变化的只有人类自己制造出来的各种产品。事实上，不同的物种在精神方面根本没有共同属性，牛马猪羊狗鸡等虽然因人类的饲养而丧失了自己的本性，却不会因为人类习性的影响而具有人性。而物质本身和物质产品亦是性质完全不同的东西，石头被盖成了房子，但石头并不是房子而仍然是石头；陶器由泥土烧制而成，但泥土并不是器而仍然是泥土。

所谓"道路"，老夫在此不得不暂时把它打上一个引号，这是因为道和路本来应该是各自独立的存在。对于人们的认识来说，则应该区别道和路之间的不同而加以分别看待和对待。事实上，道是道，路是路，二者性能相同而性质不同。如果要正确认识道路，诸位需要纠正一下自己长期以来形成的偏见，这种偏见不仅是由词语的变化而造成的，也是其他所有与人类发生牵扯的事物所不能避免的共同命运。

一般来说，道是天然形成所以是先天存在的，它出现在天地诞生之初期，早于其他万物之出现，这种道路，现在一些偏僻之处还能够看到一些残留的痕迹。路则不然，路之中的一部分也应该是渊源于古代的道，后来经过人类的治理和修筑而成为路；而更多的路，则纯粹是后来人专门修筑的。所以，在一般比较严肃的场合，对于二者的运用是要力求准确的。在一般的情形下，应该把前者称为"道"，后者称为"路"。

这些天所讨论的思想学术，大多都是谈论"道"，涉及路的地方不多。道是天然形成的，它的出现早于人类，所以，当人类突然出现之后，就立即与它结下了不解之缘。现在，所有的人都不难发现，人类的命运是与道路紧紧地连接在一起的，离开了道，人类几乎无法行动。但多数人对道其实并不熟悉，人们虽然整日行走在上面，却往往不能把握道的规律，不知它何所来、何所去，不知它的内涵和外延，不知"道"中的象，不知"道"中的物，不知"道"的深远幽冥，不知"道"的特征。

自古及今，其名不去，以阅众甫。吾何以知众甫之状哉？以此。

从一个不可知的遥远年代开始直到现在，道永远存在着，它始终不渝地观察、检阅和负载着万物，它积累下了所有动物的活动规律，它也沉淀下了人类漫长生存过程的鲜明标记。如果诸位问，以老夫之平凡平庸，何以能够了解万物生长的规律，以及它们何以如此生长？不过是依靠着道路提示的经验和标记而获得了自己的认知。

经常远行谋食或外出旅行的人，都知道旅途上迷路的后果之严重，它使行路人因一时失去了目标，就不能把持自己的行动，终致失去了行进的方向。个人如此，一个集体或一个民族也是如此，如果路线出现了方向性错误，便会产生灾难性的后果。

今天把道的原始状况和基本特征向诸位做了简单扼要之介绍，至于能否有助于提高诸位的认识能力，则老夫不能确知。希望诸位能够举一而反三，结合自己的生活体验、行路经验以及行动中的感受，得出自己的深刻体会。不知诸位还有什么问题没有？

老者躬身为礼道：

道为什么会恍惚？还望夫子详示。

老子思索片刻，答曰：

所谓"恍惚"这两个字，如果解析开来，则几乎没有明确意义。勉强解释，则恍是对一种状态的形容，字形上看就是人心中的光亮一闪，所谓"恍然大悟"就是这个意思，它多少含有一种空间距离上的象征意义，所谓"恍然"经常带有必然的性质；惚就是忽然、飘忽不定的意思，它含有时间方面的象征意义，所谓"忽然"常常带有偶然的性质。恍惚二字合观，则表示了一种来去、飘忽和不确定的意义。

了解了恍惚象形文字里的象征意义，便可以大概知道，恍惚这种状态本来是万物——也包括人类——所共同持有的原始心理和精神状态。但由于人类始终处于生存节奏的频繁进化和变化之中，所以人类的恍惚状态至今几乎已经荡然无存，一些被人类异化较多的动植物也是如此。但一些进化和变化较少的动物和植物则保留下了较多的这种原始状态。不仅有生命的生物具有这种状态，没有生命的物质也具有这种特征，比如日月山川等。再请诸位仔细回想一下道路的特征，有谁能知道它的来去、它的起源和它的尽头、它的变化、它的表现、它的感受？人类对于道路的认识，只限于其功能方面的体验和利用，却还没有注意到它的内涵意义。其实，道路之所以能够成为一种具有代表性的事物，在于它具有一切生命的特点，而且，它更加充分地体现出了一种自然的恍惚状态，而这种状态是人类丧失已久的东西。

以上所言，诸位可能一时还不能领会深刻。回去之后，再认真思索，则必有收获。今天的讲座是不是可以结束了？

关尹正听得津津有味，不愿就此结束。急忙说道：

夫子刚刚正讲到了妙处，道的形态，夫子言之已详。在下想请夫子进一步谈谈事物之间的关系，它们有没有共性？如果有的话，则这个共性是什么？不知肯俯允否？

第二十二讲·诚全而归之

"曲则全，　　　　　　　委曲能够保全，

枉则直，　　　　　　　弯曲能够伸直，

洼则盈，　　　　　　　坑凹能够满盈，

敝则新，　　　　　　　敝旧能够更新，

少则得，　　　　　　　缺少能够获得，

多则惑。"　　　　　　贪得能够迷惑。

是以　　　　　　　　　所以，

圣人抱一为天下式。　　圣人坚守"一"的原则管理天下。

不自见，　　　　　　　不自我欣赏，

故明；　　　　　　　　因此英明；

不自是，　　　　　　　不自以为是，

故彰；　　　　　　　　因此显彰；

不自伐，　　　　　　　不自我夸耀，

故有功；　　　　　　　因此有功；

不自矜，　　　　　　　不自大，

故长。　　　　　　　　因此雄长万物。

夫唯不争，　　　　　　正因为不争夺，

故　　　　　　　　　　所以，

天下莫能与之争。　　　天下没有人能够与他争。

古之所谓曲则全者，　　古人所说"委曲求全"的话，

岂虚言哉！　　　　　　怎么会是谎话呢？

诚全而归之。　　　　　确实可以获得保全。

老子面向关尹：

前面谈到了道和道理以及它们的特点和作用，现在，你希望听听事物

的共性。说老实话，论述事物的共性，老夫没有什么把握，我知道的并不比诸位多，也许倒要向你们请教呢。

勉强而言曰：

曲则全，枉则直，洼则盈，敝则新，少则得，多则惑。

上面所引用的一段古语，已经很清楚地说明了事物普遍存在着的规律性。作为一个生活在人类社会里的人，如果能够认真观察自然界的万物存在，能够认真总结自己的生活经验，就可以感知到事物之间确实存在共性，这个共性也可以称为规律性或统一性。自然界任何能够长久存在着的事物都无不随时随地、自然而然地变化着自己。

曲是弯曲、卷曲、蜷曲，进一步可以引申为委屈，一般是针对高大魁梧、雄壮刚直的存在物而言。不知诸位在日常生活中是否注意分辨一些自然物的特征，及其因这些不同特质所引发的不同生存状态和迥异的命运。看一片树林里的一些高大乔木，与其他低矮的杂木、灌木相比，可谓是出类拔萃、强大无比了，但在狂风和暴雨到来之际，却往往因不能委屈自己，就只有被连根拔掉；诸位再看那些低矮瘦弱的柳树可以算是柔弱渺小了，但在狂风暴雨到来之际，却因能够委屈自己而获得保全。"枉"，一般表示"往"的意思，也可以作为"弯曲"或"歪曲"来理解，一般针对平直的存在物而言。诸位看一看那些细小的河流，按照它们的习性，本来是可以直接流淌到最卑下的大江大海中去；看一看那些道路，按照它们的愿望和能量，本来可以一直伸延到天涯地角。但事实上，河流和道路都无法不时时地改变自己，当它们遇到了高山峻岭时，便只能暂时委屈自己，绕一下道，拐一个弯，才能继续存在。这可以说明，任何直的事物都不能始终笔直、一直到底，它们只有时时地枉，才能终获得直。对于所有存在物来说，能伸能屈、能直能弯，是保全自己并使自己达到最终目标的最有效方式。所谓"宁折不弯"或"宁死不屈"充其量不过是一种烈士作风，烈士们只追求一时的出色表现和时人的赞誉，所以不能获得巨大成功，也无法达到最终目标，而委曲求全则是一种能够保全自己并最终接近大道的行为。

　　"洼"就是大地上处处都存在着的低洼之处，它们与高山形成对称。一般来说，人类往往对高山表现出更多的敬畏，而对一些低洼之处就大多是不屑一顾。事实上，低洼才会丰满充盈，而高山绝顶上往往寸草不生。诸位不妨实验着掘一个百米方圆的深坑，再用这些土方堆砌一个土包，用不了多久，深坑里就会出现变化，或是长出了茂盛的蒿草而狐兔追逐，或是积满了雨水而生出了鱼鳖虾虫而飞鸟嬉戏；与此相反，土包子却不会有什么变化而只能愈来愈小，可见，低洼是丰盈之道。

　　"敝"是陈旧破败，这个道理很简单，诸位看不远处的那棵老榆树，确实已经枝叶凋零，不能存活多久了，但它的扎根之处，不是有许多小树苗正在勃勃生长吗？人类的事物亦如此，房屋破旧了就要翻新，衣服破旧了就要缝补，国家破败了就要再生。所以，不要小看陈旧破败，它是一切新生和再生的开端，是万物周而复始的动力。

　　多和少，虽然是两种形体和数量决然不同的表象，但性质上并不对立，一群人和一个人，一片树林和一棵树，是一多一少，却没有性质差别。人类对物的看法大多以多少为数量价值的标准，一般以为多即好，少则不好。那么，请问病多了好不好？其实，病多了固然不好，其他所有的东西占有得太多，都没有任何好处，它徒然引起占有者的沉重负担而收益甚少，所以说，多得有时等于不得。少也不是绝对的东西，它局限于一个度，适合了度就适合了消费或消耗，你把一些东西消耗了而不是占有了，就算是"得"。在这里，郑重地向诸位指出，少则得而多则惑，诸位看道路慷慨无私地为人服务却一介不取。老夫建议人们学习道的用意是，只有少得或不得才能够真正得到，一旦贪婪就自己迷惑了自己。拥有的再多，亦不过是一种积累而已，人们通常所说的"贪得无厌"就是指的这种现象，它是违反道的。

　　　　是以圣人，抱一为天下式。

　　因此，自古以来的圣人以及所有的明智者，都是力戒贪婪的，这才是老夫心目中的圣人。他们用什么方法来修行自己清心寡欲和无所作为的心理和行为呢？就是"抱一为天下式"，"抱一"这个词，在第十讲中曾经谈到，就是抱有一个固定的心理和行为方式，这个方式就是"道"，圣人用道为天下的范示。这个范示的具体表现是：

> 不自见，故明；不自是，故彰；不自伐，故有功；不自矜，故长。

这几句话，老夫是从地道和人道方面进行的理论说明。唯有圣人能够像道一样，不是用自己带有色彩的眼睛来观察事物，因此能够洞察秋毫；不自以为是，因此能够显彰；不使自己过多地攫取和占有，因此而获得大成就；不自我表现，所以能长久。

> 夫唯不争，故天下莫能与之争；古之所谓曲则全者，岂虚言哉！诚全而归之。

老夫自信所言不虚，希望诸位能够采信。老夫极负责任地告诉诸位，一个人如果能够像道一样，处于一种与世无争的地位上，则天下之大没有任何生物能够与这样的人或物进行竞争，他会长久立于不败之地。所以，古人所说的"委曲求全"，绝对不是一句废话！由曲而达成保全和安全，是万物的必然归宿，人类当然也不能例外。

诸位！今天就到此结束。明日接着谈道的问题。

第二十三讲·天地尚不能久

希言自然。	少议论大自然。
飘风不终朝，	狂风不能刮一早晨，
骤雨不终日。	暴雨不能下一整天。
孰为此者？	谁支配了这一切？
天地。	是天地。
天地尚不能久，	天地支配的事物尚且不能长久，
而况于人乎？	何况人类的事物呢？
故从事于道者，	因此从事于道的人们，
同于道；	应使自己的行动符合"道"的道理；
德（得）者，	欲获得成功的人们，
同于德；	应使自己的行动符合"得"的标准；
失者，	要减少欲望的人们，
同于失。	应使自己的行动符合"失"的规则。
同于道者，	行为与"道"相符合的人，
道亦乐得之；	"道"也愿意得到他；
同于德者，	行为与"德"相符合的人，
德亦乐得之；	"德"也愿意得到他；
同于失者，	行为与"失"相符合的人，
失亦乐得之。	"失"也愿意得到他。
信不足焉，	（以上道理）因为证据不足，
有不信焉。	人们都不相信。

一夜大雨，驱走了大漠的连日暑热，已经干旱的龟裂土地也忽然焕发出勃勃生机，已经近乎干涸的河床突然爆满，一夜之间，草木从奄奄一息变得碧绿苍翠，大地一片锦绣。

老子是极端喜水、爱水、珍惜水的，但在旅居西北的这20多天里，老天似乎有意与他过不去，居然滴雨未降。所以，老子的情绪也始终不能振奋。夜来的大雨不但复苏了万物，也使老子感觉精神清爽。这一日，老子与众人刚一见面，便开口道：大自然真是变化莫测！人类永远也难以知道它的规律啊！所以，我们人类实在应该，

希言自然。

老者问道：

夫子所曰之自然，是指物质抑或精神上的东西？

老子答道：

纯粹意义上的自然应该是物质的，人类所知道和看到的天地万物，包括人类在内，都可以算是自然中的一分子。这里所说的自然则含有物质与精神的双重成分，主要指自然界的运动规律。自然界的规律虽然能够孕育万物，但这个规律在人类的眼里是没有生命的，它在人类眼里只是一个模糊的存在。自然是物质运动的现象，对没有生命的存在物来说，自然也是没有生命的；对于有生命的存在物来说，自然运动的规律既是一个生命的体现，也是一个具体的存在。如果对自然界的这种运动进行冷静的观察，就可以发现它们不但具有比较固定的节奏，而且有规律可循。

事实上，因为生命只是一时现象而没有真实的本体，所以，对一切有生命的生物来说，自然界的一切都是难以把握的、难以了解的、也是不可捉摸的。因此，人们对于自己不能了解或理解的自然，最好不要根据一些模糊概念来轻薄地加以议论。诸位且看：

飘风不终朝，骤雨不终日。孰为此者？天地。天地尚不能久，而况于人乎？

但是，没有生命的自然物之存在，却有比较固定的规律可供观察。所有对自然稍有了解的人都知道，天地日月的表现显然有一定的规律，什么样的飓风都刮不过一个早晨，再大的暴雨也降不了一天。是谁这样安排

的呢？是天地吗？这种现象也告诉人们，万物都没有长久存在，风雨是如此，天地亦如此，人类又如何能够例外？

关尹问道：

自然现象固然有规律，却也往往是瞬息万变，而且它们的许多表现都是事先没有任何征兆和缘由的。以夫子高见，是不是有什么超自然的生命力量在操纵控制着自然界的一切？

老子笑道：

在浩瀚无涯的大自然中，也许有不胜枚举的人类眼下还不能了解的东西，但如果说有一个上帝在安排、控制和主宰着万物生成演变，则老夫决不敢苟同。因为我们在天地万物的存在中，只能看到它们自然而然且井然有序的运行，而看不到丝毫理智和感情的色彩。试想，如果真的有上帝在创造万物，就一定不会制造出人类这种胆大妄为、野心勃勃、欲壑难平的动物，他们正在破坏着这个平衡而自然的世界。

那么，是什么引起了那么多剧烈而多变的自然变化？老夫以为是天地或蕴涵于天地之中的一种力量。大家都知道，人火气积郁就会有雷霆之怒，过后则心平气和；河水淤积就会洪水暴发，过后则平静如镜；高山内部运动过度就会岩浆迸裂，过后则依然故我；飘风和骤雨都是天地在运行过程中一时不能达到和谐的产物，过后则天清气朗。这足以说明任何事物都不能长久在一种状态上没有变化，连天地都不能，何况人类？

老者默然问曰：

天地尚不能长久和谐，人生更如朝露夕阳。难道人类就只能蜷缩于天地之间，而没有任何主动性吗？

老子笑道：

按照万物之生成演变规律，没有任何存在物不是由生到死，有生命的物或没有生命的物，都没有什么例外，连天地都不能排除在外。万物之间有所不同的只不过是存在时间的长短而已，人类永远也不可能与天地同寿。但天地万物之中，唯人类为灵长，在这一点上，人甚至胜过了天地。但是，天地不能做到的，人类其实也不能做到。

　　故从事于道者同于道，德者同于德，失者同于失。

所谓"从事于道者"是专指人类的行动者或行路者，就是已经或将要展开活动的人，他们势必要在不同的道路上进行展示。所以，一切有所行动的人们，为了使自己获得成功，就一定要避免自己的行为像狂风骤雨那样短暂而逝，而应该使自己的行动合于道的规律，像道路那样谦让、安静、稳重、柔弱和自然，这就是"道者同于道"。

德者，就是欲获得者。这里提到的两个德字，前面的"德"即是"得"，是说明行动的；后面的"德"则是现在意义上的德，是表示行动准则的，即须使自己的索取（得）行动符合德的要求。失是丢失或丧失的意思，在这里可以引申为抛弃或抛开，使一个占有者主动抛弃一些东西，当然并不是一件容易事，所以，欲失者必须使自己的行动符合失的标准。唯有如此，从道者才可以进入到一个新的境界，那就是：

> 同于道者，道亦乐得之；同于德者，德亦乐得之；同于失者，失亦乐得之。信不足焉，有不信焉。

这几句话的意思很浅显，不过是以一种辩证的态度来看待事物的规律。一个人的行动保持了与"道"的一致，道就乐于接纳他；他的行动符合了"得"的标准，德就会乐于接纳他；同样，他的行为符合了"失"的原则，失就会乐于接纳他。这些物类之间相互依赖、同存共亡的道理，在万物之中普遍存在。但上述所有道、得、失等方面的特征（信），在事物之中的表现都不明显，有些甚至根本没有显示出什么特征。

关尹喜犹豫地问道：

夫子所云之德，既与失字相对应，便是"得"字无疑，患得患失是夫子所说的名言。但夫子在此用了一个德字，便令人有些迷惑不解。不知这两个字到底有什么不同？

老子道：

德与得，这两个字原本应该是一个字，比较正确的解释应该是"得到"、"获得"以及"索取"。在人类产生之初期，人们在获得方面的表现并没有什么不同，不过是比较均匀地得到了一些生活物品而已，每个人所得到的东西并没有什么质的不同也没有多少量的差别。由于在"得"的手段方面不存在任何品质方面的问题，所以，获得和索取的行动中并不存在道德准则。但由于世道的演变，人们获得物品的方式和手段逐渐出现了许多变化，有人用拙劣手段、有人用高明手段、有人用阴谋手段、有人用武力手段来谋取获得物。这样，在获得上，便有了正当和不正当的分别，便有了对某些物品的占有和争夺。为了表彰那些以大家能够接受的方式来获得的人，便出现了德，德就是获得物品的正当手法，人们通常称之为"德行"。但"得"和"德"两个字，虽然在表义上出现了区别，而在含义上并没有明显的不同，记得曾经向诸位透漏过。稍后将重点讲述德，关于德，老夫确实有很多想法。

老者问道：

道是道路，因为可以容人而周纳万物，成为万物之尊；德是一种行为，因为谦让而包容万物，成为人类普遍接受行为标准；失亦是一种具体行为，因为主动减少内心的欲望追求而能够和谐自然，所以成为所有修道者体悟生命必须拥有的品质。对于人类来说，这三种品质都很重要，但比较而言，夫子认为哪一种更加重要些？

老子答曰：

三者各有其特点和各有其取舍标准，本来难分轻重缓急，如果硬是要分出高低，则我认为道是根本，而得失之间却没有固定的意义。关于得失的问题，为了不与道发生混淆，我准备放到后面来讲。

老者说：

然则，行道者是否应以德行为标准呢？

第二十四讲·余食赘行

企者，不立；	踮起脚跟试图望远，却站立不稳；
跨者，不行；	两步并作一步试图速行，却不能走远；
自见者，不明；	自己看自己，不能明察；
自是者，不彰；	自以为是者，不能显彰；
自伐者，无功；	自我吹嘘者，不能获得承认；
自矜者，不长。	孤芳自赏者，不能进步。
其在道也，	这些东西在道理上，
曰余食赘行，	叫做多吃多占而身负重载，
物或恶之，	招人厌恶，
故有道者不处也。	因此明白道理的人都不这样做。

老子沉思片刻，道：

在此，应该向诸位说明一下，行道和行道者可以分为两层意思，这个问题先前未向诸位说明，在此补上。

一般来说，行道就是走在道路上，但自从道路上出现了种种人为的陷阱和各种各样的危机以及不间断的暴力活动之后，走路就已经变成了一件相当危险的事情，也变成一件很有学问的事情。许多智者和学者，都把大量的时间和精力投入到道路行为方面的研究。国家政府和民众也都日益注意到必须制定一些道路上的规则，才能相对维护道路本身的安全以及行路者的人身安全。于是，各种各样的礼仪和规章都为此而出笼。这样，走路便同时要拥有一套行为方式，这就是刚刚讲到的德行。

自从德行这种东西出现之后——也通常把这种德行称为道德，道路上的情形非但没有重要改观，反而变得日益复杂。这时，行道这种事情除了走路和旅行的普通含义之外，还有一种强迫推行某种行为准则的含义。某些圣人要求人们走道或行动的时候，要严格遵循某些由他们所制定出来的规范和礼仪，他们自己当然也摆出了一种看起来很端庄严谨的姿态，以此为教训示范世人的榜样，人们日常所说的"道貌岸然"就是这个意思。但类似这样能够以身作则的圣人实在很少，尧舜之后就已经在中国绝迹了。这时，一些迷恋道德力量和垂涎圣人称号的人，他们普遍缺少了古代圣人的道理而盲目追求古代圣人的哲理，就把一种切实的行为规则变成了许多无法落实的空洞的道德说教。于是，他们不再以自己的行为来指引而是以自己的理论来驯化人民。他们通过办学和讲座纠集起了一些志同道合的人，形成了一个个讲求德行和礼仪的团体，并自诩为道德君子；而所有不能明了和掌握这些德行和礼仪的人们，就被他们说成是小人。所以，君子和小人的分别，主要不是体现在社会地位上，也并不是表现在智慧和能力上，而在于对德行和礼仪的熟悉程度。

人类文明之初期所创立的德行和礼仪之真实意义，是对索取、进取、巧取、榨取行为的具体限制和要求。对这些限制和要求，老夫并没有任何反对意见，也没有多少反对理由，人类在行为方面的严重越轨既然侵犯到了自己的生命安全，不加以比较严厉的限制和制裁是不行的。但这种限制正如前面曾经讲过的那样，往往不能制止暴行，反而掩饰了一些虚伪和阴谋活动之暗中进行。这使得文明以来的人性发生了巨变。

所以，老夫论道，是力图把道恢复到它的原始状态，那时，人们的行为并不是通过德行的限制，也不是以礼仪加以束缚，而是人们思想上的自觉。针对中原现在的局面，可以断然地说，任何人为的教化、规定、章程、法令都是有局限性的，而且，都在某种程度上破坏了人们内心的安宁。现在，人们已经不太了解道路的本来面目了，人们几乎把道路当作了实现欲望的通道。每一个在欲望大道上疾驰狂奔的人都几乎忘记了自身的存在，他们似乎是为了想法而活，为了欲望而生，却不知：

企者不立，跨者不行。自见者不明，自是者不彰，自伐者无功，自矜者不长。

踮起了脚跟并不等于身子增高了，此举虽然可能一时在高度上胜过了别人，却怎么能够站立持久？如果试图以跳跃式地两步并作一步前进，虽然肯定一时在速度上快过了别人，却怎么能够远行？一个人自己看自己，看到的全是优点，所以，自见者根本不可能洞见自己的弱点，他对自己的了解与瞎子没有区别。至于自以为是者难以彰显、自夸者不能成功、自大者不能长久，前面都已经谈过，此处就不赘述了。

老者深表叹服，赞叹地说：

夫子之言，乍闻之，似有些惊世骇俗，不免望而却步；细思之，则如饮甘露，身心为之轻松爽利。

关尹说：

在下既已与闻大道，心中诸多疑问已然冰释。但对夫子德行的评价，心中仍不无窒碍。德行虽于大道无补，于小道却似不可或缺。君子者流虽不足成大道，但仍不失为世之楷模，其行为仍值得一赞。

老子笑道：

君子只要不是伪君子，善人只要不是伪善人，当然不能与小人同日而语。德行和礼仪也不是坏东西，无论出于何种动机和目的行走在道路上，多少具备一些德行和礼仪亦是极其必要的。但如果能够跳出世俗的小圈子，就可以发现，世间道路虽然千万条，但通向自身完善的道路却只有一条。世间的君子者流，其与大道之间，都可谓：

其在道也，曰：余食赘行，物或恶之，故有道者不处也。

用浅白语言说，那些自以为高明者，那些依靠德行起家的圣人，那些讲究礼仪的君子，对于大道基本上都一窍不通，他们往往因为占有得太多，就不免行动拖累。余食，在此是衣食有余，引申为囤积；赘行，在此是负重载而行的意思。无论圣人也好，或君子也好，他们既然不能避免这种贪得无厌的行为，便引起了其他生物的厌恶和反感，所以，这种行为及这种地位是有道者所不屑为和不屑处的。

今天就到此结束吧，老夫需要安静下来思考一下明天的课程，明天准备向诸位谈谈道路的原始状态。

第二十五讲·周行而不殆

有物混成	有一种物体是浑然成一体的东西，
先天地生。	它先于天地而存在。
寂兮寥兮，	它寂寞无闻、无影无形，
独立而不改，	傲然独立从不改变自己，
周行而不殆，	循环运行而永没有穷尽，
可以为天下母。	它可以作为天下万物的根源了。
吾不知其名，	我不能知道它的名字，
字之曰道，	给它起个字叫做"道"。
强为之名曰大。	勉强地命名就叫做"大"。
大曰逝，	大叫做消逝，
逝曰远，	消逝叫做遥远，
远曰反。	遥远叫做反转复归。
故	因此
道大，	道是大的，
天大，	天是大的，
地大，	地是大的，
王亦大。	国王也是大的。
域中有四大，	天地之间有四种大的东西，
而王居其一焉。	而国王就是其中的一个。
人法地，	人的行为以地为法则，
地法天，	地的行为以天为法则，
天法道，	天的行为以道为法则，
道法自然。	道的行为以自然为法则。

老子徐步登上一座小小的山坡，感觉非常之好。头顶上是明净的蓝

天，上面有几块洁白的云朵在悠悠地游走，放目四顾，则西北的浩瀚沙漠、北方的弱水、南方的祁连山，都尽收眼底。

于是，老子拿起了一块竹片，高声读道：

> 有物混成，先天地生。寂兮寥兮，独立而不改，周行而不殆，可以为天下母。吾不知其名，字之曰道；强为之名，曰大。

老子读毕，并不看台下的学员，只是把眼睛投向山坡下面的大道以及顺着大道一直望向北方的弱水，双眼一片迷离。然后，目光忽然一收，扫向众人。众人都猛然觉得心头一阵颤栗。

这时，老子又开口说道：

请诸位注意！"有物混成，先天地生"这句话的关键是一个"物"字。诸位一定感到奇怪，这个物是什么东西，居然能够先天地而生？可以告诉诸位，这个物就是道。作为纯粹物质性的道路是与天地所共生，但作为一种不自见、不自是、不自为、不自伐、不自矜、负载万物而不怨、处于卑下而不怒、包容万物而不傲的"道"之精神，则具备了自然的所有功能和品质，它应该是先于天地万物而存在的。

诸位请看！所有的道路都寂寞无声、辽阔深远、周延四方、四通八达，独立于万物而不改其衷，周行于天地之间而没有穷尽，它难道不正是天下万物的本原吗？对于道所呈现这种现象和这种精神，老夫也本来不知它的名字——它们本来就没有什么名字，也始终找不到比较合适的称呼——直到行遍了天涯路，才恍然觉悟到，这种现象就是"道路"存在的现象，这种精神就是道路的品格，所有的道理都尽在道路之中。

但是，精神的东西大多不能以物质的东西来进行比较和互换，也难以用人类的文字语言来准确表达其内涵。在此为了说得明白一些，把一种综合万物的精神浓缩成了一个名字——道，也只是采取了人类惯常使用的牵强附会的方法，这种方式虽然有时候能够描述出事物的表象，却难以切中事物的本质。现在人类所流行的字形符号仅仅是文字的象征意义，它们大都能够使人们通过文字对具体事物加以辨识和认定，但在表述事物内涵和本质方面则有些力不从心。现在，如果把一种精神以一种物质现象来加以表现，在找不到合适文字的情形下，只能以所谓"道"来代替，其实大道与道路虽然同源同出，却是不能等同视之的。老夫在没有寻找到其他更加合适的语言文字进行说明的情形下，权且采取了这种迫不得已的叙述方式。

关于道，仅仅有了文字上的表达还不够，尚须有语言的表意，这里勉强使用了所谓"大"字做它的名。诸位！"名"和"字"的意义是大不相同的，"名"属于语言学范围，而"字"则属于文字学的范畴，一个用来进行精神思想交流，一个用来书写经历和经验。在这里，老夫意图说明一种先于天地、先于万物、先于上帝而存在的东西，它当然不是道路，但它在许多方面的表现却与道路相似，所以，我们亦可以说，这种东西就是道。现在，老夫把这个没有名字的东西起个字叫做"道"，起个名叫做"大"。大道源于道路，却又上升为一种极为独特的精神。这种精神是怎样表现呢？

大曰逝，逝曰远，远曰反。

天的存在永远是高高在上而不能下降的，地的存在则是低低在下而永远不能上升的，但天有天高高在上的道理，地有地低低在下的道理，它们所以有如此之表现，就因为有一个无影无形的自然规律在调度着这一切，此处称它为道。这个道既是道路，也是途径；途径象征着道路，道路也代表了途径。道路不同于天地，其特点特征是，它既是处于卑下的，却又经常是上升的。在天地之间，只要有陆地——海洋上其实也有海上道路但却只有鱼儿知道，则无论是大漠荒野、高山大川，便随处都有道路的存在。它没有开端、也没有终止；它始发于地的尽头，却伸展到天的边际。所以，人们看大道，可以看到它的消逝，但这个消逝并不是断绝和穷尽，只是没有尽头罢了；而且，消逝不过是表现了极为遥远的现象，绝不是穷途末路；而遥远到了一定的地步，便又周而复返，人们日常所说的"迷途知返"便是这个意思。

这时，坐在前排的关尹起身为礼曰：

夫子刚刚所言，广泛涉及天、地、道、万物及人类，它们之间的关系颇为暧昧。在下想请教夫子，天、地、道三者之中谁为大？它们之间有没有一个排列顺序？

老子顺手拿起一竹片，朗声读道：

> 故道大、天大、地大、王亦大。域中有四大，而王居其一焉。人法地，地法天，天法道……

人类生存之所必需和必备的是天、地和道路，在此把各个国家的君主也算上一份，因为他们对国家兴亡和民众生活的关系亦至大。所以，道大、天大、地大，而国王也是大的。

大字，上面已经说过，就是道的名。天地之中，有四种最重要的东西了，国王亦可算是其中之一。通过对人类日常生活的观察可以知道，与人类关系最为密切的是土地，大地负载和生育万物，人类不可须臾而离，所以人类理所当然地要追随和效法地的作为；地与天的关系是极其密切的，看看大地所不可或缺的天降雨露、空气、阳光以及四季之交替、阴阳之交合，都需要天的配合，所以，地要追随和效法天的作为。但天的运行也不能是盲目、随意、不讲规则，它需要遵循道的规律，也就是天虽然拥有至上的地位，但也通过正常途径来行动，像道路那样有途径、有规则、有承载、有目标、有线路、有忍让、有方向地运行，所以，天要追随和效法道。

关尹愕然曰：然则道是万物之最高主宰了？

老子断然曰：否！

> 道法自然。

老者惊呼：自然！自然为何物乎？

老子曰：自然者，自然而然也。

第二十六讲·燕处超然

重为轻根，	沉重是轻微的根本，
静为躁君。	冷静是急躁的主宰。
是以圣人终日行，	所以圣人终日行走，
不离辎重，	不能离开装载给养的车辆，
虽有荣观，	虽然拥有华丽的楼台（观），
燕处超然。	却以一种超然的态度来居住。
奈何万乘之主，	为什么身为大国的君主，
而以身轻天下？	却以自己身体与天下较轻重？
轻则失根，	轻举就会丧失生存的根本，
躁则失君。	躁动则会失去主宰的地位。

老子以温柔的目光扫视了众人一眼，说：

宇宙、自然、天地万物，也包括人类各个种族的管理者、领导者们，他（它）们共同组合成了超越的、庞大的、综合的、贯通的、无所不包的系统，而把它们统摄到一起的就是道。但其中各种消息潜移默化、错综复杂，难以一言以蔽之。权且打个比方，诸位看到了远方的流水吗？你们看它奔腾不息、不舍昼夜，莫非是有什么目的吗？

关尹答曰：

当然不是。

是有什么动力吗？

当然不是。

然则是有什么追求吗？

亦不是。

老子颔首道：

是的，水流不息，什么企图、目的、要求、欲望也没有，更不是受到了外在力量的逼迫，它的流动不过是自然而然的行动罢了，这就是道的统摄力作用，也是道的风格之展示。

看旷野之间的那条大道，没有人知道它从哪里开端，也不知它会伸延到何方，但它每日都在竭尽全力地为万物服务，人类依靠和利用它把自己的许多愿望付诸实现，动物们依靠它而奔走四方，万物几乎都依靠它而成名，但它有什么目的吗？它当然没有任何自身的企求和欲望，它既不是为了自身利益而垂顾万物，也不会为了万物的利益而宁愿自己作出牺牲，它不过是自然而然地存在着，不为尧存，亦不为桀亡。

关尹问道：

一个人如果要效法道的行为，要使自己达到自然之道，是不是有可以借鉴的方法？

老子没有回答关尹的问题，而是拿起了一片竹简，读道：

> 重为轻根，静为躁君；是以圣人终日行，不离辎重。虽有荣观，燕处超然。

人们对于重和轻的不同当然是熟悉的，但人们所熟悉和了解的知识仅仅是轻重的对立关系，人们从来不懂得以一种辩证的方法来观察和认识问题，所以，不知道也并不认为重是轻的根本。诸位都看到了那些高大的乔木，它们看起来很巨大，但在自然界的暴风骤雨面前，往往不堪一击；你们一定不止一次见到过被大风掀翻在地、被迅雷劈翻在地的各种树木，但很少能看到被大风掀倒，被迅雷劈翻在地的树根。

同样，静和躁也是一对看似对立的东西，但人们很少知道，静是躁的主宰者，任何一时的急躁暴躁，都终归于安静，哪怕是所谓"雷霆"之怒，也终究要向安静屈服，这与"飘风不终朝，骤雨不终日"的道理是一样的，越是迅猛的东西越难以维持长久。

正因为万物都有本末，都各有其根本和枝蔓，也就全都有不定期的，或者是莫名其妙、突如其来的大发作，所以，自古以来的圣人们，对此都是相当注重的。诸位请注意！这里所说的圣人终日行，就是行路，也就是进行身体力行的具体行动，绝对不是坐在室内的精神活动。辎重就是行李和物质，就是所谓"三军远征，粮草先行"的道理。诸位千万不要把辎重单纯地与精神状态发生联系，做一些不必要的复杂理解。

这就是说，即使是圣人，在他们进行具体的行动之前，也要事先做好充分的物质准备，这是不打无把握的仗。大家都知道，一个人要有重要行动，如果不事先作好充分准备，就随时可能在遇到危险时因无法应付而陷于困境，天有不测风云，人有旦夕祸福，说的就是这个道理。而且，古代圣人的出行或行动，都应该是一种自然而然的行为，而不是为了某种私人目的、目标和企图，亦不是为了猎取功名、不是为了博取声名、不是为了出人头地，所以，圣人们才不会遇到许多危险甚至会遇到一些令我们羡慕不已的命运变化。而且，对于一个不追求声名荣誉那些虚假东西的圣人来说，即使是华丽壮观的场所（可以说是温柔乡），他也会以一种超然的态度来莅临。

古代圣人是自然而然地调节自己的行动和行为，但看看现在的君主们，他们的行动真是令人失望。

奈何万乘之主，而以身轻天下？轻则失根，躁则失君。

古代的君主，大多都是多少把握和理解大道的圣人，所以，他们在行动方面都能够显示出一种符合"道"的行为方式，能够使自己"燕处超然"。现在的万乘之君主当然比古代的圣人君主的权力和地位都高出了不知多少倍，但行为上却也沦落了不知多少倍。令人感到不解的是，他们为什么总是喜欢用自己的身体来挑战天下。轻率的行动会失去安身立命的基础，而一种暴躁的行为则会使自己失去做国君的资格。

关尹问道：

然则，什么是人类应该追求的行为？夫子能否再详细地说明一下，这个问题对于当今的世道来说，真是太重要了！

第二十七讲·善行无辙迹

善行，	善于行走，
无辙迹；	就不会留下明显的痕迹；
善言，	善于讲话，
无瑕谪；	言谈中就没有可以指摘之处；
善计，	善于计算，
不用筹策；	运算就无须使用计算工具；
善闭，	善于封闭，
无关楗而不可开；	不用锁钥门闩而门却无法打开；
善结，	善于捆绑，
无绳约而不可解。	不用绳索而捆绑却无法解开。
是以圣人常善救人，	因此圣人总是善于帮助别人，
故无弃人；	所以没有被抛弃的人；
常善救物，	总是善于帮助万物，
故无弃物。	所以没有被废弃的东西。
是谓袭明。	这就是因袭光明。
故善人者，	所以，善良的人，
不善人之师；	是不善人的导师；
不善人者，	不善的人，
善人之资。	是善良者的资本。
不贵其师，	不尊重导师，
不爱其资，	不爱惜资本，
虽智大迷，	虽然自以为明智而其实是大迷糊，
是谓要妙。	这叫做"要妙"。

老子沉吟。

这时，天空上飞过了长长的数列北上的鸿雁，它们飞得很是自然舒展，顺溜溜地排列成一"人"字形的长阵，横空掠过。

老子的眼睛紧紧盯着北去的大雁，看着它们越飞越远，渐渐地失去了踪影，蓝天上仍然是万里晴空，那样多的一群大雁分明是刚刚离去，天空上却连一丝痕迹都没有留下。

这时，老子开口道：

诸位是否看到了刚才那一队大雁？它们从大江之南飞来此处，其行动已经飞过了万里长空，却能够不留下任何踪迹，可以说是泥爪无痕了。诸位！真正善于行动的人或物，是不会留下一丝痕迹的，他们的行动就像雁过长空；真正善于发表意见的人或物，是没有一点瑕疵的，就像鸿雁的嘶鸣；真正善于计算的人或物，是根本不需要那些拙笨的计算工具的，就像鸿雁的万里飞行；真正善于进行封锁关闭的人或物，也根本不用设置什么机关，却是无法打开的；真正善于捆绑的，根本用不着绳索，却是无法解开的。

善行，无辙迹；善言，无瑕谪；善计，不用筹策；善闭，无关楗而不可开；善结，无绳约而不可解。

上述几点，对于每一个存身于乱世的人，都极其重要，值得关注。因此，我再稍加阐述。

善行，不是行善积德而是善于行动。善于行动的人如果在行动中留下了诸多痕迹，就不易获得成功；反之，如果在行动中真正做到波澜不惊、滴水不漏、了无痕迹，想不成功也难。

善言，不是善良的语言，而是善于言谈。诸位都知道，无论在家庭里与亲人谈话，还是在社交中与朋友谈话，抑或向上级汇报工作，以及对百姓进行鼓动，如果语言运用中处处破绽百出，处处言不由衷，处处有瑕疵漏洞，怎么让别人信服，让别人遵从？

善计，善计就是善于计算，计算也不完全是算数而主要是算术，前者是单纯的技术而后者是可以不断升华的学术。计算之上焉者，计天、计地、计天下国家、计宇宙自然、计生命安危，此计算可谓心胸阔大，可直通大道，岂一般筹策（计算器具）所能胜任；计算之下焉者，计财富、计得失、计荣辱、计进退、计田亩、计生计、计衣食，此小肚鸡肠里不过装了一小算盘而已，老夫在此可以放胆而言，他们虽"机关算尽"却什么都得不到。

善闭，所谓善闭，从小处说，不过是一门技术，一门关于锁匠的专门技术。但诸位知道，无论金锁、玉锁、铁锁、石锁、木锁，人世间从来就没有打不开的锁，只要是制造物，怎样制造便能够怎样毁掉，此乃事物之常理。但非制造物则难以复制便也不可能被破解，你见过被制造和被破解的星辰吗？所以，所谓"闭"，是一种自我保护，保护自家的门户、保护自家的安全、保护自家的生命以及保护其他……但这种保护如果只是一味在技术上加强，则断无成功可能，犹如所有锁都不能保证门户安全一样。老夫在此要申明的是，善于自我保护的人，是无需采用技术手段的，技术手段除了使你产生一种虚假的安全感外，什么作用都没有，否则，那些王侯将相们将永远稳如泰山。如果采用了道的行为方式，老夫可以担保你能寿终正寝。

善结，所谓"结"最简单含义就是打结，在衙门里混饭吃的朋友会立即想到用一根绳子抓人绑人后打上一个结，似乎就万无一失了。这是十分愚蠢的想法，不信你试试，你捆绑上一个犯人，就扬长而去，让犯人自己去衙门报到，这可能吗？无论绳索还是那个结，能够绑得住人吗？结这种东西只是一个小技巧连技术都算不上。但你如果进而知道结是纠结、是联结、抟结，如果再展开联想，也可以引申为团结、轻捷、心结、结构、结果、结局、结束等等，就会眼前一亮。原来结之作用如此之多、之复杂、之深邃、之强大，仅仅用一根绳索来捆绑人或物，除了留下来一个结，什么作用都没有。但如果你用一个结字而与万物结缘，便知道了大道之所在。

所以，行动如果真正达到了自然而然的程度和状态，便也可以自然而然地做到凡事不着痕迹。

关尹闻言大喜：

夫子的一番高论，当真如金石而掷地有声，如春雨而复苏万物，如良药而救治世人。晚学禁不住痴想，夫子的高明理论，可以启发世上的每一个阶层、每一种职业的任何一个人，无论君王、将相、士人、军人、士兵，乃至世俗小吏、捕快差役、市井小民以及贩夫走卒、艺人工匠，只要多少理解了夫子理论之皮毛，便可君王者宰制天下，将相者达展宏图，士人者出将入相，军人者开边拓土，士兵小吏们建功立业，农夫者亦可发家致富，工匠者可以化腐朽为神奇。

儒生连连冷笑：

连日以来，先生每每以大道示人，内中无不强调了一个无，无为、无知、无欲、无才、无知识、无智慧、无作为、无进取、无道德、无仁义、无慈爱、无理智、无天下国家，虽然言皆悖论，语尽乖张，然颇能一以贯之，是以晚学虽不能苟同，却不敢置一词。适才闻乎先生所言，惊愕不已！今日之天下，是何等天下，先生必以知之，如此虎狼竞趋之天下，如得先生之如此之谋略之指引，恐将陷于万劫不复之境地！先生之道学，虽荒诞不实，然立意高洁，或可导人洁身自好？此刻所提五善，其不善莫大焉。晚学于是怀疑，先生既已欲避世，对混浊动荡之世事，置身事外而袖手旁观，局外人何敢非议，然先生此间大论一出，必如催发之号角，天下之有心、有志、有野心、有阴谋、有雄图、有贪欲者，纷纷倾巢而出，世道如雪上加霜、天下则乱上加乱，此翘首可待者也。晚学实不知先生，究竟包藏何等之居心？

老子默然无语良久，乃面向儒生徐徐而言曰：

足下所言，固非无理，然宇宙自然运行之至理与世道人心维系之至情有所不同，天道唯理，人心唯危，是所以天道不变而人心瞬变。老夫适才所言，不过叙述事物自然之理，其中或有技巧、有谋略、有心计，然纵使老夫不言，其理固在矣。老夫首倡无为之说，实非使人无所事事且无所用心，枯坐陋屋青灯之下，宛如行尸走肉一般。此外，处此乱世，人人亟需全生保命之道，王侯将相如此、英雄豪杰如此，黎民百姓亦大抵如此。老夫所思所想，全在一个道字，顺道者昌，逆道者亡，滔滔天下，岂有他哉！

道之表现舒展自然而畅通无窒碍，古代的圣人由于心无窒碍，其行为可以做到自然而然，他们的所作所为也可以表现得不着痕迹。回想一下远古往事，可以受到诸多启发。

> 是以圣人常善救人，故无弃人；常善救物，故无弃物。是谓袭明。

圣人们善于救人，是因为他们把握了道之行为规则，所以，在圣人治世的时代，世上没有被蔑视和抛弃的人；圣人也善于救物，所以，当时的世上也没有被糟蹋和毁坏的东西。类似这样一些作为，可以称为"袭明"。诸位，袭字在这里不是袭击，而是抄袭，亦即传袭，明是光明，袭明就是承袭光明的意思。请诸位千万不要领会错了。

关尹问道：

然则事物既然有善恶，而人岂能独外？圣人者，其善人乎？

老子曰：

圣人固然是善人，但善人者决不等于是圣人，不能混淆。诸位！大家在辨别圣人和善人时，要注意到：

> 故善人者，不善人之师；不善人者，善人之资。不贵其师，不爱其资，虽智大迷，是谓要妙。

这是以一种正反相合的态度和方法来分析、看待事物。老夫以为，在大多数情形下，人们都不要把变化着的事物绝对化、偏颇化、固定化。在所有的事物中，都存在着正和反两个方面的内容，反面是正面的开端或许也是它的结局，正面的事物亦同样如此。

所以，善人，是不善人的榜样；而不善人却是善人的资本。这句话的意义比较模糊，比较通俗一点地说，就是善人如果没有了不善人的存在，则他的善行根本派不上任何用场，也就不成其为善人了。对于不善者来说，如果不尊重榜样以弃恶扬善；对于善人来说，如果不爱护自己的资本，这样的人虽然表面看起来富有智慧和才能，其心志却是迷乱的。诸位！请记住，这是玄妙的真理。

今天阳光灿烂，这样的天气本不该憋在屋子里读死书，要走出去多接近自然，大道就在自然之中。今天的课上得很好，能够在这荒野上摆起课堂，可以说是今日天下的一大奇闻。我能在其中发挥一点作用，感到很有趣。儒生今日对老夫谬论提出了严厉批评，有些批评入木三分，足见其对世道关切之深，老夫纵有异议亦深表赞成。

第二十八讲 · 复归于婴儿

知其雄，	明了雄性的急躁，
守其雌，	安守雌性的柔弱，
为天下谿	就成为天下的溪流。
为天下谿	作天下的溪流，
常德（得）不离，	永恒的德不会离开，
复归于婴儿。	就复归到婴儿的状态。
知其白，	深知清白的道理，
守其黑，	却甘愿以污浊自处，
为天下式。	就可以作天下的楷模。
为天下式，	作天下的楷模，
常德不忒，	"常德"不会出现差错，
复归于无极。	就复归到一个没有边际的境界。
知其荣，	深知什么是光荣，
守其辱，	却宁愿以耻辱自处，
为天下谷。	就成为天下的深谷。
为天下谷，	为天下的深谷，
常德乃足，	"常德"完全充足了，
复归于朴。	就复归于一种素朴的状态。
朴散则为器，	素朴失散了之后成为器物，
圣人用之，	圣人应用这些器物，
则为官长，	就成为了领导者。
故	所以，
大制不割。	最完善的制度是不会遭到破坏的。

在张掖停留了数日之后，老子眼看着塞外的季节已渐渐出现了变化，凌晨和夜晚已经很有些寒意了，而距离昆仑山尚有数千里之遥，看来，如果要在隆冬到来之前赶上山去，就不能再虚度光阴了。至于印度或红海，老子暗自寻思，只有到了昆仑山之后再做决定了，看这大漠越走越荒凉，那些关于佛陀和上帝的传说也未必真实可靠。

翌日凌晨，由数十辆大车组成的车队已经浩浩荡荡地行进在通向祁连山的大道上了。

经过数日的颠簸，车队来到了祁连山脚下。时值黄昏时分，在老子的倡议下，车队便在山脚下草地上就地休息。老子兴致勃勃地与众人一道，沿着山间小路缓步向山腰踱去。

但见山峰高耸，直插云霄；群山相连，绵绵无尽；树密林深，幽明难测；怪石嵯峨，偶露峥嵘；云翻雾涌，触目心惊；山麓盘旋，峰回路转。

不一刻，老子与众人信步走到了一个林木茂密之处，老子停下脚步，指着一处山涧向众人道：

知其雄，守其雌，为天下谿。

众人心惊胆战地向下望着那一大片山涧，只见得一座大山忽然被从中劈开，犹如刀削斧凿一般，两壁如镜；两壁之间则成一深涧，幽幽渺渺而不见高低，玄玄冥冥而不知深浅；只听得深远处有潺潺流水，水流之声如金石，闻之悚然，令人荡气回肠。

众人面面相觑，不知老子所云何意。

老子见状，接口说：

任何事物皆成就于天地之生成、阴阳之孕育、雌雄之交合，这就决定了它们皆具有一种相反而相成的本质，如高低、阴阳、雌雄、正反、远近等等。一个智者的行动和行为所以能够获得成功，都一定是因为符合了事物的正反之道，才能使之达到相辅相成的地步。这里所说的"知其雄，守其雌"，有两个要点需要加以提示。一个是知和守，知是对事物的认识和了解，它可以依靠学习和体验而获得；守却是一种行为，是一种必须由自己来完成的动作，能知而且能守，则可以立于不败之地。

雄和雌，亦即天地的阴阳或人间的男女，在此可以理解为阴与阳以及大小正反，再引申为尊卑、强弱、高下的对立存在。正确理解了雄和雌之间的关系，善于运用知与守的方式，就可以"为天下谿"了。"谿"就是我们现在看到的那些深不可测的深涧。

关尹问道：

为天下谿？夫子的高论实在太过高深！积粒土而成高山，汇众水而成江海；高山起于平川，江海成于细流；但这些都是大自然之伟力所造成，非人力可为。人如何能为天下谿？

老子笑道：

老夫这里不过是打了一个比方，当然并不是真的要你去做高山，你也根本做不来；老夫建议诸位学习和效法谿，并不是要诸位成为这深不可测的深谷，人的这一副瘦瘦小小的血肉之躯怎么能转化为自然物？老夫提倡的是谿的一种风格，这种风格是万物生成、生长的基本原理，高山虽高，流水虽长，都无不渊源于此。人作为一个生命的个体，当然成就不了谿的物质属性，却未尝不能学习和效法谿的精神和品质以及它的风格。但学习谿的风格需要具备如下条件：

为天下谿，常德不离，复归于婴儿。知其白，守其黑，为天下式。

这里说的天下谿，是比喻生物的一种存在状态和生命意境；这里所说的"常德"，不是指当前流行的那些善行和美德，而是"天下谿"所具有的容忍、谦让、博大包容性的品德，是天下谿的常备之德，这样的德可以称为常德。常德是天地万物所以得以成就的条件，天下谿所以具有巨大的包容性，就是因为具备了这种常德。以人类来做比较，天下谿所具有的这种状态就犹如婴儿一样，学习它就要使自己复归到婴儿状态。要注意！复归婴儿是在精神状态上达到婴儿的那种无欲无求的状态，决不是在身体上重新成为婴儿，所以要提醒诸位，是因为这种说法在中原已经遭到了曲解。

此处所说的白黑，不只是指两种颜色，而是与阴阳的道理一致。知其反而守其正，是一种明智的生存方式，它可以作为天下的生存公式或法则。成为天下公式与成为天下谿的道理是一致的，二者之间没有不同，它们都需要知与守作为方法，就是：

> 为天下式，常德不忒，复归于无极。知其荣，守其辱，为天下谷。

为天下式，主要在于常德不出现偏差，这样，便可以在精神上进入到一种混沌而没有边际的清虚空灵状态，我把这种状态称为"无极"。知道一切荣光之来由，坚守耻辱而不为所动，这样就接近天下谿的状态了。诸位！千万不能小看这深谷，不要看那些千丈之悬崖、万仞之高峰，虽然看起来是那样威风显赫、傲然不可一世，但它们的根皆坐落在此。深谷，不但是高山和流水以及自然万物的根源，也是苍茫大地的根！

> 为天下谷，常德乃足，复归于朴；朴散则为器，圣人用之，则为官长，故大制不割。

在场的诸位，有许多官场中人，现在就结合官场来谈谈德的问题。通过多日的接触，诸位想必已经了解老夫所说的德，与现在流行的德行大有不同。现在的所谓圣人正在鼓吹一种相当普通的庸俗德行，这是大众化的东西，就与流行音乐一样，它们经常能够迎合大众的庸俗追求和低级口味，却不能满足智者的高级追求。这里谈到的德，是一种脱离了人类物质层面的心理升华，还可以还原为人类本身的物质体现。

为天下谿，就完全具备了老夫所说的常德，它会使人们复归到一种朴素无华的生活境界。其实，这种朴素生活本来是人们所拥有的自然本性，并非没有恢复的可能。后来，朴素瓦解了而出现了器，所谓"器"就是器具，它们代替了朴素。圣人们用这些器具做立功建业的资本，而使自己成为高高在上的官长。但圣人之所以为圣人，在于他们虽用器，却不使这些器达到伤害人的地步。所以，这里说的"大制不割"，就是伟大的制造，是不伤害人们身心的制造，这只有圣人才能做到。

跻身官场和投身政治，乃至怀抱了远大理想去报效国家、社会，虽未必符合生命之道，却并没有什么不好。人心是不断变化的，国家和社会也需要跟随在人心之后不断地加以调整，否则便可能被淘汰。但这里所说的变化是指正面的发展，而不是向反面的堕落；是人心的健康进步，而不是身心的日渐残破。古代的圣人就是一些追随社会进步的人，现代的圣人虽然也想要追随进步，但他们都没有做到也没有做好，他们如果连自己的身心都没有调整好，就势必存在许多问题。官场和官员是国家必不可少的部分，老夫虽然始终对官场抱有恶感，但只要有国家存在，就不能没有王侯，也不能没有官场和官员，除非我们能够消灭国家，但这根本做不到。

但无论王侯或各级官员，他们虽然在国家和社会各个阶层中占据了引人注目的优势地位，他们虽然可以随心所欲地限制一般老百姓的行动，但自身也不是完全没有限制的，他们的行为不但要受到民众的多方面限制，也要受到大自然的极大限制。

关尹问曰：

作为普通官员诚然要受到各级长官以及王侯包括举国民众的限制以及管束，但王侯却是没有限制的，除非亡国，否则王侯的权力始终是至高无上的。但王侯的事业是怎样开端的呢？

老子睨视关尹片刻，沉声说道：

为王和为官是不同的两回事，不能混为一谈。

下面，先来谈谈为王之道。

第二十九讲·天下神器

将欲取天下而为之，	想要取得天下而有所作为，
吾见其不得已。	我看他没有办法达到目的。
天下神器，	天下是神奇的东西，
不可为也。	不能拿来作为。
为者败之，	谁要有所作为谁就必然失败，
执者失之。	谁要把持它谁就会丧失它。
故，	所以，
物——	一切事物——
或行或随，	或前行或随后，
或歔或吹，	或轻嘘或急吹，
或强或羸，	或强壮或孱弱，
或载或隳。	或安泰或危险。
是以圣人去甚，	因此圣人要消除极端的，
去奢，	奢侈的，
去泰。	过度的行为。

老子举目眺望着绵绵不绝的远山，群峰如簇、山峦起伏，山外有天、天外有山，山天相连、天山一色。他于是顺口说道：

> 将欲取天下而为之，吾见其不得已。天下神器，不可为也。为者败之，执者失之。

诸位！请记住老夫的忠告，每一个试图得到天下的英雄都是因为看到了天下的窘迫，看到了民生的艰难，他们因此要有所作为，要为了天下之安危而奉献出自己的智慧、才能甚至生命，这都是不得已的行动。但是，所有力图有所作为的人其实都很难真正有作为，他们似乎不懂得，国家和政权这种东西，是不可以用来作为的。这里所说的所谓"神器"指的是国家和政权。力图以国家来作为者，必然失败；贪婪地执掌国家权力者，必然最后丧失权力。国家权力为什么不可为？以诸位现在的认知能力还无法领会一些政治方面的深刻道理，只好放在最后来讲。现在，可以告诉诸位：

> 故物，或行或随、或歔或吹、或强或羸、或载或隳。是以圣人去甚、去奢、去泰。

大凡一种事物，都分别具有不同的属性和内涵，这在人类的行为中表现得最为明显。人们在行动上，或是用自己的思想来主导行动或是放弃了自己的思想而追随别人的行动；人们在使用口的方面，或以歔的方式呼吸或以吹的方式吐气；在身体方面，或是强健或是羸弱；在行动上，或是满载而归或是隳毁破败，其中缺少了平和之道。

怎样才能有效地防止事物的这种因不同属性所产生的尖锐矛盾现象的发生呢？自古以来，并没有特别有效的方法，圣人只是以一些手段来避免它的扩大。其实，采取一些去掉贪婪（甚）、骄奢淫逸（奢）以及舒适安泰（泰）的措施，也只是一种治标不治本的权宜之计。圣人为王侯或可行之，英雄为王侯则大多不能行之。

关尹道：

夫子所言，是圣人治理天下的至理名言。在下以为，这样的一个符合大道的时代或许曾经长期存在于人类社会的过去，但却湮灭已久，未必会再现于未来。以今日的形势而论，此道必难以复行之，因古之圣王亦已不复存在了。然圣王事业毕竟距离我等过于遥远，我等苟活于乱世之中，想向夫子请教一下为臣之道，不知夫子肯俯允乎？

第三十讲·物壮则老

以道佐人主者，	用道理来辅佐国君的人，
不以兵临天下，	就不依靠武力来横行天下，
其事好还。	征服这种事情会得到报应。
师之所处，	军队驻扎的地方，
荆棘生焉；	都长满了荆棘；
大军之后，	大规模的战争之后，
必有凶年。	必然出现灾荒之年。
善者，	善于用兵的人，
有果而已，	不过希望得到一个合理的结果罢了，
不敢以取强。	并不敢以武力来逞强霸道。
果而勿矜，	有了结果而不矜持，
果而勿伐，	有了结果而不自夸，
果而勿骄，	有了结果而不骄傲，
果而不得已。	结果是一种无可奈何的事情。
果而勿强，	有了结果不要追求强大，
物壮则老，	事物一旦壮大就开始走向衰老，
是谓不道，	这叫做不合乎道理，
不道早已。	不合道理就会迅速灭亡。

老子远望着天上的晚霞，沉吟良久，方始缓缓说道：

远古时代的圣王之道中并没有所谓"臣道"，臣的身份在古代类似奴隶或奴仆，一般是以战争俘虏中的才智者担任，只要看臣字的构造犹如一只睁大了的眼睛，就可以知道这只眼睛只是用来听从呼唤而不是用来发布命令的。关于这方面的切身体验，诸位身在其位，心里对于做臣子的甘苦，自然理解得比老夫还要深刻，就无需多言了。

　　当今乱世之出现，实因强梁者之不断崛起，而所有强梁者之背后都有一群新近产生的读书人在操纵指引、诱惑鼓动和出谋划策。这些人为了要获得或巩固自己在国家政府里的一种帮闲性质的地位、职务，就不惜把一个稳定的局面搅得乌七八糟，不惜把整个国家作为个人事业的基石，不惜把民众用来进行国家事业的牺牲，他们也不惜把所有的传统和历史都强行割裂，甚至不惜以极残忍无道的手段来换取国家以及个人的一时虚荣。官僚集团的日益强大，提高了臣的地位而贬低了读书人的真正价值，他们以一种理论或一些法律条文去辅佐王侯们，便不断地加强了国家政权和王侯们的权力，使王侯们都滋生出一种帝王般的心理，他们自己也开始由追求圣贤荣誉而转变为追求政治强人的身份。他们的行为使世道每况愈下。

　　关尹道：

　　然则为臣当如何行动呢？

　　老子道：

> 　　以道佐人主者，不以兵临天下，其事好还。师之所处，荆棘生焉。大军之后，必有凶年。

　　为了说明乱世之出现，不得不多少涉及一点国家和国防方面的问题。国家一旦试图以军事手段来解决国际争端，以军人来维护政权之稳定，都是社会危机之征兆。诸位！无论在怎样的时代里，一个以道来辅佐君主的人，都不应该以一种军事优势来横行天下，这样的军事行为并不是单方面的，而是一还一报的。有来者必有往者，往还报复，则没有止境。诸位难道看不见？师旅驻扎的地方，都成为荆棘丛生的不毛之地；而军队所过之处，一定会导致自然灾害的出现。

　　全天下的人类事物都一样，一旦有残暴不仁的军队来强行介入，人生就只有强弱的差别而没有什么善恶之分了。战争既然是各国政府和民众都普遍采取的解决问题的方式，就成为不可避免的事情了。但即使是战争，也还是有善恶的分别，它的表现是：

善者，果而已，不敢以取强。果而勿矜，果而勿伐，果而勿骄，果而不得已，果而勿强。

善人（善于进行战争的人）在不能避免战争的时候，就以一种果断的态度或果敢行为来进行，这是速战速决的道理，它可以避免战争的扩大和旷日持久，那样造成的损失就更大。果敢地进行战争，却不是为了获得强大的地位，这是善人进行战争的正确态度。果敢而不自大，果敢而不贪功，果敢而不骄傲，果敢地进行战争是出于一种不得已，果敢而不恃强凌弱。这是善人进行战争这种不义事业时的义举和善行。

老者道：

人类战争之所起，为争夺利益也；物有短缺，则必有争，有争则战且不免。既有战争，则必有胜负之分。侥幸获得胜利，则无论善恶者皆心花怒放；不幸失败，则无论善恶者皆痛不欲生。然战争既然不能停止，而胜利亦人人之所欲，则大军虽有暴行劣迹，亦似可原谅，此亦似以暴止暴之必要举措。老朽一愚之见，不知夫子以为然否？

老子笑道：

老丈所论极是，老夫上面所说，也是这个意思。不过胜利易得，而失败亦颇易得，此乃生命一还一报之因果报应，亦生物盛极必衰之自然之理所致。所以，善人不得已而用兵，则须遵守一定的自然之道，使自己不但能够获得胜利而且能够保持胜利。如果不知收敛自己的锋芒，逞勇穷斗不休，则事物就会走向反面，须知：

物壮则老，是谓不道，不道早已。

事物发展得过了头，就进入了衰败时期，这是所有事物变化的规律，没有什么东西能够避免。有心人或修道者，如果能够在事物没有发展到鼎盛时期就自行约束住自己的发展势头，则是较为持久地保持优势地位的唯一正确方法。所以，贸然使事物发展到了鼎盛进而导致腐朽，这是不懂道的作为，而不懂道的行为是很快就会消失的。

众人听到这里，皆抚掌称善。

第三十一讲·不祥之器

夫佳兵者，　　　　　就算是好的兵器，
不祥之器，　　　　　也是不吉祥的东西，
物或恶之，　　　　　大家都讨厌它，
故有道者不处。　　　所以明白道理的人都远离它。
君子居，　　　　　　君子的住所，
则贵左；　　　　　　以左边为尊贵；
用兵，　　　　　　　行军打仗，
则贵右。　　　　　　却以右边为尊贵。
兵者，　　　　　　　兵器这种东西，
不祥之器，　　　　　是不吉祥的器物，
非君子之器，　　　　不是适合君子的东西，
不得已而用之，　　　不得不使用它的时候，
恬淡为上。　　　　　最好以一种恬淡的态度。
胜而不美，　　　　　胜利了并不值得赞美，
而美之者，　　　　　赞美胜利的人，
是乐杀人。　　　　　就是乐于杀人的人。
夫乐杀人者，　　　　乐于杀人的人，
则不可以得志于天下矣。一定不可能得志于天下。
吉事尚左，　　　　　喜事崇尚左边，
凶事尚右；　　　　　凶事崇尚右边，
偏将军居左，　　　　偏将军站立左边，
上将军居右，　　　　上将军站立右边，
言以丧礼处之。　　　这表明是以死人的礼仪处理战事的。
杀人之众，　　　　　杀人众多，
以悲哀泣之，　　　　以一种悲哀的心情对待，

战胜，　　　　　　　即使获得了胜利，

以丧礼处之。　　　　也以举办丧事的礼节处置。

关尹闻之而喜：

没有想到夫子居然对军事亦会有如此高明的见识，真真难得。在下所处这荒僻去处，正是夫子所谓"师之所处，荆棘生焉"的地方，也是战争长年不断的地方。许久以来，在下与在下所辖之民众，皆为连绵不绝而永无穷尽的战争所苦。人生自有苦乐、得失和际遇之不同，我既为官一方自然也难辞其责。至于攻防布阵、设伏阻击之道，因职责所在，在下虽也素有所闻，然皆不及夫子所论精辟透彻。能否请夫子再多谈几句，以慰在下之饥渴？

老子道：

老夫生活恬淡平和并不懂得军事战略，亦不屑与闻此类不仁不义之事。但军事上的道理与自然万物一样，自有其生成和发展的规律所在。诚如足下所言，人生有苦乐、得失和际遇等多方面之不同，虽则万物之苦乐、得失和际遇虽然不与人类同，然亦当同情同理，天有薄厚、地有沃瘠、人有运命、物有兴衰、事有兴亡、世有兴衰，举目天地而无有例外。战争和军事，为老夫素所厌恶，然生当乱世，人为刀俎，我为鱼肉，欲不兵者焉能外于兵乎？

深山密林之中没有地平线，夕阳不得久留，它好像只在天边上打了一个滚，就已经翻下了山冈不见踪影。黄昏刚刚出现，夜幕即已降临了。

老子徐徐说：

夫佳兵者，不祥之器，物或恶之，故有道者不处。

诸位！就算是最好的兵器，也只是杀人或伤害万物之利器而为万物所憎，此类物事由于充满了血腥之气而不是祥和的东西，它极典型地代表了暴力和残忍，所以，它理所当然地遭到其他万物的厌恶，因此，有道的人是不处于穷兵黩武的国家之中的。

大家自然都知道，自西周以来，宗主天下的中央政府抑或封建国家的诸侯国家，其无论政权象征都是左宗庙而右社稷。宗庙是祖宗食用子孙贡献牺牲的地方，它代表了国家内部血缘关系；而社稷则是国家领土的象征，它代表了国家政权和主权。众所周知，血缘关系是亲族绵延长久的纽带，它具有和睦亲情和凝聚血缘关系的内涵，亦代表了和平柔顺及社会关系的和谐稳固；而社稷则是国家权力的象征，它具有管理、强制、征伐和镇压的内涵，也对内代表着压迫和盘剥，而对外则代表着战争和武力。所以，

　　君子居，则贵左；用兵，则贵右。

　　希望诸位不要误解了这种体制下的君子的身份地位，这在中原地带是经常引起误解的，那里的人们都以为君子是当今社会里自然而然出现的一个满腹诗书、品质高尚、温文尔雅、彬彬有礼的群体。其实，君者群也，国君来源于群体，是再也明显不过的事情。而最早出现的君子当然就是国君们的儿子或孙子们，这是比较直接而恰当的解释。诸位！不要为国君能够生出这样多的儿子感到奇怪，现在的时代只不过有几十个国家存在，但上数600年，便有上千个诸侯国家；上数1200年便有数千诸侯国家；上数2000年，便有上万诸侯国家。这么多的国君生出了这么多的君子而最终形成一个独立存在的社会群体，是非常合乎情理的。君子和他们的祖父辈一样，也是来源于群体的，他们在习惯上崇尚宁左勿右，说明了他们的血缘感情之所在。

　　由国君到国王，意味着国家权力的不断扩大，也同时意味着王权的日益加强，而国王所获得的独断专行的权力主要体现在发动战争方面。社稷是国家政府和国家主权的象征，国家的职能则往往以进行战争和祭祀来加以体现。所以，古代的国家往往以君王宫殿之两侧安置了宗庙和社稷，前者是血缘家族的象征，后者则是国家政权的象征，所以，典籍上有"左宗庙，右社稷"的记载。直到现在人们在进行战争之前要向社稷辞行，战争胜利之后要向社稷献俘，国家有大事的时候要在社稷举行集会，国家危机则国君要以身殉社稷，用兵所以贵右的意义即在此，社稷象征着国家整体利益之所在。

诸位！

> 兵者，不祥之器，非君子之器。不得已而用之，恬淡为上。

兵器是杀人凶器、是战争武器、是天地间最不吉祥之物，绝非现代人所理解的君子之器。对于所有的凶器，已经渐渐淡出了战争场面的君子，尽管可以厌恶甚至远离它，但未必能够真正脱离它。老夫要叮嘱的是，君子如果不得已而使用凶器，一定要以一种恬淡的心理，而不是以一种贪婪、占有、掠夺和残暴的心理和手段来运用。须知，战争这种武力事业，是没有意义可言的，失败了固然损失惨重，即使胜利者也一样要蒙受重大损失。所以，

> 胜而不美，而美之者，是乐杀人。夫乐杀人者，则不可以得志于天下矣。

获得战争的胜利并不是好事，并不值得显示和炫耀，那些对战争胜利进行炫耀的人，就是喜欢杀人的人。所有喜欢杀人者，尽管可以获得一时胜利，却不能得志于天下。我何以敢于如此断言？因为这种行为不符合天道的存在规律，它也违反了自然的均衡原则。其实，这样的事实在当前的社会习俗中，在人们的日常生活中随处可见，例如：

> 吉事尚左，凶事尚右；偏将军居左，上将军居右，言以丧礼处之。杀人之众，以悲哀泣之；战胜，以丧礼处之。

人类生命中的意义，完全可以由两件事而囊括其余，就是一生一死，此即所谓"生死之外无大事"。降生是吉祥事、是喜庆事，尤其是传宗接代的头等大事。在中国的礼制中，以左代表着生；人生的凶事莫大于死亡，死亡往往以流血、暴力、凶器和战争为象征，在中国的礼制中，以右代表死亡。在行军布阵中，偏将军居左，而上将军居右，上将军是三军之统帅，为什么却置于一种死地？这是按照古代丧礼的规定而布置的，它告诉人们，战

争是死人的事情，所以，要以丧礼的形式来排兵布阵。中国古代的礼制是很讲究道义和礼节的，杀人过多的时候，便以悲哀的态度来进行哀悼；即使获得了战争的胜利，也以一种死亡的礼节来对待。关于礼的问题，是一个博大精深的专门问题，不能在此论述清楚，只能谈到这里了。

山风阵阵，看来好像是要下一场大雨了，今天就到此为止吧。现在赶下山，也许还躲得过这场大雨。

第三十二讲·万物将自宾

道常无名——	道路是永远没有名字的——
朴，	处于素朴无名状态，
虽小，	虽然看上去微小不足道，
天下莫能臣也。	天下却没有什么能够臣服它。
侯王若能守之，	侯王们若能遵守它，
万物将自宾。	万物将会自动地宾服。
天地相合，	天和地相互交融，
以降甘露，	就降落雨水，
民莫之令而自均。	人民没有被施加命令却自行均匀。
始制有名，	开始制定万物的名称，
名亦既有，	名字既然已经产生，
夫亦将知止，	就要适可而止，
知止所以不殆。	知道适可而止才能避免穷竭。
譬道之在天下，	就像道路之分布在天下各处，
犹川谷之于江海。	犹如川谷之注入大江大海。

次日，夜来一场骤雨过后，空气清新、爽人心肺。老子建议大家在雨后登山，其乐无穷。

雨后的山路难行，而祁连山的深山之中，大多是原始森林，几乎没有任何人的行踪，也没有什么比较正规的道路。但大家行走之处，却每每突然出现一条条曲曲折折的小径，细细观察，则可以发现一条条布满荆棘的羊肠小路——可能是不同野兽行走的路，每一条都不知起源于何时何处，每一条都伸延无穷、绵绵无尽头，不知其终极。

众人一起漫步行走，眼里收进的是青山绿水，耳里听进的是鸟啼蝉鸣，真是看不尽的无限风光，听不绝的绝妙佳音。

这时，老子在一个略显空旷的小路口处停下了脚步，眼睛向四周张望，然后向众人道：

这里是多条小径的路口，诸位看，从这里分出的岔道有八道之多，真可谓四通八达了，尔等可知该走哪一条路？

众人闻言，俯身一看，果然有许多条纵横曲折的小路分别向四周伸去，细细一数，果然是八条，不禁佩服老子的眼光锐利。

关尹听了老子的问话，为难地说：

这些小路尽皆无名之道，我等初次入此山，焉能辨别清楚？

老子道：

> 道常无名——朴，虽小，天下莫能臣也。

见众人尽皆愕然，老子便又接口说：

道路这种东西无所不在，却又经常表现得无所在。就像我们眼前的这些山间小路，大多隐蔽、幽深、晦暗而不彰显，此为兽道而非人道。诸位应当知道，所有的道路在开始的时候，都与这里看到的山间小径一样，默默无闻、无声无臭，也不曾有什么名字。说起来，人类最大的本事就是辨别事物，而在所有的事物之中，以道路与人生的关联最为密切，所以人类亦以辨识道路为行动的第一要务。人类不是鸟类，离开了道路就寸步难行。人类为了行路而辨识道路，给道路命名；人类为了用物而辨识万物，给万物命名。但道路以及万物的名字，只是适用于人类而已，却谈不上对事物属性的正确鉴定，所以，如果要真正地了解事物的本质，仅仅根据对名字的理解是远远不够的。道理是反映事物运动的规律，在绝大多数场合，它的表现与道路一样默默无闻，人们虽然时刻离不开它们的影响，其实对它们却一无所知。

万物本来各自处于一种自然而然的朴素状态中，当它们处于那种状态的时候，是完全自主的独立存在，所以，朴素是万物的本来面目。道路是万物中最为典型的存在物，所有道路在没有被认识的时候，都处于一种纯粹的素朴静虚状态之中，虽然看起来卑微渺小，却微妙无穷，其底蕴亦不可限量，没有人对一条陌生道路是无所畏惧的。所以，天下没有什么可以使它屈服。所以，从道路中可以发现大自然的所有规律。

这样一种微妙的东西，现在却没有人加以理会了，素朴的观念和状态已经被人们有意扬弃了。殊不知：

> 侯王若能守之，万物将自宾。天地相合，以降甘露。民莫之令，而自均。

不要看现在那些王侯们一个个飞扬跋扈，其实他们的处境最危险。自平王东迁以来，已经有多少诸侯被弑？恐怕最少也有几十个了；有多少国君被篡夺了权力，人数也很多；至于多少国君不得不离开国家社稷而流亡异国他乡，恐怕已数不胜数。这是为什么呢？是因为他们离弃了正确道路。这些诸侯们，如果能够始终坚守着一种素朴静笃状态，则万物都将处于一种宾客的地位上。人与万物双方都保持着一种互相制约并互相尊重的关系，是非常必要的生存法则。天地相敬如宾，则普降甘露。实施一种素朴的治国方式，对老百姓则根本不用行使什么行政命令，他们就会自动地行动一致。

已经很久不开口问话的青年儒生，这时插口说：

自从聆听了夫子关于名之有无的教导，晚学思之良久，已觉豁然开朗，此诚万世不移之论。今日得闻夫子关于战争及兵器之高论，亦为之折服。然则，万物复归于素朴，是否须抛弃现有之名？

老子摇首道：

否也，名既已出，则已不可强行湮灭。其既出于自然，则灭亦当自然，无须强行耳。足下岂不闻：

> 始制有名，名亦既有，夫亦将知止。知止所以不殆。譬道之在天下，犹川谷之于江海。

前面已经谈过了万物本来无名，万物之名既然乃人类所创制，这些名的意义便也只局限于人类，万物不但不能了解其他物的名之含义，甚至连自己的名也不能了解。对于人类来说，万物的名字已被广泛运用，并因此而构成了人类的所有知识和学问，就难以全部抛弃。但是，类似为万物制名这种事情，一定要适可而止，不要使虚伪认识下所产生的事物名称日益泛滥开来，最后到达了人类无法了解和理解的程度。

任何事情一旦开了头，能够进行自我抑制是很不容易的，将来或有一天，人类创制出来的各种名称达到了铺天盖地的程度，人类即使用全部精力来记忆这些东西也已经力莫能及，我不知道将来究竟如何收场。但老夫可以断言，沿着眼下这种盲目追求走下去，人类对世界万物的认识必将日益中空和概念化，他们知道北斗星的名却不知道北斗星的物，他们能叫出松树的名却不知松树的物，他们能够数得出成千上万种名，却根本不知道几种物。

所以，行为或行动如果不知道适可而止就会泛滥成灾——任何事情都如此，知道了适可而止才能没有穷尽。诸位看道路就体现出了适可而止的精神，它们分布在天下各处，大多都处于默默无闻的状态，它们没有名称也不求显达，所以绵绵而没有穷尽；各种河水溪流也是如此，它们默默地注入江海之中，没有自己的任何欲求。

所以，只有了解和辨识了道，便掌握了通行天下的路；了解和辨识了川谷，便掌握了通行江海的路。

第三十三讲·死而不亡者寿

知人者智，	认识他人叫做理智，
自知者明，	自己认识自己叫做明智，
胜人者有力，	能战胜别人是有力量，
自胜者强。	自己战胜自己是强大。
知足者富，	知足的人才富有，
强行者有志，	顽强行动的人有志向，
不失其所者久，	不丧失根基的人能够长久，
死而不亡者寿。	身死而名存的人才是长寿。

老子说到这里，似乎有些疲倦，便盘膝坐在小路旁边的一块巨大的方石上，继续说道：

给万物命名起于对万物的初步了解和认识，是人类求知行为的基本表现，也是人类自诩为智慧的行为，所以人类把最先发现万物以及给万物命名的一些智者称为圣人，这是对他们功绩的高度肯定，这种肯定也许是正确的，也许只是无可奈何的事后认可。

但是，请诸位注意！古代的圣人自轩辕氏（即黄帝，他发现和发明了诸多新事物）之后，已经基本上不存在了，而尧舜之后的圣人就有些名不副实了，他们发现、发明和命名了什么呢？几乎什么都没有。即便是大禹治水，也只不过是疏导治理了几条江河而已，他发挥的只是一种协调和领导作用，完成的则是一种恢复的工作，并不是了不起的发现、发明和创造。这样说，并不是贬低大禹，人们都相当尊重大禹，只是事实上大禹是伟人而不是圣人，所以，现在对大禹身份的认定以及对大禹成就的命名就不正确。为什么会如此？是因为有一些所谓智者长期卖弄聪明，他们自己没有发现、发明和创造的能力，却娴熟了命名的技巧，于是，一些本来很清晰的事物，便从本质上被搅乱了，令人理解起来时时感到莫名其妙。郑重地劝告诸位，一定应切记：

> 知人者智，自知者明，胜人者有力，自胜者强，知足者富，强行
> 者有志。

所以，能够了解别人的人是才智者，能够自己了解自己的人是明智
者，能够战胜别人的人是有力量的勇士，能够战胜自己的人是真正的强
者，能够知足的人是富有者，能够不顾一切进行行动的人是胸怀大志者。
这几句话没有深刻含义，只是告诉人们要有自知之明。

儒生问道：

然则，这几种知之中，何者最值得称道？

老子答曰：

能够运用这几种行事准则的人，都可以说多少有些值得称道之处了，
但还不值得赞扬。

值得赞扬的是：

> 不失其所者久，死而不亡者寿。

一个人无论做出怎样惊天动地的事业，也不能失去自己的根本。诸
位！我说的不失其所，这个"所"不一定就是家庭或一间可以存身的小房
子，也并非不可以是家庭或房舍，但主要指的是自己立身处世的立足点，
失去了立足点的行动是不值得赞扬的，而始终牢牢地立于这个点上的人，
才能够保持长久。我最为欣赏的还不是那些"不失其所"者，而是那些
"死而不亡者"，诸位！一个人的身体已经死去，但名声却不朽，这难道
不是最长寿的人吗？

众人闻言欣喜，皆抚掌称善。

第三十四讲·大道泛兮

大道泛兮，	大道广泛地分布四方，
其可左右。	可以左也可以右。
万物恃之而生而不辞，	万物依靠它生长而它从不推辞，
功成不名有，	成功了并不据为己有，
爱养万物而不为主。	爱护和养育万物而不加主宰。
常无欲，	（道路）永远没有自己的欲望，
可名于小；	可以叫做渺小；
万物归焉而不为主，	万物都依附它却不加以主宰，
可名为大。	就可以叫做博大。
以其终不自为大，	因为它始终不自以为博大，
故能成其大。	所以才成就了博大。

在祁连山上密林里的数日盘桓，众人都鼓勇跟随着老子奋力攀登了数不尽的穷谷恶水、残堑断崖、险峰峻岭，身体由于日日处于惊心动魄的冒险和危险之中而得到锤炼，精神也因为日日受到老子精深道理的洗涤而有所提高，实可谓苦乐参半。

这一日，众人沿着祁连山的北麓下山之后，没有上山的车马早已等候在途中。于是，车队顺着大道，直奔嘉峪关而来。

在后来中华帝国历史上大名鼎鼎的西北军事重镇——嘉峪关，在当日还没有正式名称。由于这里是沙漠边缘处一片难得的绿洲，所以，西来东去或东来西去的商人都少不得在此地落脚歇息，天长日久，这里便形成了一处繁华热闹的小城镇。但所谓城镇也不过是一道用土墙围起来的小寨子，除了店铺外并没有多少人家；而所谓"关"，也是没有哨所和关卡的。不知是哪一个国家或部落的一小队驻军应客商的请求临时驻扎在这里，好像也根本没有什么作战能力，只是龟缩在土围子里防止土匪的袭击而已。

嘉峪关街市过于简陋，连一处稍稍像样的旅馆都没有，一行人等都希望赶快离开此处。但老子却神情振奋，执意要在这里举办几次讲座，众人只得在此暂时落脚。

一夜好睡，次日清晨起床之后，众人都觉得神清气爽、一扫漫长旅途之困顿疲惫。

讲座临时设在兵营外面的一望无际的大草原上，包括老子和关尹在内，大家都席地而坐，倒也别有一番情致。老子坐在一个微微突出的土坡上，兴致高昂，大声说道：

诸位！连日来翻越了祁连山的大小山峰72座，跨过了宽窄不同的河流溪水11条，可以说，我们对祁连山的陆路和水路都有了大致了解。从前日开始，又奔行在西去的大道上，可以说，我们对西北的沙漠道路也有了一个大致了解。现在，接着讲道的问题，诸位可能会有一番新的理解和体会。其实，道已经差不多讲到了最后部分，老夫肚子里的东西差不多都罄尽了。为什么要在这边地荒城举办讲座，因为这里可以算是一片接近原始的土地，可能用不了几百年，现在的一切也许会远离人类而去。所以，今天算是对道做一个总结，今天讲的也是老夫"道学"的关键处。大道是什么？

大道泛兮，其可左右。万物恃之而生，而不辞；功成，不名有。

泛字在此是指泛泛或广泛，引申开来亦即漂浮周流的意思。前面曾经多次谈到，大道具有水的性格和河流的特点，它从来都不顽固执着地坚持己见，它具有左右逢源的特点。由道路便可以引申出道理，道理本来是道路历程的计算方式，却又从中引申出来路线，但它们的性质却是万变不离其宗。道的性格，是万物都需要效法的最佳品质，万物都是依靠了这种道的品质而诞生和生存发展，但道却从来不会因负担而推辞。道立下了万物生成的巨大功勋，却不会自我表白；道爱护和生养万物，却不会因此而奴役它们。

儒生问道：

夫子说的道路，诚然具有许多高尚品质以及神奇的功能，但万物怎么会依赖道路而生长？而纯粹物质构成的道路，又怎么会去爱护和生育万物呢？望夫子明示。

老子答曰：

类似问题，已经在前面讨论过很多次了，但对于道路来说，无论怎样讨论也不算过分，因为它们与人类的关系实在是太密切了，而人类对它们也实在是太陌生了。看道路曲折纵横、无始无终、绵延无尽，不是具有河流川谷一样的特点吗？道路上除了长点野草外当然不能生长万物，但万物所以被人们所发现、所发明、所命名，却正是以道路作为传载的工具。刚刚说到的"万物恃之而生"，不是就万物的生命产生而言，是就万物的生命意义而言，按照人类对生命的普通认识，万物如果不被发现，即使存在也只是无意义的存在。事实上，老夫对这种认识态度并不同意，老夫对生命另有认识的尺度，那是一种消极的、寂寞的、无名的、无欲的、孤立的存在。但一种相反的意见既然已经主宰了人们的心灵，在此亦只能以流行的方法进行讨论，否则，我们的讨论就会走向虚无，讨论生命的虚无是诸位眼下还难以做到的。

对于道的理解亦不能完全局限于道路自身。道路的许多美德至今已经被完全忽视，人们往往更加重视道的性质、作用、影响、品质、风格，它们都各自分别形成了独立的知识和认识系统，再从它们之中诞生出来了道理、道术、道德等抽象理论，这些理论促使道路对于万物的影响已经不在于道路本身，而在于一种道的象征意义。现在已谈到了道的最深刻的本质，请诸位注意！从道中所孕育出来的道理，现在已充斥了人类的所有知识领域，这一点无须指出，大家自己就可以看到。但道的伟大正在于它虽然具有如此众多而特殊的功能，它自己却毫无所取所需，它处于一种超然的地位。

爱养万物而不为主，常无欲，可名于小；万物归焉而不为主，可名为大。

同样，这里说的道"爱养万物而不为主"，也不是对道路功能的直接表达，而是说万物通过道路而达到了它们各有所用和各自价值的显示途径，宇宙间所有的物除了遵循道的途径而显示外，就别无选择。道路为了使万物之间能够获得流通、能够互相利用、能够互相协作，自己承担起最为沉重繁忙却没有任何收获的工作，所以，道路是无私无欲的典范。道的名字可以说微不足道，名声始终是很小的，人们怎样称呼和对待它，它毫不介意。

在天地万物之间，实在找不到任何一种东西可以与道路相提并论。万物都向道路汇集，道路可以让最卑微的物种踏上它的躯体，可以任万物把自己的垃圾堆积在它的身上，但道路绝对不会强求为万物的主人，所以，亦可以说道路的名声真是伟大极了。但是，道自己决不会自居于伟大，这是道路所具有的一种伟大精神，这种精神成为万物遵循的准则。

上面的说法，不过是老夫的说法，并不是道的说法。道所拥有的优秀品质和巨大作用除了被其他物种所利用之外，它自己是一点也不会进行自我表白的。道的这些美德，在人类身上也不是完全没有体现，至少在华夏古代的圣人身上有所发现。

以其终不自为大，故能成其大。

使自己处于一种渺小卑微而无足轻重的地位，这是保护自己并使自己不断发展壮大的高明手段，圣人因为"不为大"，因此才能"成其大"。"不为大"是道的基本特点和特殊品质，圣人效法了道的这种特点和品质，便各自成就出一番辉煌事业。

众人听到这里，都禁不住鼓掌。

第三十五讲·往而不害安平太

执大象	谁把持了道路的道理，
天下往；	就可以天下无所不往。
往而不害，	无所不往而不会受到伤害，
安平太。	安全、和平和安泰。
乐与饵，	享乐和食物，
过客止。	使行路人止步不前。
道之出口——	大道理一说出口——
淡乎其无味，	平淡得没有味道，
视之不足见，	想看看不见，
听之不足闻，	想听听不着，
用之不可既。	想用却用不尽。

老子环视众人，说道：

诸位！自然界万物全都没有任何相同之处，无论表象和实质都各有不同，所以，人们把不同的事物总称为万物。万物是极多的物种，并不是一万或两万；即使是人类本身，人们也知道，每一个人都是不同的，不要说南方与北方的人多有不同，即使在座的诸位，又哪里会相同呢？所谓"千人千面"说的就是这个道理。动物亦复如此，只要细细地观察，就会发现西北的狼与华北的狼是有区别的，西北的牛马与华北的牛马也是有区别的，甚至一棵大树下的两群蚂蚁也有不同所存焉。植物也是如此，每一棵树都会有高低、粗细、大小的不同；每一株花草也不相同，这就是所谓"千姿百态"。但是，我们却可以很肯定地说，天下的道路都是相同的，这使得天下的道理也是相同的，人们辨别自然界的事物正是靠着这个准则而获得了成功。

万物各自独立存在，在此可以把万物的一些基本特征均称为"象"，这个象不是动物中的大象，而是不同事物各自所具有的迥然有别的如表象、物象、形象等，连上天也具有天象，地有地貌，星辰有星象，人类则具有面相。尽管如此，但万物却仍然有诸多共同点，此即为万物之共象，通过寻找事物的共象，可以发现许多意想不到的成果，其中道理真是奥妙无穷。

　　执大象，天下往；往而不害，安平太。

象是事物的共象，但大象是什么呢？这便是所谓"道象"，说得浅白一些，就是道路的形象和表象，如果杜撰一个名词则即所谓"道象"。在此，老夫禁不住痴心妄想，也许将来或可发明一种类似于现在军队使用的路线图一类的东西，把各种道路都排列出来，仔细表明位置以及距离之长短，再把各种道路周遭的环境、气候、地势、丘陵、山川、河流、城镇，都一一标明，庶几功德无量。而所有的行路者，都可以避免迷失于旅途而埋骨他乡了。

诸位！衷心地希望大家能够真正辨别道路的情形，把持住正确的行动路线，密切注意道路周遭的环境，留心道路上随时可能出现的意外情况。这样，便可以周游天下了。害是伤害，出行天下而不必因为畏惧伤害而畏缩不前，这可以用三个字来表示，就是安平太，它们是一个意思，就是安全。

关于行路，已经向诸位做了反复说明，行路就是行动。把行路与行动联系在一起，则其要求实在是太多了。在这里，不可能对行路各个方面都加以介绍，只能重点说明。对于行动者来说，只要使行动符合了道的性情，便不会有大的闪失了。

　　乐与饵，过客止。道之出口，淡乎其无味，视之不足见，听之不足闻，用之不可既。

乐就是欢乐，可以引申为纵欲和淫逸；饵是诱饵，在此可以引申为诱惑和陷阱。这样一解释，诸位马上就可以理会到，对于一个行路者来说，旅途中的欢乐和诱惑，是必须强行禁止的行为，这种行为可能导致伤害。真正的道理与道路一样，是品尝而没有滋味，注视而没有可观的景物，倾听而没有悦耳的声音，但使用起来却没有穷尽。

第三十六讲·鱼不可脱于渊

将欲歙之，	将要收缩它，
必固张之；	先使它扩张；
将使弱之，	将要削弱它，
必固强之；	先使它强大；
将欲废之，	将要废弃它，
必固兴之；	先使它兴盛；
将欲夺之，	将要夺取它，
必固与之，	先要放弃它，
是谓微明。	这叫做内在的精明。
柔弱胜刚强，	柔弱战胜刚强，
鱼不可脱于渊；	鱼不能离开深渊；
国之利器，	涉及国家利害安危的器物，
不可以示人。	不能显示给不相干的人。

老子盘膝坐在土坡上，兴致一直很好。现在，他平伸出双腿，重新调整了一下坐姿，浅啜了一口西北的马奶，开口道：

道是尝无味、视无见、听无闻、摸无形的东西，这也正是它的高明之处，不如此则不足以为道矣。所以，无论是行路者或是为道者，也就是无论想要行动的人或是想要思考的人，都应该使自己进入到道的状态，摸不着进入大道的途径，亦无从体验万物。联系到人类的日常生活以及天下国家的事物，诸位更应注意，万万不可孟浪行事。

　将欲歙之，必固张之；将使弱之，必固强之；将欲废之，必固兴之；将欲夺之，必固与之，是谓微明。

老子说毕这几句话，不觉笑道：

老夫前面谈到了一些人生技巧方面的看法，已经受到儒生先生的批评指正，我觉得很有益。老夫在这里还是忍不住要谈点此类技巧，这显然有教唆犯罪的嫌疑。但这里谈到的都是些人世间的根本道理，很希望诸位对于一些原理性的东西能够抱有一种善意的理解，这不但可以保护自己，也有利于天下国家，更不负老夫的一番教导。

这里说的"歙"字指的是关闭、收敛或收缩。老夫坦诚地告诫诸位，生命诞生有技巧，存在有技巧，人生有技巧，生活里有技巧，但技巧不是技能、不是技术、不是技艺，当然更不是阴谋，它只是一种高度自觉地顺其自然的本能。上述道理，就是告诉诸位，一个人如果要使自己的行为或行动达到收敛的良好效果，就先要大大地进行扩张。多少有点军事常识的人都知道，一支准备撤离战场的军队，如果突然进行撤退则实际上就成为了溃败——给了对方以可乘之机，往往会导致土崩瓦解、全军覆没，但如果先大肆攻击，使对方疲于招架，就可以安然撤离了。如果想要使敌对的一方衰弱下去，就先要促使它强大，这个道理稍稍复杂一点。权且打个比方，比如有一只猫，它的存在引起了周围老鼠们的不安，有聪明的老鼠就想方设法把一种想法灌输给猫，就是让它自以为比狗强大，结果猫便主动向狗挑战，则其后果便不难想象；再如，人们如果想要废除掉一件不利于自己的事情，最有效的方法就是先使它大大地走红；如果要想夺取到一样别人也同样想夺取的东西，并能够长期地占有它，最好的办法绝不是强取豪夺，而是先把这个东西暂时给予对方。这个道理说穿了，就是把一种难题先推给对方，使自己得到更多的机会。

这些道理总起来说，就是微明，微明是不太明亮或不太明朗。也就是说，上述四种道理尚处于一种极其隐蔽或只是一种流露出极其微弱迹象的状态中，它们还没有显明。

上述道理，绝不是一般泛泛而谈的空头理论，而是非常深奥的事物原理，适用于万事万物而屡试不爽。老夫所说的大道，其实就是蕴涵在这些原理之中。但是，需要郑重地告诫诸位，学习这些东西一定要以正确的态度。领会得正确，则利己、利人、利物、利天下；领会得偏邪了，则害己、害人、害物、害天下。诸位一定切记！

柔弱胜刚强，鱼不可脱于渊。国之利器，不可以示人。

柔弱是一种表现、是一种处境、是一种姿态、是一种展示，也同时是一种性格，它有一整套的方式和方法，所有自处于柔弱状态的物种都呈现出比较明显的生存优势，事实证明，柔弱最终战胜刚强的。只要看一看柔弱的牛羊，始终不拘场合地繁衍得无边无际；刚强的虎豹，却只有隐遁于深山老林之中苟延残喘。柔弱者在一般的情形下是不应该使自己强大的，不应该使自己脱离这种有利的生存地位，就像鱼不能离开自己所生存的水一样。

诸位！这里所说的国家之"利器"，不是指兵器，也不是指权力以及军队和监狱，当然更不是什么国玺、印章、兵符等具体之物，而是指所有涉及国家根本的东西。直白地说，就是国家的政策和纲领，它们是不能轻易显示的，它们一旦被对手甚至被自己的国民所了解，事物的神秘色彩便不复存在了；而对手了解了你的底细，知道了你的弱点，你的处境就岌岌可危了。现在，关于道的讨论，可以结束了。从明日开始，将讲授德的问题。

关尹听到这里，不禁长长地吐了一口气，他无疑听出了老子言谈中的许多真理，就不禁发出了赞叹，他问道：

夫子的道，讲授到这里，确实是差不多了，不是夫子的大道有穷尽，而是在下已经感到了心力和智慧的穷竭，再进一步的、更深奥的道理，夫子即使愿意讲出来，我恐怕也不能理解了。但我还有点小小的请求，就是请夫子对道多少归纳出一些要点，以便我们这些资质低下者能够更好地领会，希望夫子能够俯允在下的不情之请。

第三十七讲·万物将自化

道，	道路，
常无为而无不为，	经常表现得无所作为却无所不能为。
侯王若能守，	侯王们如果能够把握其中的道理，
万物将自化。	万物将会自我进化。
化而欲作，	进化如果引起欲望的产生，
吾将镇之以无名之朴。	我就用没有名字的素朴来进行镇压。
无名之朴，	没有名字的素朴，
亦将不欲，	也就不会有欲望；
不欲以静，	没有欲望就会安静下来，
天下将自定。	天下也就自行地安定了。

老子笑道：

关尹大人的这个不情之请倒是实实在在的有些不情，老夫顺口讲出来的东西，无论是废话连篇还是金玉良言，但一讲过去后，连老夫自己也不甚清楚究竟讲过些什么。所以，归纳要点这件事情，恕老夫不能从命。但老夫可以相当负责地告诉诸位：

> 道常无为而无不为，侯王若能守，万物将自化。

道之为物，绝不是完全无为、无能、无力，完全无为的东西是死东西而绝不是道，道最重要的特点是，它虽然表现得无为而实际上却无所不能为。侯王们如果能够守持着道的这种特点，天地万物都能够自然而然地自行演化，哪里还要操许多心呢？

关尹喃喃道：

万物如果皆自行演化，这个大千世界岂不是要乱作一团，人类又将何以自处?

老子笑道:

足下举一而反三,算是难能可贵了。但大千世界里面的问题,倒是不劳足下费神,因为:

> 化而欲作,吾将镇之以无名之朴。无名之朴,亦将不欲,不欲以静,天下将自定。

事实确如汝之所言,大千世界里的万物如果一味地、胡乱地自行化去,岂非要化掉了天地之间的所有秩序?甚至连自己的生命都要最后化掉?但诸位完全可以放心,万物自化是不打紧的,所谓"化"是一种有规律的行为,也有较为固定的发作途径,绝不是可以肆意而行的行为。但万物的自化趋势一旦展开则势必要产生一种结果,这是所有事物的演化规律。

而且,万物的自化本来是一种自然而然的转化行为,它虽然有扩张的特征却没有扩张的欲望,所以,在一般情形下,它虽具有极生动鲜活的表现力,却不具有排他性、掠夺性、兼并性和扩张性。但是,万物的自化过程的时间早晚和长短节奏都是极不一致的,而且其表现形式也并不能整齐划一。比如,在动植物的自化过程中,都把加强繁殖能力作为自身进化的一项首要任务,它们的自化结果都是从自身中分化出一些另外的我。不知诸位注意观察过没有,动植物的繁殖性质是大体相同而表现形式却是极端的不同,动物是可以自由行动的,它们可以通过雌雄的交配而完成自身的扩张性繁殖;而植物是不能行动的,它是通过根部扩展以及枝叶的蔓延而进行繁殖的,树大根深、根深叶茂、盘根错节,都是植物自行繁衍的说明。

自化就是人们现在所说的进化,进化又具有进步的鲜明色彩,这样,万物在自化过程中就难免会为了不断地完善自身而涌现出许多进化、变化和扩张的欲望。所以,圣人以及智者们要达到世道的大治,就要在万物自化而欲望将要出现的时候,使用无名的素朴来把它们强行压制住。无名之朴是一种物的萌芽、物的开端、物的原始阶段,这时的物都还是些没有名称、同时也没有欲望的东西,因为它没有欲望所以能够安静本分,用它来压制万物，使之皆处于一种没有欲望的自化之中，则天下就会获得安宁稳定。

自从决定在这里逗留一个时期并举办若干讲座之后，老夫便思考给诸位讲些什么。西北虽然开化未久，但中原学术的老生常谈想必也已深入人心。对于那些人云亦云的东西，老夫是始终不能苟同的，私下里认为那些用耳朵听来的消息和字词中流露出的知识，都已经离开事物的真义和真实甚远，这些知识都是些道听途说的东西，其真假难辨、是非难辨、优劣难辨、高低难辨，甚至是否存在都很靠不住。以这样一些知识来暂时填充心理的空虚，也许是可行的，但如果用它们来辨识万物、建立真知、确定信仰，甚至建立学派、治理国家、管理社会，问题就不仅严重而且相当危险。

一种虚伪的知识潮流是怎样出现的？老夫认为是由虚伪的心灵所引发出来的，虚伪的心灵则由名利之心所触动，名利之心则来源于欲望之涌动。但欲望何所来？它何以会轻而易举地占据了人们心灵并牵引出一个欲望蓬勃的时代？老夫窃以为，便是由于道的丧失。所以，在这里反复向诸位讲述了道的原理，希望诸位能够从中受到启发。

现在，道讲到了如今这种程度，本身已经没有多少剩义可谈，老夫在颇感心力交瘁的同时亦颇有辞为之穷的感觉。现在需要切近一下德了，离开道便没有德，但如果不结合德，则道的演变就颇不易透觑。所以，从明日开始，老夫便专门谈一谈德的问题。

这时，太阳高高升起，大地一片锦绣。草原的色彩苍翠娇艳，太阳的光芒照耀在上面，就折射出柔和的光，这光像是一束具有穿透力的流体物质，照射在人们的身体上，使之产生出一股朦胧而新奇的想象力。眼前一片混沌的道路忽然间变得宽广辽阔了，每个人眼前呈现出一大片从来不曾见过的新天地，仿佛看到了大道的尽头……

一阵热烈而持久的掌声打断了老子的话。

下篇　德经

第三十八讲·失道而后德

上德不德（得），	"上德"表现为不贪得，
是以有德；	因此有德行；
下德不失德（得），	"下德"不能舍弃获得，
是以无德。	因此没有德行。
上德无为而无以为，	"上德"无为是因为没有什么可为，
下德为之而有以为，	"下德"有为是想有所作为，
上仁为之而无以为，	"上仁"有为是因为没有什么可为，
上义为之而有以为，	"上义"有为是想有所作为，
上礼为之而莫之应，	"上礼"有为而不能获得回应，
则攘臂而仍之。	就举起胳臂来进行指责。
故	所以，
失道而后德，	失去了"道"的标准后讲求品德，
失德而后仁，	失去了"得"的标准后讲求仁爱，
失仁而后义，	失去了"仁"的标准后讲求义气，
失义而后礼。	失去了"义"的标准后讲求礼仪。
夫礼者，	礼这种东西，
忠信之薄而乱之首。	是忠信淡薄的标志和天下大乱的开端。
前识者，	预言这种东西，
道之华而愚之始。	是"道"的浮华虚饰和愚昧的开始。
是以	所以，
大丈夫处其厚，	有真正智慧的人要立身于淳厚之处，
不居其薄；	不置身于风气浇薄之处；
处其实，	立身于坚实的地方，
不居其华，	不置身于浮华之处，
故去彼取此。	所以要抛弃后者而择取前者。

在嘉峪关举行了一次讲座之后，没有再多作停留，大家便匆匆上路了。现在，老子在谈论着大道，而大道也在吸引着众人，大家已经不高兴坐在屋子里的空谈，而是希望能够在大自然之中聆听老子的空谷足音。

嘉峪关外的大道上，并不像想象的那般荒凉，身着各种服装的商旅行客来来往往、车马络绎不绝于途，居然与中原的交通要道没有多少差别，只是很少能够看到汉人了。

越向西行，大地便越加辽阔，天地之间几乎没有任何遮拦，也就更加显出一派萧索苍凉的景象，而老子的神情却越加振奋。一路上，神态端庄而不苟言笑的老子好像真的变成了一名反朴归真的婴儿，天真烂漫、笑容可掬。众人一路车马，每遇到一处荒山或一弯瘦水，以至一株枯树朽木，老子都要停车浏览再三。旅途之中，上天保佑，既没有出现骤雨毁路，也没有遇到沙暴蔽日。这样好的幸运，在气候瞬息万变的西北大漠之中，本是不多见的，也许冥冥之中真的有神明在佑护老子一行吧。

这一日中午，经过了数百里的沙漠之行，烈日当空，众人皆已疲惫不堪，所幸食物和清水储备充足，只是没有稍微阴凉一点的休息之处，众人深以为苦。正当人困马乏之际，一片小小的绿洲突然呈现在人们眼前。车马纷纷抢入林内，便感到了通体的舒适。食毕，众人建议在此地多休息一下。老子却决定在这杂木林中举行讲座。

于是，大家纷纷落座，老子则早已在一块杂草地上坐定。这时，老子注视着众人，缓缓说道：

连日的大漠之行，诸位想必自有一番感受。大漠之中，无处有路处处路，却哪里有什么像模像样的道路？当我们每日行走在道路上的时候，根本不会想到道路有什么可贵之处，只有当我们面临走投无路或穷途末路的时候，才会深感道路的重要。

人们的这种心理是一种非常标准的患得患失心理，这种心理产生于欲望的上升和失落。

"德"字勉强对人类的这种心理作出了一种象形意义的表达，但德的内涵意义却不易从字面上得到反映。

关于德，在讲道的时候已经多有涉及，前面曾指出，德就是合理地获得。"获得"这个词的意义看起来简单而实则比较隐晦，按照现在的一般理解，获得就是得到，拿到了手，按照人类的贪婪本性说，也就是据为己有的意思。但如果追问一下，什么是拿到，怎样拿到，从哪里拿到？则显然没有人能够作出意义准确的回答。事实上，所谓"得到"，实则就是"得之于道"。为什么说得到是得之于道路？

诸位想一想，人们无论获得了一些什么，有哪一样不是来自于道路？难道坐在屋子里能获得任何东西吗？比如，大家现在坐在这里谈道论道，无论谈论得如何天花乱坠，能够得到的只是一些口头上的东西，这些东西就是知识，可见一般寻常的知识之获得是可以不付诸行动的；但如果想要得到一口水、一只野兔或一只山鸡，就必须展开行动，而行动就等于上路，即使没有道路也是如此。可见，任何实物的获得，都必须行动。行动代表了"得"，"得"来源于道路。但如果整个人类人人都奔跑在道路上，都想要无穷尽地获得，则不仅其他万物将面临灭顶之灾，人类自己也会很快就在争夺中毁灭，所以，"得"的意义在此受到了高明者的怀疑。这时，一些有识之士便提出了"德"的行为准则，为的是纠正"得"的泛滥。德的行为包括了一些什么呢？我没有把握能够全部说出它的要点，它的内容被人们随意地增加和扩大，实在已经到了泛滥成灾的地步，要遵循它的原则，需要准确地背诵一大部百科全书。所以，在此只能简单地谈，而对我不知道的也没有讲授的必要。

> 上德不德（得），是以有德。下德不失德（得），是以无德。

这里所说的上德，是老夫眼里的最上等德行，它起源于远古大道普遍流行时期，其具体表现是"不得"。但不得也不是完全没有所得，那样岂不是要饿死？不得是不贪得无厌，不贪得无厌就是有德。下德是比较普通的德行，也可以说是一种大众德行，它的具体表现虽然是能够不贪得无厌，却并不放弃"得"，所以也就"无德"。

讨论德，必然牵扯到当今流行的另外几个很时髦的理论，就是"道德"、"仁"、"义"、"礼"等等，它们的泛滥程度比德尚有过之。其实，无论道德、仁、义、礼，都有真伪、高下和优劣之分别，只是时人不能辨别真伪，以致以假乱真，以假为真罢了。

关尹道：

如何判明其真伪呢？

老子叹气，曰：

> 上德无为，而无以为；下德为之，而有以为。上仁为之，而无以
> 为。上义为之，而有以为。上礼为之，而莫之应，则攘臂而仍之。

拥有上等德行的人之所以能够达到"不得"，是因为他们奉行了一种无为的行动准则，他们认为没有什么事情是值得有所作为的，就是说，他们觉得没有事情好做；但具有下等德行的人却有所不同，他们凡事都为，他们以为有太多的事情要为。所以，贤与不肖之差别，全在一个"得"字上。

上仁与上德是一样的，仁这个字有必要在这里说一下，它是对一种行为的表达。仁者，人也。仁就是人，二人为仁，说明"仁"字表达了二人以上的小集体，因此，仁字有爱人的意义存在，所谓"仁者爱人"说的就是这个道理。所以，拥有上仁的人，其品质和作为与上德者是一样的。

义这个字没有多少较深刻的思想含义，大致是个标准的表意字，在道德领域中，它亦表达了一种行为，义气、义举、仁义、意义，表达的主要是一种豪爽行为。义气所体现出来的举动，是一种力图有所作为的行动，它更多地表现了人们的欲望。

等而下之的是礼，礼起源于远古时期的祭祀活动，现在仍沿袭之，它本来是人类向神灵鬼魂的献媚举动。诸位请注意！人类的所有献媚活动，都是心理欲望活动得不到满足后的举动，这种心理是卑劣的、阴暗的，是人类自私心理的表白，礼也带有这种特点。所以，即使是最上等的习礼者，也是力图有所作为，为而不得，则攘臂相仍、争夺不止。所以，在整个道德领域里，老夫最看不起礼，也比较讨厌习礼者。

老者钦佩地点头称是，起身为礼而问曰：

夫子所言之德、仁、义、礼四者之出现，都与时论不同，老朽敢问：此四者之出现孰先孰后？

老子答曰：

故失道而后德，失德而后仁，失仁而后义，失义而后礼。夫礼者，忠信之薄，而乱之首。

失道，就是说人类在失去了符合生命存在的正确生存、谋生、生活道路之后——不仅是指道路上出现了争夺、动乱、抢劫、偷窃、盗匪以及战争，也指道义和道理以及路线，失去这些东西之后，人类在自我行动和利益分配方面都出现了种种失当。

所以，当人类失去了正确道路之后，尤其是失去了符合道路规则的行为约束之后，就不得不发明了德行，希冀以此来规定和约束人们的日常行动，重新确立获得财物的原则。但德行的束缚力是相当有限的，行德者经常不能确保自己的德行以致道德败坏的事情触目皆是，所以，德很快就失去了作用。这样，仁就应运而生了。

仁是一种爱人的原则，德行靠不住了，试图以启发人心中的一种恻隐慈爱之心来征服和限制人们的一意孤行以及互相残杀，从救世角度说，这是一个勉强可以说得通的方案，如果它能够得到确切的落实，庶几接近大道了。但由于仁者本身也难以做到兼爱天下，所以，仁对不法行动之限制非常之无力，这样，便有了义的出现。

义不过是人心中的一股气，凭借了一时的感情、热情和激情之刺激而发生，所以，义气中的个人情绪色彩太浓，秉持义气者也大多是些血气方刚、性情暴躁的血性之人，他们自己凭借血气之勇行事，已经无法约束和限制自己的不合法度行动，又如何去引导天下之芸芸众生？所以义对行动的限制几乎等于不存在，这样，便出现了礼。

礼是一种完全人为的教条，它产生于政治家们对欲望以及贪婪加以限制的努力尝试，是一些人对另外一些人所做的硬性规定，其中法令的成分居多而人性的成分居少。

义气的产生，使本来已经无路可走的人类社会雪上加霜，义士们凭着一腔热血把世道搅得乱七八糟；礼被大肆提倡后，虽然主要是限制普通百姓，却也未尝不是对义气者的限制。但礼这种东西过于教条，礼的内容过于庞杂，我所知道的倡礼者，其实就没有一个人能够完全熟悉礼，这使得礼的效用和信用都大打折扣。倡礼者自己无法掌握和遵守的东西，用来教导百姓，自然没有什么作用。所以，礼是一种抛开人的内心追求而强调人的外观驯服的一种学说，这种做法是舍本求末的做法，它使已经失去道路、德行、仁爱、义气的人们，更加缺少了对内心欲望的限制，使忠信行为浇薄到了极点。所以，我把礼仪称为社会动乱的元凶。此外，我还要提醒诸位，在当今世道里，有一种卖弄知识和智慧的人物，他们使人心愈加混乱。

> 前识者，道之华而愚之始。

所谓"前识者"，在此指的是一些自作聪明的人，是一些没有经过脚踏实地的研究和周密细致的调查就能在事前作出预测和得出结论的人。这些人并不是没有知识，但他们的知识来源是得自于道路的华而不实的方面，而这正是造成人民愚昧的开始。

关尹急问道：

然则一个人安身立命处在什么地方？

老子答曰：

你提出的问题，确是一个重要问题，我讲的全部道理，都无非是为了解决这个难题。

但回答起来却感到为难，因为处境问题正好是与道路相反的问题，道路是人类动态的开始和结局之间的全部过程，而处境则是人类静态之开始和生命最后结局之间全部过程的身体存放处——即置身其中的处所。每个人根据个人的心理和性情而处于不同的处境之中，在甲者是合适的处所，在乙者则可能是陷阱。勉强而言则：

> 是以大丈夫处其厚，不居其薄；处其实，不居其华，故去彼取此。

请注意！这里所说的大丈夫，不是那些挟长剑、冒锋镝、决生死、慷且慨、悲而歌的亡命徒，那些人最合适的处所是战场；也不是那些摇唇鼓舌、周游八方、游说诸侯的君子，他们最合适的处所是官场。这里指的是那些敛锋芒、收锐气、为无为、静而安、怀而居、辞而让的无为者。这样的大丈夫应该选择根基丰厚坚实的地方来立足，而避免立足于基础浅薄、脆弱的地方；应该处于一个实在朴素的环境中，而不是处于一片热闹繁华之中。保持前者而去掉后者，就是大丈夫安身立命的合适场所了。

午后的天气，正是骄阳如火的时候，大漠犹如一个被架在炉火上烧烤着的蒸笼。但在这座被一片沙漠包裹在中间的小树林里，却显得格外凉爽清幽。置身于树林中的一干人等，像深陷于敌军包围的一支孤军。此刻，众人听得入迷，已浑然不觉环境的瞬息万变，只觉得一颗无比空虚的心灵正像气球一样，慢慢地充足了起来。

第三十九讲·万物得一以生

昔之得一者：	过去得到了"一"的道理的：
天得一以清，	天得到"一"的道理就清明，
地得一以宁，	地得到"一"的道理就安宁，
神得一以灵，	神得到"一"的道理就灵验，
谷得一以盈，	谷得到"一"的道理就充盈，
万物得一以生，	万物得到"一"的道理就生发，
侯王得一以为天下正。	侯王得到"一"的道理就成为天下楷模。
其至之也，	"一"的道理如果达到极致就走向反面，
谓：	就是说：
天无以清，	天如果不能清明，
将恐裂；	恐怕就要破裂；
地无以宁，	地如果不能安宁，
将恐发；	恐怕就要发作（地震）；
神无以灵，	神如果不能灵验，
将恐歇；	恐怕就要被废止；
谷无以盈，	谷如果不能充盈，
将恐竭；	恐怕就要枯竭；
万物无以生，	万物如果不能生长，
将恐灭；	恐怕就要灭绝；
侯王无以高，	侯王如果不能高尚，
将恐蹶。	恐怕就要垮台。
故贵以贱为本，	因此高贵是以低贱为根本，
高以下为基。	高以低为基础。
是以侯王自谓：	所以，侯王都自称为：
孤、寡、不穀，	孤、寡、不穀，

此非以贱为本耶？	这不说明了贵是以贱为本的吗？
非乎？	不是这样吗？
故致数舆无舆。	所以，拥有几辆车与没有车一样。
是故不欲，	所以，没有欲望，
琭琭如玉，	碌碌无为如美玉，
珞珞如石。	落落大方似坚石。

老子倚在一棵老榆树的树干上，举头望着湛蓝湛蓝的天空，只见晴空万里，连一丝杂质都没有；骄阳似火，树林外面干渴的大漠，也居然被火辣辣的太阳烤炙出了一团团雾气，此刻正腾腾上升，缓缓地化做了天上的朵朵白云，老子不觉看得如醉如痴。

关尹开口说道：

看这天气，不要说我们现在无法走出这片树林，恐怕今天亦是休想赶路了。天气这般炎热，不待天黑，就可能有暴雨降临。好在我们准备充足，又落脚在这树林之中，实属大幸。我已经吩咐军士们在此安营扎寨，现在距离晚饭尚远，反正也没有其他事情，是否请夫子随便谈谈？

老子闻言道：

大漠天气果然不与中原同。现在，这里的气氛非常之好，在大漠之中，决没有任何外界干扰；风雨将来之际，目睹骤雨飘风，正人生之佳境耳。诸位！我在前面谈到了一些当前道德领域流行的时髦观念，在此可以坦率地申明，我是不赞成这些意见的，这不是理论上的意见分歧，而是在事物根源上的认识对立。那些言词闪烁的理论家们当然说服不了我，但我也休想说得赢他们。比如，我认为天地万物，得一者为大。

> 昔之得一者：天得一以清，地得一以宁，神得一以灵，谷得一以盈，万物得一以生，侯王得一以天下为正。

这个"一"，指的是统一或唯一。其实，统一和唯一本来就是二而一、一而二的东西，唯一的东西当然是统一的，而统一的东西也必然是唯一。在我们所能感觉到的宇宙物体中，天地是统一的，"道"是统一的，万物本来也是统一的，但现在已经有些不统一了。诸位！说道是统一的，绝不是来自个人主观上的异想天开，大家只要想一想，所谓"天道"或"地道"，或"人道"，以及所有事物的根本道理和规律，能不能有两条或多条？它当然只能有一条，否则，天就不是天而成为一团乱麻了。

根据这样的道理来推测自然界所有事物，都会得到确切之说明。譬如，天由于得到了统一的原理而得以清明，地由于得到了统一的原理而得以安宁，神明由于得到了统一的原理而得以显灵，深谷由于得到了统一的原理而得以满盈，万物由于得到了统一的原理而得以生长，侯王由于得到了统一原理而得以成为天下的楷模。

"一"是道的特征，是道的性格、是道的作风、是道的品质、是道的精神、是道的规律，它们组合在一起而形成了适用于自然万物的规律和道理。这些道理充斥于天地之间，顺之者昌，逆之者亡。所以，根据道的理念可以推导出万物的生长规则。

> 其至之：天无以清将恐裂，地无以宁将恐发，神无以灵将恐歇，谷无以盈将恐竭，万物无以生将恐灭，侯王无以高将恐蹶。

天如果没有统一，它将不能得以清，那么天就会破裂，后果会有多么严重！所谓"天有不测风云"就是指天道一时发生了错乱或混乱！地如果缺少了统一，将不能得以安宁，它的内力如果得不到正常的宣泄渠道，那么地就会爆发，所谓"天塌地陷"说的就是地分裂后所产生的爆发。神明如果不能遵循统一的规则，就不会具有超验能力的显示，那么他将难以继续存在。深谷如果不能符合统一的精神，就不能满盈且会日益穷竭。万物如果违反了统一的生长规则，就难以生长，甚至将面临覆灭。侯王们如果不能使自己的行为符合道的统一性，就不能保持高贵的地位，会立即陷于穷蹙灭亡之中。每个人都可以亲眼看到，天道不清而生风雨，地道不宁而地裂山崩，神道不灵则神灵废黜，深谷不盈则成渊薮，万物不能自然生长便即灭绝。道严格地限制了天地万物的倒行逆施，从而保证了天地万物的长久存在。所以，故贵以贱为本，高以下为基，是以侯王自谓孤寡不穀，此非以贱为本耶？非乎？

这样的事实实在是举不胜举。诸位都会知道，贵，即使达到了侯王的程度，也还是离不开低贱者做他事业的根本；高则必以低作为基础，即使是上天，也是以地为它的基础的。所以，比较聪明一些的侯王们都知道自己力量的来源及自己立足的根本所在，他们都自称为孤家寡人或缺少谷物的人。这些事情，都是贵以贱为本的证明，诸位！难道事实不是这样吗？所以，老夫要告诫诸位，在行事方面，首要是戒贪，贪婪这种事情虽然是万物的本性，但只要能够想得透彻，并不难做到。

故致数舆无舆。是故不欲，琭琭如玉，珞珞如石。

诸位之中或有在不同的事业中较为成功者，就应该能够体会到，聚敛起来的财物即使堆积如山，只要在消费之外，则毫无用处。因此拥有几辆车，便不知用哪一辆好，反而变成没有车了。没有贪欲的人，就像尚且没有被雕琢的美玉一样，一副没有作为的样子；也表现得犹如孤寂冷落的石头，一副落落寡合的样子。现在所说的"碌碌无为"和"落落大方"两条成语，说的是那些不出风头、自甘寂寞的人。

第四十讲·反者道之动

反者，	反复循环这种东西，
道之动；	是道的运动变化；
弱者，	柔弱这种东西，
道之用。	是道的作用（用途）。
天下万物生于有，	天下万物都生于有，
有生于无。	有则生于没有。

老子抬头看了看天空，只见刚刚还是骄阳似火、晴空万里的天空，忽然间就风云突变。大块的乌云犹如一辆辆兵车，风驰电掣一般从各个方向奔涌而来，顷刻间就结成一个密不透风的巨大方阵。一阵阵闷雷在天边滚动，犹如战鼓声起。只是在一瞬间，万里晴空就犹如墨染，只有铅灰色的云块在大逞神威。天空像挂起了一块黑布。

老子神采飞扬地高声说道：

诸位！老夫自幼生长于淮水流域，见惯了和风细雨，听惯了春雷乍起，却从来不曾想到，上天具有如此大的神威！这真是生平未见的奇观，老夫不枉此番西行矣。

众人对此所谓奇观，却是早已司空见惯，所以，从此中很难发现什么值得老子如此振奋的原因。

又一串闷雷声滚过，老子开口说：

诸位！刚刚讲过了"天得一而清，……天无以清将恐裂"的道理，现在上天立即就给我们做了一个非常逼真、极其形象的示范。关尹先生早已指出，午后的超常炎热，显然是地力在宣泄，是地无以宁则将发的表现；地力的突然宣泄直接引起了天的反应，地气上腾，形成水气，于是天不得清。现在，正是天不得清将恐裂的表现。

反者道之动，弱者道之用。天下万物生于有，有生于无。

天地万物的所有道理，归根结底都是一个道的原理，原理就是一个原点，原点是一切事物的出发点和复归点。道的动与不动，都是根据这种循环往复的原则而进行，反即返，返者就是回归和复归的意思，它是道的行动准则，所有事物都物极而必反。

如果大家一时寻找不到天下最弱的东西，那么，老夫可以告诉诸位，天下最弱的东西就是道路。大家想想，人们所认为的弱小东西——即便小如蝼蚁贱如野草，有哪一种不可以随意地践踏道路呢？天下的事物，无论大小强弱，都有相生相克的循环报应。唯独道路是例外，它是一弱到底，决不与其他任何东西产生任何矛盾、发生任何冲突，所以，"弱"是道的最大和最独特的特性和功用。前面已经讲过关于天下万物之间的有与无的关系，万物始于有名，有名之后才可说万物生于有名；但万物并非原本有名，所以说有名产生于无名，亦可以说有生于无，有与无相生相克且相辅相成。

关尹道：

屡次聆听夫子宣讲有无之间的关系，却一直不能领会深刻。加之有名、无名等人类事物牵涉其中，越发令人感到扑朔迷离。不知夫子能否再略加讲解？

老子笑道：

有些道理只能意会而不能言传，有与无的关系很难用通俗的语言解释清楚。在此权且再打个比方，比如，你刚刚出世的时候是无名的——父母尚未来得及起名，所以，你只是当时之你，还不是现在之你，你亦不知你是你，这不是你年幼无知的原因，只因当时你没有名字，所以，人世间还不曾有你；只有当你有了名字，你才不仅是当时之你，也是现在之你，而你自身本来并没有前后之区别，只是无名和有名才使你有了分别和不同。可见，无，便是无名，无名而不为人知，在人类的认识中，便等于不存在；有，就是有名，有名而为人知，便证明了一种生命或一样事物的独立存在。现在，且不说你，且看万物，我们现在所看到、听到、闻到的，都是我们所知道的，我们所以知道是因为它们有名，我们还不能知道的，则是因为它们目前尚且无名。

现在，不能不暂时打住了。你们看，雷鸣电闪，大雨就要到来了。汝知不知它究竟何时来？

关尹喜愕然，众大笑之。

第四十一讲·大器晚成

上士闻道，	上士听说了"道"，
勤而行之；	就勤勉地进行实践；
中士闻道，	中士听说了"道"，
若存若亡；	时而实践时而停止；
下士闻道，	下士听说了"道"，
大笑之；	就发出嘲弄的笑声；
不笑，	下士如果不笑，
不足以为道。	道就不成为"道"了。
故建言有之：	因此古代典籍记载有：
"明道若昧，	"光明的道路好像是晦暗，
进道若退，	前进的道路好像是倒退，
夷道若纇。	平直的道路好像是弯曲。
上德若谷，	高尚的德行好像是川谷，
大白若辱，	洁白的东西好像是污浊，
广德若不足，	广大的德行好像是不足，
建德若偷，	有所建树的德行好像是偷窃，
质真若渝，	质地纯真却好像是有污点，
大方无隅，	巨大的空间没有边际，
大器晚成，	巨大的器具不能速成，
大音希声，	巨大的声音没有响声，
大象无形。"	巨大的物象没有形体。"
道隐无名。	道路隐藏于默默无闻之中。
夫唯道，	只有道路，
善贷且成。	善于给予万物并使它们长成。

老子笑曰：

> 上士闻道，勤而行之；中士闻道，若存若亡；下士闻道，大笑
> 之。不笑不足以为道。

诸位！现在大家已经对有无、对得失有所了解，老夫便可以进一步谈
点新问题了。前面已经反复谈到了道的原始以及道的功能和性质，并讲到
了道的变化以及道的形态和性格，最重要的是，向大家提出了物质道路逐
渐向精神道路方面的演变过程，而且，由于道的概念日益向多元性途径发
展，也便日益促成了人类身体行为的"道"和精神思考的"道"之相互结
合，这些道理构成了行为的准则和道术的发明。

现在，随着讲授内容的深入，可以逐渐把道的种种外延向大家提出
来。这里所说的道，虽然仍然以道路为骨干，但它的性质已经偏重于人类
的精神范畴，它已经开始由承载人们的身体而伸延并进入到人类的精神领
域，它开始要承载起人类精神了。这种现象之发生，从人类精神和思想活
动的角度说，是道的内在属性出现了一个巨大的拓展和超越；对于人类来
说，则是一个同样巨大的收缩和复归。但从物质存在的角度说，则道的真
义日益晦暗不明，而万物以及人类都开始日益脱离了大道的轨辙而愈行愈
远。

所以，不得不在这里提出了一个对待大道的态度问题，这个问题非常
重要，它把人类分成了不同的利益群体，也把道术和道理划分成了不同的
层次。见到和听到了大道之后，请注意！

最优秀的智者——上士不只是指上层的士大夫，而是非常辛苦地来揣
摩和实行——实行断断不是走路而是揣摩和领会，以便加深对道的体验和
理解，他们可能由此而进入道；

中等智慧的人——中士不是中层的士大夫，对于大道则完全是凭着一
时的兴趣来进行，道在这些人的心目中是处于一种若存若亡的境地，而道
本身也处于一种同样的境地；

比较普通的人士——不是下层士大夫，见到或听到了大道之后，由于
不能有丝毫领会，就不免对道存了一种鄙夷和蔑视的心理，这种心理反映

在态度上，就是发出轻薄的大笑。

诸位！对于大道来说，凡夫俗子们的大笑是正常的，他们不大笑反倒有些奇怪了。大家想想，在这样一个利欲熏心的乱世之中，真正领会大道的能有几人？对大道有无分辨能力及认识之高低是智慧高下和素质优劣的证明，而大笑是世态人心的体现，下等的智慧和素质面对着上等的智慧和道理，他们不大笑之又能怎么样？他们只有大笑才能消除和掩饰自己内心的窘迫。对于这样一些嘴脸和音容笑貌，人们时时刻刻都能随处见到。所以，人们如果要检验一种道理的高低优劣，只要看一看大众的表情就可以作出判别了。

在所有的大众对之欢呼雀跃的理论面前，你如果是上士，就赶快逃之夭夭，记住！逃跑的时候千万要小心，否则你会被愚昧的大众撕成碎片；而在众人发出鄙夷和轻薄的笑声之处，甚至在大众态度激昂的诋毁和谩骂之处，你如果真的是上士，就万万不可错过了这个天赐良机，这种机会历来是不多的，他们可以帮助你检验自己的道行。

那老者听到这里，忽然灵犀一闪，急问曰：

老朽自然难以位列上士，然亦向往大道久矣，只是始终不得其门径而入。夫子能携老朽入大道否？

老子曰：

老夫实不能。然我不能非我不愿，而是因为大道始终都明晃晃地躺在那里，也从来都是畅通无阻的，它永远不会拒绝人们踏入，关键则是人们自己迷失了路径。汝如果有心寻道，自然是道路千万条，任汝选择；如果无心向道，则携之又如何哉？汝试牵一犬而行，能使之入人道乎？汝不能，则我亦不能。先生欲寻道，自可往之。

故建言有之：明道若昧，进道若退，夷道若颣。

古简上记载的这几句话说得何等的好！明道就是明亮的大道，诸位请切记！对这些名词无需去死钻牛角尖，千万不要把一些平常的道理解释得天花乱坠，这种做法不等于高深，也不是博学，不过是世间浅薄者们的沽名钓誉而已。道路在大多时候都光明坦荡，但有时候又好像是隐蔽的，这是针对不同资质的人而言。对于一些人来说，道路是明亮的；而对于另外一些人来说，它却是隐讳而暧昧的。进取的道路有时表现得好像是退却，或者说就是退却，这就是"以进为退"的道理，但退却又何尝不是为了进取！

《建言》不过是堆积在洛邑图书馆里的一堆杂乱竹简，不知是什么年代的作品，很少有人真正看过，其中的道理对于当今时代的人来说，相当陌生。老夫对《建言》也不过是随意性地浏览过，对它的理解也并不十分深刻，比如，里面所记载的所谓"夷道"究竟是什么道？亦没有把握说得很正确。按照正常的理解，夷者平也，夷道就是平道，这句话是说天下的平坦之路都是类似的；但所谓"夷"字，也是中国人沿袭甚久的对中原以外少数部族的称呼，也许所谓"夷道"是有别于中原的文明道路。在中原人的眼里，这西北地区的道就是夷道，"夷"既是中原人对外族人的称呼，或许含有对中原以外人的轻蔑？但主要还是一种文化的区分。夷道是不同于"华道"的道路，却往往在表面上表现得多有相似之处，这样解释也似乎说得通。

其实，天地间所有事物的存在都是一个循环往复的复杂过程，对事物进行任何描述都必然发生语言和文字上的障碍。所以，有些道理一时说不清楚，出现辞不达意的情形，也是毫不奇怪的。在此，随便向大家谈谈万物以及人类的心理特点，其中物与物之间永远不能消除的嫉妒之心，是大道不能显彰的重要原因。这种心理在目前由于受到物欲的强烈刺激而达到了肆意泛滥的地步，它逼迫着大道和一些有道者都不得不刻意掩饰自己的本来面目，亦使正确的和正面的事物往往必须采取着一些委曲求全的方式才能获得苟全。其中最显著的事实就是，夷道已经和大道鱼目混珠、真假难辨了。

以上古书所言，与老夫看法颇有相合之处，个别的地方，似乎还要高明一些，再摘引几句话如下：

上德若谷，大白若辱，广德若不足，建德若偷，质真若渝。

由前面所谈到的上士，联系到此处的上德，相信大家可以从中受到诸多启发。上士闻道之后，通过勤而行之，便可达成上德，上德犹如深谷，可以容纳许多东西，甚至包括肮脏的东西，这就是古语"藏污纳垢"的本意，亦是一种吞吐万物、容纳万物的品德；

大白是最干净和纯洁的东西，但它经常涂抹上一些其他色彩，使自己处于一种好像是受侮辱的样子；

德行广大的人，却常常表现出愚顽而智慧不足的样子；

最可注意的是德行建设者或创始者们，他们都表现出一副偷偷摸摸的样子，这是不是证明了做贼心虚呢？

许多纯真而无瑕疵的高贵存在物，都经常故意使自己表现出一种变化不定和不可捉摸的样子。这样的事实告诉人们，上古时期在万物中所广泛流行的一些关于生命的平常道理以及其他一些有益于维护生命的平常手段，都在后来的世道演变中，在欲望、野心和权力包围中，时时处于一种独立无援的地位。不知多少个世纪演变下来，大道不唯不能改变自己的孤立，反而成为一种表现朦胧的模糊存在，它时时遭受到周围下等事物的嘲讽、围攻以至于摧残，这种反常现象，在目前已经成为一种司空见惯的事情。大道正是在这里受到了曲解和蒙蔽，在举世的物欲横流的侵蚀之下、在人心不古的浊流席卷之下，实已处于岌岌可危的境地，甚至很快就会彻底灭绝了。

关尹道：

在下从夫子的讲授中方始获知，大道是无所不能、无所不在的东西，也可以说是无坚不摧的存在，似乎一般的世道人心除了接受大道的影响以至改造之外已别无选择。然则，即使世道人心的变化太过猛烈，作为可以周纳百川的大道，至少应该能够全身而退，似乎不应该反被欲望这些东西掩盖得无影无踪，大道如果如此轻易就被掩盖蒙蔽，则这样弱不禁风的东西能属于大道吗？不知夫子能否对此加以解释？

老子笑道：

汝之看法虽然不无道理，却仍然不能摆脱世俗流行观念之纠缠，仍然是以事物外在表现的强弱来判定是非。前面曾经多次谈到，作为规律性的道，是一种无影无形、无知无欲的自然存在，它以普利万物为己任，却决不显示任何痕迹；因为它没有自己的任何贪求欲望，所以才能利万物而无须求得万物的回报，这是道的真正精神。道以这种精神来决定自己的行动，所以，永远也不会表现出任何强迫和暴力的作风。老夫之所以高度评价道的精神，就在于它利万物而从不显示自己的高尚风格，遍观自然万物，诸如风雨雷电、湖海江河、山川丘陵，没有任何东西是可以与之相媲美的。

因此，道之与万物，特别是与人类，并不强求人们追随它的行为、效法它的精神、走它的道路。它向万物和人类提供了使自己得以保全生命寿命的最佳方式，至于你采用不采用则完全是你自己的事情。就像天塌地陷之际，你愿意使自己投入进去，是你自己的事；如果眼前有一泓清泉，而你宁愿不饮而渴死，也是你自己的事。大道本身是永远存在的，它并不因为人们采用与否而受到丝毫影响。世道、人心之与大道，就犹如与天塌地陷和清泉一样，你怎样做是你自己的事，它只是存在；而且，道与所有其他存在都不同的是，它决不故意地显示和炫耀自己，它不通过炫耀来诱惑人们。

大方无隅，大器晚成，大音希声，大象无形。

这就是大道，它完全以一种"无为"的精神来发挥自己的力量，所以，很难引起世俗的共鸣。

道是永远秉持着一种博大方正的方式行事，就如高山之巅上的巨大方石一样，它永远都是没有任何陪衬物的孤立存在，这就是无隅。而且，大方石头周围从来不会有小碎石头的立足之处。如果切合人事来谈论道，则当世的所谓方正之人真是少之又少，人们所予以赞美的那些圣人君子们，他们是不是多少有些道行，只要看一看他们周围的情形就可一目了然，几乎所有的当世君子的身边都尽皆是犹如小碎石一样的小人之流，他们当然不会是大方者的隅，他们只是大方者的赘疣；反之，真正的大方者犹如茕茕独立于高山之巅的巨石，周围又怎么会出现这样一些碎石呢？

如果切合于人类制造的器物来谈道，则当世所存在的所有规模宏大的器具——如我们所见到的著名九鼎，它们的成就，无论集中了多少人力和物力，都不是集一日之力而能毕其功的。大器所以晚成，是因为大器必须汇集了各种知识、智慧、技巧以及汇聚了大量人力物力之后，才会最终制作成功。所以，同样作为器，则大器和小器的功能和价值是不能同日而语的。现在，人们通常把胸怀远大者称为大器，把鸡肠狗肚者称为小器，虽然并不符合道理，却足以说明二者之间的差别，这是一种相当有趣的说法。

大音希声的问题，记得前面已经讲过，在此可以稍微补充一点。大音不仅是声音大，那样，它便成了所谓"雷声大而雨点小"的虚张声势者了，这句话是说大而无当反不如小而精当。音响只是声之中的一种异响，它属于心声的抒发，而不是语言的表述。所以，音的发出只要表达出一种正常心理下的心声，就是大音，而这种音往往是没有多少声响的，人们所说的稀世之音就是这种音，现在的音乐也渊源于此。

大象，前面亦已谈过，在此可以稍微做一点补充。大家已经知道，大象是大道中所表现出来的一些表面特征，亦即人们日常所说的物理现象，在此则可以引申为一种气象。诸位理应知道，万物都有各自的表象和物象，这是一些凭借肉眼就很容易观察到的东西；万物也有一种无从捕捉的气象，则是极不容易发现的。气象是精神气质之象，这种东西无影无形、无声无臭，人们要了解它的性质，只能通过一些模糊迹象。所以，大象是无形的。现在，有人把天气的变化称为气象，也说明了气象之难以观察和了解。

关尹问道：

然则，万物都以一种自我掩饰的方法以求得自身的委曲求全之道，似乎违背了道的自然而然的规则。道如果是能够严格把持自己行为的东西，则对于自我掩饰这种行为，是持什么态度呢？

老子道：

道隐无名。夫唯道，善贷且成。

道具有双重性，它既是明亮的——此为大道显彰时代的鲜明标志；但它又是隐蔽的——这是大道失落时代的具体表现。但道所以没有被各种不同的时代所异化，实在是因为它得以隐没在无名状态中而保全下了自己。

而道所以无名，因为道通常都是隐藏在事物表象背后的存在，它不在意自己的外在表现如何，它无论作出了什么、创造了什么、承担了什么，都使自己处于一种无声无臭的地位上。所以，天地万物之中，只有道善于成就其他物种而且能够获得成功，可以认为，这正是因为道没有名利之心在作祟。

这时，霹雳阵阵、电光闪闪，暴风裹挟着骤雨倾盆而降，一瞬间，干渴的土地上已经水流如注。

众人急忙集中到了一顶硕大的帐篷里。

第四十二讲·吾将以为教父

道生一，	道产生出了第一个东西，
一生二，	一产生出二，
二生三，	二再产生三，
三生万物。	三化生出万物。
万物负阴而抱阳，	万物都蕴涵了阴性和阳性两种因素，
冲气以为和。	二者激荡产生出一种和气。
人之所恶，	人们所憎恶的，
唯孤、寡、不穀，	就是孤独、鳏寡和缺少食物，
而王公以为称。	但王公却用这些名词来称呼自己。
故	因此，
物或损之而益，	一切事物或由于损失而获益，
或益之而损。	或因为获益而蒙受损失。
人之所教，	别人怎样教导，
我亦教之。	我也如法炮制。
强梁者不得其死，	逞强好胜的人不得好死，
吾将以为教父。	我要用这个道理作为施教的开端。

　　一夜大雨，翌日凌晨众人纷纷起床的时候，却已是红日东升、霞光万道了。夜来的充足雨水，及时地滋润了干渴的土地，挽救了干枯的草木，也驱走了连日的炎热。

　　众人匆匆漱洗，及至早饭之后，便已行进在大道上了。

　　现在，沙漠已经不见踪迹，一望无际的草原呈现在人们眼前，众人顿觉心胸开阔起来。天上的太阳也一改连日的暴戾之气，发射出一片和煦的光芒，普照在无垠草原上，幻化为一片晨霭，众人的心理也是一片湛然。

　　大道宽敞笔直，与草原一样也是一望无际。

在老子的带动下，众人都放弃了萎缩在车里的旅行，信步行走在大道上。

老子在关尹等的陪同下，行走在队伍的最前方。忽然，他停下脚步，指着脚下的大道向众人高声道：

道生一，一生二，二生三，三生万物。

这几句话不但高深莫测，而且完全出人意表，众人停下脚步，留神倾听，却根本不解其意，一时茫然不知所对。

老子随手指着道路说：

道路不只是用来行走的，也不只是专门用来承载万物的，它主要体现了一种途径、一种规律、一种规则、一种精神、一种涵养，这种途径、规律、规则、精神和涵养导致了万物的起源。道生一，便是说万物之孕育、诞生和生长，都必须遵守道的途径、规律和规则，由一而生二，由二而生三，由三而生无数，万物就这样地产生了。

关尹小心地问道：

夫子是否说，物的初始是遵循着道的原则而诞生了最早的物种，这样的物种由一个点上出发而逐渐繁衍日多，不同种类的动植物顺延此途径而日益繁多，终究成就出了万物。"一"并不是一个具体的数，而是一种规律和原则；二也并不是数，而是与一相对应的规律和原则，它们的冲突和对立，孕育出了三；三亦并不是三个而是无数个。不知这样理解有没有几分道理？道孕育了万物，万物自己以什么方式变化呢？

老子笑道：

这样理解很好。万物的变化方式，老夫在前面已经谈过，就是自化，自化是万物自行繁衍的鲜明体现。此外：

万物负阴而抱阳，冲气以为和。

万物的诞生是沿着一条非常真实而具体的道（途径）而孕育，但万物的自化却要依靠天地之间的阴阳和谐，万物都是背靠阴而面向阳的，借助着阴阳交合所产生的气而获得生存。这样的道理并不复杂，大家用自己的眼睛就可以观察。所以，世上万物其实没有高低或好坏的分别，事物的往复不已否定了事物固定性质的存在。比如：

> 人之所恶，唯孤寡不毂（穀），而王公以为称。故物或损之而益，或益之而损。人之所教，我亦教之。

人类是天生的群体物种，差不多自从产生以来，始终以血缘关系为连接的纽带而纠集在一起，过着一种并不符合本性的集体生活。自古及今，人类所厌恶和回避的事情就是孤独、鳏寡和贫穷。孤独是被遗弃者，鳏寡者则是不得不过独身生活的人。毂，一般是指车轮，即我们所说的毂辘，按照这种解释，不毂就是没有车坐的意思；但此处使用不毂这个词，却是不谷，不谷就是没有粮食吃。至今，大多数人出门都没有车坐，也照样可以爬山涉水，对于人类来说，没有车马舟舆算不得什么了不起的事情；但是，无论什么人如果没有了粮食，则生命就立即面临了威胁。

孤寡和不毂这样两个很不吉祥的名称，为什么居然会被地位尊贵而高高在上的王公们采用为自称的名词呢？这大概就是本着一种万物自谦的习惯，故意地以孤苦伶仃的做作口吻来赢得老百姓的同情和支持，这就是"正言若反"道理的具体运用。其实，人世间有哪一个王公会孤独、会没有老婆，会没有饭吃（或没有车坐）呢？

通过王侯们的自谦，人们可以了解到一个事实，即自谦本来是一种顺乎自然的姿态，是一种自然而然的行为，同时，也是一种出乎本能的自我收敛的方法。但到了人间王侯的手里，就被故意地歪曲、篡改、利用，以致味道大变。事实上，不仅王侯，万物的自谦与它们的本质也并没有完全相符合的一致性，其谦损的结果也不相同。有物种因为自损而受益，有的却因为受益而招损。在中原，近些年来兴起了一门比较时髦的教育学之新兴行业，一些多少有一点知识和思想的新派人物顺势控制了教育领域，使自己成为受人尊敬的民众教育家。他们或者以传统的道德礼仪作为专门知识传授之，或者以古代的历史传说作为经验而传授之，或者以一些历代诗歌和韵文传授之，或者以一些远古圣贤的思想言论传授之。总之，教育家教育他人总是转弱为强、转柔为刚、转败为胜、转衰为荣的进取之道，使受教者成为一些能够谋事或谋食的政客；教育家们自己则以先生、导师及教父的身份而坐享其成。

老夫在中原的时候，有时也被迫参与一些开导和教育别人的活动，但教授的内容却完全与时论相反，总以自然和无为之道为主旨，老夫历来讨厌那些自诩为导师和教父的人物。

诸位切住！

强梁者不得其死，吾将以为教父。

老夫所倡导的教育观、教学观，与当今所有那些走红的教育家们恰好相反，老夫以为所有强大而霸道的人都难以得到正常的死亡，这就是人们日常所说的不得好死，也是不能得到寿终正寝的意思。老夫把这样的观点作为教导别人知识的开端。

教父在此说的是教育的开始，父是诞生和开始，诸位请注意！教父在此丝毫也没有教育之父、教学之父、教派之父的含义，甚至连开创者、发明者的意思都没有，老夫从来没有想过要做教父，甚至连教师都懒得做，诸位千万不可错会了，贻误后人。

关尹、老者以及一干人等，却都抚掌而欢呼曰：

我等倒是衷心希望夫子之道能在日后发扬光大，给已经走投无路的中国开辟出一条通向无知、无欲、自然、无为的康庄大道。天将使夫子为教父，夫子又何得辞焉！

老子一脸无奈，仰天而叹曰：

汝等此虽为无心之戏言，然数百年后，天理循环、世道变迁、人心骤变，又安知其非箴言乎！

这时，远处响起了轰鸣的水流声，有探路者来报告关尹，前面不远处已经是黑水渡口了。

第四十三讲·无有入无间

天下之至柔，	天下最柔弱的东西，
驰骋天下之至坚，	能在天下最坚硬的物体中纵横驰骋，
无有入无间。	没有形体的东西能渗透有空隙的东西。
吾是以知无为之有益。	我于是知道了无所作为的好处。
不言之教，	不进行说教的教育，
无为之益，	无所作为的好处，
天下希及之。	天下人很少涉及它。

　　黑水又称疏勒河，发源于青海北部之疏勒山，全长550多公里，西北流经玉门、安西等绿洲，哺育了河西走廊的千里沃野，最后注入哈拉湖。黑水不黑且白，正好应了老子的"大白若辱"的特点。同时，它也是一条性情古怪的河，中国的河流因了中国西高东低的地形关系，大多起源于西部高山之巅而顺路东下，最后与其他河流汇合一处共同奔赴大海。独有疏勒河与众不同，它沿着疏勒山与托来南山之间的峡谷穿峡而过，一路怏怏倦倦地向西北方向流淌，既没有什么大气势，也好像没有什么野心。疏勒河命运发生重大变化的契机，全在于它在青甘交界处的一个急转弯。从高山之巅降落之后，它本来一直是静静地向西流动，但在这青海与甘肃的交界处却忽然间前途受阻，就只好掉头北下，从此，这条小小的河流就仿佛开始了新的历程。当它一进入到甘肃一马平川之地，忽然受到大雪山、祁连山上源源不断的雪水滋补之后，就马上精神抖擞起来，一条本来干干瘦瘦的小河突然间崛起，俨然成为一条雄浑大河，在干涸荒凉的戈壁滩上纵横驰骋，称雄于西北大地。

　　在疏勒河即将再次向西北拐弯的渡口上，有一个名不见经传的小镇，不知出于什么原因，也叫玉门镇。此玉门虽曰镇，其实是一个不设防的小渔村。黑水河里的鱼虽然产量不多，却出产玉，且大多是晶莹无瑕疵的美玉。当地村民因此而受益不浅。每年来自四面八方的各地商贾络绎不绝于途。村里的居民居然全数是中原人氏，其中不乏从中原避乱而出走的流民，他们自己不知怎么就一步步地来到了这万里迢迢的大漠深处，从此便与家乡殊途万里了。可见，天下的大道果然是四通八达，一旦迈出了第一步，就很难止步了。

老子急欲一见的是闻名天下的黑水，当然不屑看什么美玉，众人本来是热衷于追逐时尚的，却也只好装出一副视美玉如石瓦的派头。于是，除了留下一些兵卒采购食物及其他物品之外，其余众人都昂然越村而过，这样的行动引起了当地人的好奇心。

黑水之畔，水波连天，丰盈的高山雪水为黑水提供了取之不竭的水利资源，而大漠平坦辽阔的芳草地则给黑水提供了肆意驰骋的战场，这使得黑水的行为简直变得无法无天，随意地漫溢于河谷平川之间。老子似乎被眼前的蓬勃景象所震撼，远处群山高耸、连绵不绝，山顶上的皑皑白雪也清晰可见；脚下是水流湍急的著名大河，此刻正上下翻腾、暴躁如雷地向西方急转直下，发出了撼天动地的咆哮声。

老子回首向众人道：

既临黑水，三危想必不远了？诸位可知这黑水的典故吗？

那儒生跨前一步，躬身为礼曰：据晚学所知，黑水最早出于《尚书·禹贡篇》，是大禹治理九河中的一条。

老子曰：汝能试诵乎？

儒生曰：晚学能背诵。

黑水西河惟雍州，弱水既西，泾属渭、汭，漆、沮既从，沣水攸同；荆、岐既旅，终南惇物，至于鸟鼠；原隰底绩，至于猪林；三危既宅，三苗丕叙。

老子颔首赞许道：

汝天资聪颖、博学强记，实人中之龙凤耳！只可惜子之骄气及名利之心太盛，否则天下当任汝纵横矣！

老子用手指着河水，对儒生道：

天下之至柔，驰骋天下之至坚。

儒生大汗淋漓，小心道：

此莫非黑水乎？

老子感慨道：

人人都道水是至弱至柔之物，但尔等试看，这水波滔滔、汹涌而下、所向披靡，天下哪里有什么东西能够阻挡它？水是按照自己的本性、随着自己的习惯、沿着自然的渠道来行进的，所以，它是不可阻挡的。河流是由最柔弱的水构成，但它穿山越谷、飞流直下，天下最牢靠坚固之物莫过于高山峻岭了，但又何堪河水之冲击？

关尹问道：

水何以有如此之伟力？

老子沉思片刻，答曰：

无有入无间，吾是以知无为之有益。

水之所以能够具有如此神通，全在于它的柔弱，柔弱使它能够像不存在的东西一样深入到各种物质的空隙之中。老夫对于无为之道的理解和体会，就是根据对道路、对水的观察而得出的。根据水的原理来观察、体验事物，就可以相信无为之道实在是一种对每个人都大有益处的行为方式，诸位！水的道理也是来源于无为之道。所以，

不言之教，无为之益，天下希及之。

由水的道理，大家可以联想到目前的教育方式，都不过是引导人们学习强大、兴盛、繁荣、进取、奋斗、自强不息等反自然之理，努力去学习那些有形的知识糟粕，忘记了大道之根本在于行不言之教。知识精髓本在无为之中，是难以言传身教的。现在，对于不言之教以及无为的诸多益处，天下很少有人谈到了，这些道理已经快要湮灭了。

第四十四讲·名与身孰亲

名与身孰亲？	名誉与身体哪一样与自己更亲近？
身与货孰多？	生命与财货哪一样更众多？
得与亡孰病？	得到与失去哪一样造成的伤害大？
甚爱必大费，	过分的喜爱必然造成极大的耗费，
多藏必厚亡。	大量积蓄必然会大量损失。
知足不辱，	知道满足的人不会遭受耻辱，
知止不殆，	知道适可而止就不会遭受困厄，
可以长久。	这样就可以长久存在。

关尹问道：

然则，天下何以对不言之教和无为之益，都希及之呢？天下人难道都不能明了不言和无为的作用吗？

老子颔首道：

即使知道而不能做到，亦是枉然。子不闻中原之名流学者留有格言云："天下熙熙，皆为利来；天下攘攘，皆为利往。"在一些伪学之蓄意蛊惑下，侯王纷争于土地人民，士大夫追逐于权力声名，读书人跻身于名利之场，庶人奔走于货财珠宝。殊不知：

名与身孰亲？身与货孰多？得与亡孰病？

老夫所以时时刻刻都会提到世间的得失问题，并非老夫一定要仇视某些流行时尚，而是因为现在讲授的主题是德，所以，围绕在德范畴之内的问题，都不可避免地要随时涉及。对于名，老夫在前面亦曾屡屡提及，大家现在当然都不陌生，也不得不承认它是一个非常重要的东西，尤其对于人类来说，没有它就几乎不能算是人。

但诸位一定要注意！从物质的角度着眼，则所有的名都是依附于物而存在的附加物，没有物则没有名之存在。比如石头的名当然是依附石头的体而存在，石头的体固然可以没有名而存在，但如果没有石头这个体则石头这个名就根本无从产生。

对于人类来说，天地之间所有的名都是依附于人而存在的附加物，如果没有人类的理解运用，则万物依然存在，对于它们的存在来说，有名和无名并没有什么区别。对人类自身来说，由于名的普遍运用，每个人的名便成为本人的专利，一个人的名字不但成为他生命的代号，也同时成为他的商标和品牌。现在，人几乎与经过名人鉴定吹捧而增值的珠宝及商品一样，名字越响亮，意味着他的社会价值越高，于是，他的社会地位也往往能够凌驾于群体之上。所以，在当今时代，名、名气、名声、名誉这些东西大有席卷一切之势。

但是，有名气的人固然生存，没有名气的人也一样存在，在全体人类都没有名字的时候，全体人类也都照样存在。可见，名之与人不过是起到了一个标记的作用，它实际上对人本身并没有起到任何具体的作用，人不能因名而使自己增值，也无须因无名而使自身遭到贬值，这应该是对事物本质的真实理解。而且，名也是一个有固定范围的东西，它不可能没有止境地蔓延和伸展，所以，对它也争取要限制在一个合适的范围之内。什么是这个范围的界限呢？只要用身体与名一比较，就会一目了然。

名与身孰亲？这绝对是一个不难回答的问题，没有了身体则所有名声、名气、名誉都失去了依托而毫无价值，所以名应该及身而止，这是连三岁顽童都能明白的事情。但道理上能够明了的事情，做起来却不那么容易，诸位想一想，自古及今，在名利场上身败名裂的各色人等简直犹如恒河沙数而不可胜记，他们都是为名而丧身。

由名到利，这是人类道德行为愈趋愈下的鲜明标志。如果贸然问一个人"身与货孰多"？可能是一个很简单甚至很幼稚的问题。谁都知道，每个人的身体都只有一个，而天下可以作为财货的东西却触目皆是，多和少的比例是显而易见的。但人们虽然内心里明知这个道理，却几乎是身不由己地参与到财货的激烈竞争中而留恋忘返。事实表明，欲壑难填的人们为了达到财货大量堆积的目的，是不惜赴汤蹈火的。

这样，就势必牵扯到了得失问题，得到和失去是一个随时相互转化的问题。有得才会有失，无得便不会有失；大得大失，小得小失，不得不失。"得与亡孰病"？这是一个多么简单的问题啊！却硬是把整个世人都打得人仰马翻。人们在这个问题上，居然出人意表地达成了共识，都一致认为"得"是健康而"亡"是有病。人们仿佛都忘记了"得"的惨淡过程，忘记了较斗场上的腥风血雨，忘记了每一个失败者固然死无葬身之地，而每一个成功者亦何尝不是伤痕累累？可以毫不夸张地说，在人生的漫长经历中，"得"的过程是一个九死一生的过程，绝大多数参与者都倒毙于此。

纵使一些幸运儿们侥幸得志，但他们处心积虑所积累下的庞大财货和家私，对个人有多少益处呢？不要说个人会因此而骄奢淫逸，最终毁灭掉自己；而为了守住这些家私，更不知要花费多少心思、动用多少心血，到头来还不是一场空。而且：

甚爱必大费，多藏必厚亡。

过于爱惜一样东西，必然会因此而费尽心力，最后心力交瘁，往往是人为物而殉身。但多积蓄的人无论怎样精心保护这些财货，也避免不了遭到重大的损失。诸位！我在这里说的都是一些很普通的事实，也是当前正在流行的疾病，几乎已经传染给了每一个人。大家喜气洋洋地去追逐那些新奇和甚爱的东西，而不知大祸之临头。

老者道：

然则何以能够免此大祸？

老子斩钉截铁地答曰：

知足！

知足不辱，知止不殆，可以长久。

知足是万物得以稳定、和谐和安宁的根本原因，人们都知道，宇宙间的物种是如此之多种多样，如果每一个物种都采取了人类这种不知足的态度，则天地之间如何能够维持一个基本安定的环境？知足是获得身心安宁的最佳方式。此外，我要告诉大家的就是知止，知止是知道行动的局限和行为所能达到的局限之后所能采取的最佳方式，只有知道了适可而止的人，才能不使自己处于危险的境地而不自知。所以，知足者不会受到侮辱，知止者不会处于危险，他们都能够长久地存在下去。

儒生屏气问曰：

夫子言知足不辱，古人言知足者常乐；夫子言知止不殆，古人言适可而止，其道一也。然知足似非满足，知止似亦非不动；人不足而曰足，果足乎？人懒惰不动而曰止，果止乎？晚学闻古籍有载：

《诗》云：何草不黄，何日不行。何人不济，经营四方。

《书》云：其克诘尔戎兵，以陟禹之迹；方行天下，至于海表，罔有不服。

《易》云：弗忘得尚于中行。

是可知古人之行止固有其则，非不足以为足，不行以为止也。不知夫子对此有何说辞以释晚学之惑？

老子笑道：

子读书多且能有思，甚佳！然对古人所言，不可拘泥，拘泥乃食古不化，非但无益，且有害矣。

我亦曾闻《诗》有云：

不敢暴虎，不敢冯河。人知其一，莫知其他。战战兢兢，如临深渊，如履薄冰。

我亦曾闻《书》有云：

无偏无陂，遵王之义；无有作好，遵王之道；无有作恶，遵王之路；无偏无党，王道荡荡；无党无偏，王道平平；无反无侧，王道正直。

我亦曾闻《易》有云：

履道坦坦，幽人贞吉。又云：无平不陂，无往不复。

可见，古人所传之书，其道甚多，其理甚杂。干戈既起，正道已隐，圣贤时时隐身于草莽之中，与龙蛇为伍，其言谈大多湮没已久，致使大道往往隐蔽于王道之中，与歧路同存，其真义颇难知。我等既生乎于今，自当有新发明。不知诸位以为然否？

众人诺诺。

第四十五讲·清静为天下正

大成若缺，	最完满的东西好像有缺欠，
其用不弊（敝）；	它的作用却不会破败。
大盈若冲，	最丰盈的东西好像很空虚，
其用不穷。	它的用途却没有穷尽。
大直若屈，	最挺直的东西好像是弯曲，
大巧若拙，	最机巧的东西好像是拙劣，
大辩若讷。	最雄辩的口才好像是木讷。
躁胜寒，	炉火可以战胜严寒，
静胜热，	清水可以战胜暑热，
清静为天下正。	清虚冷静可以做天下的表率。

眼望着汹涌澎湃的黑水，老子沉吟有顷，徐徐而言曰：

《诗》、《书》、《易》、《礼》以及古人留下的一些散乱典籍，只要是著于竹帛或镂于金石者，大抵皆古代圣贤的忧世伤时之作，其中道理甚真，老夫曾于洛邑遍读之矣。老夫之道，亦多得之于先圣先贤之遗言，不过因世道变迁而多有发明罢了。老夫读书乃为明理，所以不能止于先圣之言而断思绝虑，不能停于先贤之路而踟蹰不前，实乃因先圣之骨已枯之久矣，其言真伪难辨，先贤之路亦淤塞难通耳！非好名耳！

关尹问道：

然则，夫子于先圣之言发明新意，于先贤之路中夺门而出，岂非与夫子之知足、知止高论相悖乎？

老子坦然曰：

知足者非满足也，知止者非僵卧也。知足，是为了避免无谓地自我伤害；知止，是为了防止无谓地进行争夺。诸位！请记住老夫的忠告，知足和知止是个人获得大成就的最佳方式，而不是引导人们沉迷堕落。老夫万里之途奔昆仑寻道，岂是自甘堕落之徒！

> 大成若缺，其用不弊；大盈若冲，其用不穷。大直若屈，大巧若
> 拙，大辩若讷。

诸位，观乎自古以来的所有获得令人长久缅怀之成就和业绩者，都不会竭尽全力地使自己的事业达到如日中天的地步，他们都情愿使这些事业留下一些缺欠和不足。由于这些缺欠和不足是如此之明显，所以，可以认为，这不是由于他们的知识或能力不足，而是因为他们确实把持了道的规律和准则，意识到了任何成就如果已经发展到了一定程度，再向上发展就相当危险，对个人事业和集体事业都是如此。这是什么道理呢？这当然不是因为事业已经完全没有进一步发展的余地，而是事物发展到一定程度就会发生性质的变化，与其使事物在高潮中走向反面，就毋宁使事物保持在一个中和状态。在日常生活中，人们如果看到了一朵正在盛开的鲜花，会为它的美丽和鲜艳感到精神振奋；但第二天再看到它的时候，它已经开始凋零了，自然会为它的迅速枯萎感到心灵悲哀。这便是事物的转化规律，天地万物没有任何一个物种能够逃脱这种规律。人类的发展事业也是如此，从辉煌再前进一步就必然会出现暗淡，接下来就是衰败。草木无知而不知自抑，圣人对其中道理却颇能心领神会，所以在自己的事业中留下一些缺欠，这样，他的事业也就不会断绝。

关于满盈的道理，前面已经谈过，此处略加补充，满盈是对容量器物的形容，大家看一只泥盆、一个水桶及一个口袋，它们都有比较固定的容量，超过了这个容量就会外溢甚至倾覆。所以，满盈是事物发展的极致，它已经达到了不能再吸收和接纳的程度；不仅如此，当事物处于满盈之际，就已经处于一种对自身之外的各种事物的排斥状态，这样，它的内部由于过分充盈就只能溢而不能纳，一有风吹草动，则距离倾覆就只是时间的问题了。但是，事物如果使自己处于一种盈而不满的状态，保持一种正常的吞吐能力，便会使自己处于一种没有穷尽的存在中。

现在，可以来理解一下什么是"大直若屈"了。事实上，自然界的所有存在事物，都不能处于大直状态，诸位看这黑水一路浩浩荡荡地流到了

这里，突然遇到了高原的阻挡，它如果不能委屈一下自己，就只有与高原发生火拼，结果自然不是高山让路，而是河水改道，否则，河水便只是一个个大小不同的小水洼而不是河了。大直是一个不利的存在状态，并不值得称道，但在条件符合的情形下还是可以勉强存在；但处境如果已经发生了重要变化，却还不能及时地进行调整或一时表现出弯曲的样子，就距离断裂为期不远了。所以，真正拥有大直品格的智慧者，在平日里都是一副委委屈屈的样子。

大巧亦如此，请诸位注意！大直，以及大巧这些东西，在老夫眼里都不是什么好东西，但它们却是大多数世人眼里的好东西，此即所谓曲高和寡者也。大巧有几个方面的内容，物质中固然有大巧，精神的领域中也颇有大巧。物质中的大巧体现在器具中，精神的大巧则体现在知识和思想中；器具的大巧极易泛滥在奇技淫巧中，知识的大巧则极易表现在标新立异中。奇技淫巧和标新立异都是事物的发展极致，前者引起了社会的争夺以及战争最终必然要葬送自己，后者引起了思想混乱及信仰危机最终亦必然要葬送自己。但是，大巧如果能够以一种笨拙的姿态出现，就会使自己处于比较安全的地位，获得相对长久的存在。例如，一匹烈马，如果情愿自处于劣马之中，则可以苟存于田亩道路之中以享天年，但如果不幸被伯乐们发现，拔擢于狩猎与战阵之中，则这匹马的寿命就屈指可数了。其他事物的道理也都一样。所以，古代真正拥有大巧的智慧者，都故意表现出一种很笨拙的样子。

大辩，按照现在的话说，亦有两层意思。一个是指语言，即机敏灵活、闪烁不定的漂亮言辞；另外则是指人，指人类群体中的大辩论家。不可否认，大辩是一种才能，是一种天赋，甚至勉强算是一种智慧，但如果站在维护生命的立场上，则这种才能、天赋和智慧都是不足称道的。诸位如果问我为什么？老夫无法说出许多理由。但大家只要想一想，自古及今，有多少能言善辩、雄辩滔滔者能够安然无恙地苟活于世？就可以相信老夫所说的"不言之教"是何等可贵！大家亦可以联想一下，古代真正有智慧的大辩者，不是平时都故意表现出很木讷的样子吗？夏朝的名相傅说，在他身为奴仆的时候，不过善于调羹而已，哪里敢谈什么治国之道，但一有了晋身机会，就成为滔滔大辩者；商朝的名相伊尹，不过是一个普通的贫民，在作为贫民的时候，哪里敢谈什么治国方略，但一有了机会，就成为雄辩家；西周的开国名相姜子牙，亦是一个普通隐遁者，平日不过以钓鱼度日，几乎不言不语，但一有了机会，便语言滔滔了。所以，真正拥有大辩才能的智慧者，在未得志时，也就是条件不具备时，为了避免葬送自己，都故意表现出一副木木讷讷的样子来。

　　因为所有的事物都无不具有相互转化的性质，所以，有智慧的人就比较善于利用这种转化之中的契机达成自己的目的。老夫并不完全赞成一些心计方面的才智而主张一种自然而然的转化。

　　躁胜寒，静胜热，清静为天下正。

　　躁就是急躁、暴躁，急躁和暴躁都是一种心理积郁所引发的轻狂举动，当然不是什么优点，但它却可以战胜严寒；静就是安静、肃静，安静和肃静是一种心理平和下的稳定状态，这种状态可以战胜暑热。就是说，急躁是毛病但可以战胜严寒，安静是优点而能够消除炎热。所以说，清虚宁静的心理和行为可以作为天下的表率。

第四十六讲·咎莫大于欲得

天下有道，	天下有了正确的路线，
却走马以粪；	把战马用来耕田送粪；
天下无道，	天下没有正确的路线，
戎马生于郊。	战马出现在城市郊外。
罪莫大于可欲，	最大的罪恶是欲望的膨胀，
祸莫大于不知足，	最大的祸患是不知道满足，
咎莫大于欲得。	最大的过错是贪得无厌。
故知足之足，	因此知道满足是足的人，
常足矣。	就会永远获得满足。

午后，众人齐集在黑水河畔的一块草原上，听老子接着讲道。

自从一场暴雨过后，连日来天气和气温一直很好。此刻，大家幕天席地坐在这一望无际的芳草地上，头顶上天空湛蓝碧透、白云悠悠；视野之内，到处是芳草幽幽、流水潺潺。不远处，有牛羊在徘徊，骏马在逍遥；风吹草动之际，不时有野兔跳跃其间。

老子目睹此情此景，内心里不禁感慨万千，他犹如诗人一般，颇带感情地吟诵道：

　　　天下有道，却走马以粪；天下无道，戎马生于郊。

老子的思路瞬息万变、令人难以捕捉，这几句话更是语出惊人，众人均不能解。

老子看着众人一副木然的样子，不禁莞尔曰：

诸位欲了解万物之本原，欲理解大道之所在，既不能死读书，读书须有慧心；亦不能不读书，不读书则形如槁木、了无生气。老夫有时鼓励人如槁木，也是主张人应该去掉一些灵气，但那是为了求取另外一种博大的境界，这种境界之获得是通过不断学习知识和开凿智慧之后的自我收敛。一个人脑子里、肚子里根本还没有掌握什么东西，尤其是对极普通的和正常道理并没有经过一番理解和消化，就来进行消除智慧的工作，便是庸人自扰了。

刚刚说的这几句话，是对天下大事的有感而发——这种事本来已与老夫全无关系，而天下大事应该是在座诸位感兴趣的问题。但诸位置身于这样良好的生存环境之中，却没有产生出一种与老夫同样的感觉，未免使我感到诧异。也许诸位常年生活在这样一种环境之中，而老夫则生活于另外一种环境之中，所以，不能产生共同的感觉。

这里所说的天下有道的道，不仅是指物质的道路，亦指国家发展之路、社会和谐之道，民生富足之道以及历史变化之道。大家都知道，在天下运行于一条轨迹清晰的道路上，所有的马匹都是用来运输粪土从事耕作的，但当天下没有了清晰的行进路线时，战马便会大量出现在城市的郊外。这个道理，想必大家应当能够予以相当理解。

关尹道：

关于马匹的运用，在下确实比较明白。走马诚然是脚力矫健有力的好马，但在国家太平无事的时候，也只能被用来做耕田驮粪的劳力；戎马应该是通体披挂了盔甲的战马而没有优劣之分，这些马匹或许前一日尚在田间劳作，但战事突发，它们便只能勉为其难地升格为战马而驰骋于战阵之中。可以想见，在一个世道混乱、战事频繁的动荡时期，战马经常集结在城市的郊外是一点也不奇怪的，在下管辖的大散关就经常有"戎马生于郊"的事情发生。但是，在下始终也不能明白，这些因互相争夺利益而纷起的战事，其实最终是谁也捞不到便宜的，那些身处高位的人为什么会如此热衷？夫子认为导致这乱世的出现，究竟是什么原因？是否有罪魁祸首？

老子道：

原因当然是有的，罪魁祸首也一定是有的，但并不是某些君王，不是某些个人，甚至也不是某些团体，而是一种虚伪的社会思潮之肆意泛滥而扭曲了人们的价值观，致使许多人都热衷此道。老夫想，列国中间也许很

快就会出现一个举国热衷于战争的疯狂民族，他们或许会为了赢得战争胜利而组织出一个军人领导的军事帝国来。所以，

　　罪莫大于可欲，祸莫大于不知足，咎莫大于欲得。故知足之足，常足矣。

　　什么是可欲？这里所说的可欲就是所有引起人们欲望的东西，从物质方面说——珠宝、玉器、黄金、利刃、铜器、豪宅、良田、美食、美服、文马、驷车等等，都是足以引起人们欲望的东西；从精神方面说——美女、娇童、权力、地位、职务、荣誉、名声等等，更使得人们的欲望如干柴烈火一般熊熊燃烧，正所谓生命不息，欲望不止。老夫在前面曾经说过，针对人类心理和生理的特殊性，正常的欲望是可以存在的，在有所限定的情形下，它们也还能多少产生出一些正面作用。但可欲这种心理如果不加限制地任其膨胀扩大，就会变成不知收敛的贪婪行为，就会使事物的本质走向反面，这就是前面所说的性质之转化。这时，可欲就成为最大的恶行。

　　不知足如果仅仅局限于心理深处而不付诸行动，虽然会导致一些痛苦的错觉，却不会惹出什么祸患；但如果把一种不知足的心理转化为一种有所作为的行动，就会因此而产生出诸多麻烦，世间的许多大祸患都产生于不知足，不知足是人生的最大祸患。

　　咎表示过失及过错，可以引申为罪过，这里所说的"咎莫大于欲得"中的欲得，就是渴望得到，也就是希望贪欲获得满足。人生最大的过失、过错是什么？一般情形下，很难说清楚。但许多过错都可以追踪溯源于贪得无厌，则是没有什么问题的。

　　所以，如果人们想要过一种安定、安全、安心、安稳和没有祸咎的生活，知足是必须具备的心理素质，它能够诱发出节制的行为方式。因此，知道知足的人，能够经常保持充足。

　　关尹道：

　　夫子讲大道讲到了知足，虽然仅仅两个字，其实蕴涵了整个人世间的大道理。不知足者欲望无止境、贪婪成性、贪得无厌，即使一时能够欲望

得逞，非但未必是福，适速其灭亡。万物知足，则万物可以自生自灭；人知足，则人可以无灾无恙而终老。知足可以成大，知足亦可以为小；知足者可以有，知足者亦可以无；知足者可大可小，可有可无，知足者实在可以说是大智慧者。喜闻之欣然，于知足之大道再无可疑。

然则，喜亦尝闻古人有言，生也有涯，而学也无涯。且夫子之满腹经纶、真知灼见，亦无非来自于学。学之多者，则其知多也；其知多者，则其识必真也；其识真者，则其行也必远。是以夫子独能洞察秋毫、高瞻远瞩。喜之所见，不知确否？敬请夫子指教。

第四十七讲·不窥牖见天道

不出户,	脚步不迈出大门,
知天下;	就能够知晓天下大事;
不窥牖,	眼睛不观望窗外,
见天道。	就能够看见天道运行。
其出弥远,	走出得越远,
其知弥少。	知道得越少。
是以圣人不行而知,	所以圣人不必行动就能获得真知,
不见而名,	不必亲眼看到就能制定事物名称,
无为而成。	无所作为而获得成功。

老子默然，一时无语。

天空中又有大群南来北往的大雁，嘶鸣着横空掠过，雁行如阵，犹如北伐的将士。

老子瞩望长天，忽然发出一阵笑声。笑声过后，老子的面上呈现出一片迷茫的神色，他音调平缓地说道：

关尹！尔对知足与不知足的区分之精确已经在老夫的认识之上了。但尔之弱点亦在此矣。正因为生也有涯而学也无涯，所以，怎能把有涯之生而投诸于无涯之学问？学而有涯而知也无涯，所以，怎能从死学问中而求得真知？知也有涯而识也无涯，所以，怎能舍真知而求远识？吾告之尔等，善学不在时间之长短，真知不在读书之多寡，远识亦往往不在行路之远近。真知就在你自己的肚子里。

不出户，知天下；不窥牖，见天道。其出弥远，其知弥少。

诸位！不要以为老夫在信口雌黄。天下的知识看起来千头万绪，天下的道理看起来五花八门，但大道却只有一个。任何物种——天地也好、人类也好、万物也好——只要是真正把握了大道的原理，就已经把持了所有事物的运行规则和规律，就已经窥探到了万物的根源。然则，为什么还一定要耳闻目睹呢？须知，耳朵听到的根本就没有什么靠得住的知识，眼睛看到的也根本就没有什么值得信赖的事物本质，但如果把握了事物的变化规律，即使耳不听眼不见，也会准确地寻找或发现到真知和真理。所以，古往今来的大智慧者，都是足不出户而遍知天下事；真正的聪明者，甚至连脑袋都不要从窗户探出去，就能发现天道的规则，这是有信史可以证实的。

因此，关尹说老夫能够洞察秋毫、高瞻远瞩，老夫听了虽然感到受用，却万万不能接受。在这里，我告诉诸位一个本来就存在着的事实，即，行路者越走得远，他的真知就越少；相反，他只需端坐在一个固定的地方——华屋里、陋室里、茅屋里、城市中、山野中，哪怕是一块石头上，也会坐看大千世界的荣辱变异，万物兴衰变迁、天地风云变幻、宇宙沧海桑田都尽收眼底。

所以，老夫还要郑重告诫诸位：

是以圣人不行而知，不见而名，无为而成。

远古圣人不用行动就能够知"道"，不用看见万物就能够叫出它们的名字，他们都是奉行了无为而获得了巨大的成功。老夫还不是圣人，甚至也不是大智慧者，因此，还要远行，还要寻找，还要逃避，还要阅读，还要观察，甚至还要说些无趣无聊的话。

所以，诸位要学习大道，从老夫这里可能不会有重要收获。但如果老夫能够多少给大家提供一个步入大道的路径，也许于诸位不无裨益。此外，老夫希望诸位在寻找大道的时候，宁可一时失路，也不可走错了路。失盗可以亡羊补牢，失路尚可以迷途知返，陷于绝路亦可以回头是岸，但走错了路却会造成一失足成千古恨的终生遗憾。

第四十八讲·为道日损

为学日益，	不断学习就会日益增加知识，
为道日损；	探讨道理就会日益减少知识；
损之又损，	减少了再减少，
以至于无为，	一直减到了无所作为，
无为而无不为。	虽然无所作为却没有事情不能为。
取天下常以无事，	治理天下要减少事端，
及其有事，	到了有事端出现，
不足以取天下。	就没有资格来治理天下了。

老子扫视了众人一眼，说道：

学习这种活动是一件非常特殊的事情，如果老夫贸然问，诸位为什么要学习？我想，各位的回答决不会一致，这就使学习的性质发生了歧义，可见学习对不同的人作用亦不同。

老夫在此想起了多年读过的一些简册，里面中的一段论学的记载，写得非常有趣，它说：

> 故君子之于学也，藏焉、修焉、息焉、游焉。夫然，故安其学而亲其师，乐其友而信其道；是以虽离师辅而不反也。（《礼记》）

古代君子学习时，真是态度严肃认真，躲藏到无人打扰的地方，潜心地敬修，无声无息地钻研，在真知的海洋里浮游。看一下人们现在的学习就不免觉得啼笑皆非。为什么学习？诸位的回答虽然不会一致，却又显然脱离不了一个中心目的，即满足个人的某些方面的欲望以及由欲望所刺激出来的功利追求，这样，学习便带有了浓厚的功利色彩。对于所有那些并不执意要探求大道和真理的人，不妨把欲望和功利作为他的人生目的，他在学习过程中也可以直截了当地申明出自己的真实目的，这没有什么可耻，也算不得不光彩。但现在比较流行的做法是采取了一些极端虚伪的手段和宣传口号来进行自我标榜，诸如：救民于水火之中，民为天下主，学而优则仕，为民做主，为人民服务等等。但直到现在，能够看到几个学习者态度认真地实践了他们的诺言？他们不过是以一些似是而非的口号来掩饰自己的真实目的。

为学日益，为道日损；损之又损，以至于无为，无为而无不为。

这是老夫对当前流行的学术的看法。为学当然是为了获得收益，但并不仅是局限于知识的收益，如果是这样，即使没有学到多少真正的知识，老夫也还不致反对为学；关键是为学者以为学为手段，不但在知识上进行收益，而且在传播知识的基础上对各种物质利益无不进行收益，这样，"为学日益"就成了一种合理合法、合情合理的赢利事业，甚至可以说是一种冠冕堂皇的投机倒把事业，如果说从这种类似投资的事业能够获得真知，老夫是断然难以相信的。所以，为学日益，在这里可以理解为知识的一天天增加，也可以增加一项内容，就是利益也是一天天的增加。"学而优则仕"就是公然地要求权力和地位，"书中自有黄金屋，书中自有颜如玉"则是明目张胆地要求财富和女色。说这种知识是什么真理，岂不是在撒弥天大谎！

为道却不然，它与为学的目的和作用都恰好相反，就世间利益而言，它是一件对个人大有损失的事情，不断地损之又损，才能使自己进步到无为的境界。所以，为道日损，在这里可以理解为从事大道者，他的知识是一天天地减少，也可以增加一项内容，就是他在利益方面的欲求也同样地一天天地减少。这样，经过连贯而不间断地减少——损之又损，一直损到了无可再损的地步之后，便达到了无为的境界。请注意！无为并不是什么事情都不做的懒汉事业，而是使自己在心理上到达了一个清心寡欲的状态，它主要是精神状态而不是行动方面的标准。一个人在精神到达了无为境界后，他处理的所有问题，都开始出现性质上的重要变化，单纯的无为变成了无不可为，就是说，虽然无为，但天下的有为事情却没有不是出于它的创作。

众人闻言，皆大喜之。

老者忐忑不安地说：

无为的境界似乎可以横行天下而无阻，这就难怪有见识的圣人和智者都格外欣赏这种东西。

老子不以老者之言为忤，反而赞许地颔首道：

老丈所言甚是，无为如果只是一件让人感到痛苦的事情，便毫无人生价值了。无为只有使人达到一种发乎本性的自然状态，才会使之发生作用。这种状态绝不是一种僵死，也不是一种停止，不是一种坐化，不是一种致密，更不是一种痴傻，而是一种不但仍然可以拥有一切而且可以享受到免除了忧虑之后的身体轻松和精神清明的境界。所以，

取天下常以无事，及其有事，不足以取天下。

取在这里获取或夺取，指的是治理或管理。治理天下的领导者们要经常保持一种不惹是生非的状态，也就是不多事，不惹事，不勉强做事，不勉为其难；等到有许多事情出现了，就不配来治理天下了。这样的事情，在历史上是屡见不鲜的，没有事情的时候硬是找事，等到棘手的事情出现了，那些生事者却根本就失去了治理的机会了。

第四十九讲 · 圣人皆孩之

圣人无常心，	圣人没有自己的偏执心理，
以百姓心为心。	以百姓的心理要求作为自己的存心。
善者吾善之，	百姓认为是善的我也认为是善的，
不善者吾亦善之，	百姓认为不善的我也认为是善的，
德（得）善；	就得到了善；
信者吾信之，	百姓相信的我相信，
不信者吾亦信之，	百姓不相信的我也相信，
德（得）信。	就得到了信誉。
圣人在天下，	圣人置身于天下，
歙歙焉为天下浑其心。	怀抱祥和心理来混同天下人的心理。
百姓皆注其耳目。	百姓都专注于耳聪目明，
圣人皆孩之！	圣人却把他们当做无知的婴儿。

时间在不知不觉间悄悄流动着，犹如流水一般。自午后开始，老子的草地讲座已经进行了几个小时。天色又近黄昏，大草原和芳草地都被笼罩在浓浓的暮色苍茫之中。

这时，那老者抬头望了望天色，又看了看关尹，然后，面向老子深深地行了一礼，试探地问道：

天色已晚，但老朽还有一个问题，不知夫子能否作答？

老子闻言，大笑道：

老夫何德何能？敢劳老丈如此多礼。老夫在此所发表的一些临时演说，能蒙老丈这样的贤哲下驾动听，已颇觉汗颜。老丈有何问题？不妨说出，至于能否使老丈满意，则不能保证。

老者说道：

夫子讲座多日，时时处处都提到了圣人。对于圣人，老朽虽未见其人，却早已耳闻其事，塞外化外之地文献难觅，惜乎不知其详。闻夫子之言，则多有启发。老朽自夫子言谈之中，似觉夫子对圣人颇有微词；然在许多地方，又对圣人褒扬有加。然则，圣人其不同乎？抑夫子之看法有别乎？尚望夫子有以教之，以启老朽之茅塞。

老子肃然道：

老丈所言极是。老夫始终把圣人分为两种，其一为古代圣人，这是我所推崇备至的智慧者，他们遵循远古大道而成就斐然；另外则是时下之所谓"时之圣者"，他们虽然也经常被时人称为圣人，老夫却颇有不同看法，所以，言辞之间难免出现些微词。

老者道：

何为古代圣人者？

老子答曰：

> 圣人无常心，以百姓心为心。善者吾善之，不善者吾亦善之，德善；信者吾信之，不信者吾亦信之，德信。

我也不确切地知道那是什么时代了，我只知道真正的圣人并没有自己的固定意见和主张，他们心里的想法和行为上的做法，都以百姓的想法为主导。百姓中的善良者，我自然要善待他们；百姓中不善良的人，我也要善待他们，这是为了得到善行（德善）。诸位注意！这里的德善之"德"，是"得"的意思，是很标准的行动词汇。古代圣人在另外一件事情处理得也比较好，就是对于讲信誉的诚实的百姓，我能够对他们付出一片真诚；而对那些不讲信誉的不诚实者，我也对他们付出真诚，这是为了得到信誉，德在此仍然表示"得"的意思。

老者信服地颔首道：

善与信，对于一个国家和一个民族来说，确实至关重要，不可须臾而离。由此可见，盛名之下无虚士，圣人果然不愧是圣人。然则，圣人讲求善信固然是很难得的行为，但善和信并不是非常难做到的事情，对于一般人来说，做到善信似乎并不困难，然则何以圣人却因此而成圣人，而平民的信善却不能受到表彰？此为老朽所不解。

老子笑道：

先生的问题提得越来越好，也越来越令老夫难以作答，语言词汇有限且词不达意，还是得打个比方才比较容易说明。大家注意！如果有一只老虎在某天，忽然心血来潮，宣布自己开始行善事，从此改食青草树叶而绝不捕杀弱小动物，其他动物们都一定会认为老虎的这个决定是很难得的善行；一只山羊如果也宣布自己开始行善事，从此不做坏事，但山羊的这个决定却决不会引起其他动物们多大反响。此何以然？物种不同也。老虎不行善事，能称霸而不能称王，行善事则能称霸亦能称王，何乐而不为呢？山羊不行善事，食草也；行善事，亦食草也；草木无知，被食之不知其苦，不食之亦不觉其乐，山羊之善则无从得回报也。圣人行善受到表彰，因其能为不善也；百姓行善不能受到表彰，因其不得不善也。其中之差别昭昭可见。

关尹讷讷而言曰：

夫子的这个比方实在精妙绝伦，由此可知，欲做圣人必须先使自己成为强人超人，甚至也可以先成为坏人恶人，然后弃恶而扬善，则风行景从，天下人皆戴其德，因其弃恶从善矣。至于天下之芸芸众生，虽天生有善之禀赋，却不得为善也，因其不得不善也。

老子笑道：

喜！汝之言，实已甚得道心。天地能风能雨而节制之、能塌能陷而不发动之，故万物诵其德；圣人能恶而弃恶行善、能强而弃强守弱、能大有作为而弃有为而就无为，则百姓诵其德。而山羊以及百姓之善，其本能耳！汝不见夫泥土瓦石草木之为物，不食不饮不争不夺而利万物，万物独不诵其德，盖此属无知之行也。是以：

圣人在天下歙歙焉，为天下浑其心，百姓皆注其耳目。

圣人原本皆强人及智者，老夫在前面已屡次指出。但一般强人及智者皆不得为圣人，此何以故？因强必侵弱也，智必夺愚也。能弃强守弱，则与弱者同心；能弃智守愚，则与弱者等德，故得以成就为天下之圣人也，其功业亦勒金石载青史而名声如日月。

说起远古时代的事情，现代人已经难以置信。圣人存身于天下的时候，为了不使自己显得突出，时时怀着一种警惕以至恐惧的心理，这就是"圣人在天下歙歙"；他为了全天下的利益，而使自己处于一种浑浑噩噩的状态之中，这就是"为天下浑其心"；百姓们都专注着自己的耳朵和眼睛，来效法圣人的行为，这就是"百姓皆注其耳目"。

老者蘧然问曰：

然则圣人皆由明而黯、由聪而聋、由强而弱、由智而愚、由有为而无为，圣人者其何等人哉？

老子高声道：

圣人皆孩之！

众人闻言，大惊失色。

老者惶然问曰：

夫子此论实石破天惊！圣人皆可从老头而变少年儿童？斯诚为美事，然则何人来抚养该童孩乎？

老子曰：

自然由百姓来抚养。

老者：

然则圣人非百姓之子，百姓何以养之？

老子曰：

远古之圣人即天子也。天子者，天之子也，奈何百姓不得为子？奈何百姓不得养之储之？

老子又笑道：

诸位休得惊慌失措！老夫之所谓童孩，决非一般婴儿，也不是指老头子重新变成少年儿童，天下岂有此理哉！老夫所言，圣人仍然不妨是一般普通老人，但心理上却达到了一种类似孩童的状态。童孩无欲望，圣人亦无；童孩无作为，圣人亦无；童孩无名利之心，圣人亦无；童孩不惹是生非，圣人亦无。远古圣人，大抵如是。

关尹道：

　　然则，天子者，天下之主也。以天下之大位使童孩临之，人心何以服？天下何以安？此圣人及天子者，吾恐不得其死耳！

　　老子怫然曰：

　　此何言哉？君不见，天下之人强者少而弱者众，故众弱和合而拥一强以抑众强。强者不得其大位时已强，如得大位之后仍以强凌弱，则弱者将何以堪？弱者之与强者，虽表面不得不屈从之，然其厌恶强者之心，众弱皆有之。强者为天下，如不知收敛，则不得其死矣，此即老夫所言之"强梁者不得其死"者。是以，强者虽得天下而不得为圣人，以此故。圣人为强者，宁弃强而守弱，其得以为圣人，以此故。

　　诸位！老夫再次向尔等申明，所谓"圣人皆孩之"，非指身体变化，专指一种心理和精神状态，是一种心理上的返璞归真，是一种从精神向自然的复归。虽然其中有大道存焉，但其中决没有身体方面的实质性变化，它不可能导致体貌上的返老还童。

　　诸位也许还不能明白真正的强大是什么？所以认为以童孩心理来治理天下是荒唐的想法。可以告诉大家，正是这种童孩心理以及行为，表面上看是弱不禁风，其实却无往不胜。

　　众人的脸上，仍是一片茫然。

第五十讲 · 出生入死

出生入死，	从出生到死亡的过程中，
生之徒十有三，	生存的机会占有了十分之三，
死之徒十有三；	死亡的机会占有了十分之三；
人之生，	人的生存，
动之死地，	因行动而置于死地，
亦十有三。	也占有了十分之三。
夫何故？	这是什么缘故呢？
以其生生之厚。	因为他们求生的愿望太强烈了。
盖闻善摄生者，	我听说善于摄取生命资源的人，
陆行不遇兕虎，	陆地行走不会遇到兕牛和老虎，
入军不被甲兵。	进入战场不会遭遇士兵和兵器。
兕无所投其角，	兕牛没有办法伸出它的触角，
虎无所措其爪，	猛虎没有办法张开它的爪牙，
兵无所容其刃，	兵器没有地方容纳它的刀刃，
夫何故？	这是什么缘故？
以其无死地。	因为他们没有使自己置身于死地。

望着众人的一脸惘然，老子长长地叹了一口气。

这时，天色已经相当黯淡了，霞光流彩变幻为暮色苍茫，落日下，悠然徘徊在草地上的牛羊都已纷纷归圈。这时，草原深远处响起了凄凄楚楚、悠悠扬扬的牧笛声，回荡在苍茫夜色之中，就令游子们顿时愁肠百结。忽然，一阵苍凉的歌声响起：

敕勒川，
阴山下。

天似穹庐，
笼盖四野。
天苍苍，
野茫茫。
风吹草低见牛羊。

歌声嘹亮，声震苍穹，众人一时都沉浸在心驰神荡的无限遐想之中，浑不觉此刻置身于何方。

良久，关尹面对老子笑道：

西北大漠实乃蛮荒之地，民风粗犷，好意气用事，素习武而不知文事，不似中原人之彬彬有礼也。

老子颔首道：

老夫关注大漠之事久矣，本以为此风久已湮灭不传，不意今日复见之，果然是斯土而生斯人也。

关尹道：

大漠之中，诚如夫子所言"天地不仁，以万物为刍狗"，大自然亦暴躁而率直，人之习性亦几近之。

老子缓缓而言曰：

出生入死。生之徒十有三，死之徒十有三。人之生，动之死地，十有三。

绝大多数的人只要离开了他的生活环境，就难免陷入绝境，这种绝境有时就是死地，这就是出生入死。

徒在这里是指出所谓"出生入死"的途径。大致而言，在整个人类之中，可以获得生存机会的途径，只占其中十分之三；人类中陷于死地途径而死亡者，约占十分之三；而人类中为了获得生存途径而被迫采取行动的人，陷于死地途径也约占十分之三。

老者问曰：

夫子的第一种和第二种途径是否是天然的途径？而后一种途径则是人

为的途径？如果老朽理解的不错，则人类中在天然的生死循环中，共占有了出生入死之中的十分之六。而试图出人头地而采取行动的人则占出生入死之中的三分之一。不知是否如此？

老子道：

是的，老丈的理解没有错。简单地说，所有人类都加在一起，能够获得生存机会而寿终正寝的人，不过三分之一；死于不可抗拒灾害的人，占了三分之一；而为了保全生命却采取各种盲目行动最终自己找死的人，大致占了三分之一。但老夫亦知诸位先生对于这种说法不能赞同，因为先生们是以通常的道理来理解这些话。其实，老夫的这种划分并没有个人成见，不过是对人生的一个大致概括。人生何以如此？

夫何故？以其生生之厚。

之所以会出现这种情形，就是因为人们过分地追求生存的缘故。所谓"生生"是老夫在此使用了一个文字上的重叠法，前之"生"者是求生，后之"生"者是生存，人们日常所说的生生不已就是这个意思。厚是厚生，就是特别重视生命和生存。

老者道：

然则人是否应该"厚生"？

老子道：

厚生岂仅仅是应该，而是必须大力提倡的。现在流行的一句时髦话"重死轻生"正好把事情说反了，人既有生命乃有人生，不重视它却重视哪个？哪一种伟大事业配得上让人们重死轻生？但生命这种东西，还不只是重视不重视的问题，甚至也不是拼命追求就可安然无恙的事情，很多时候，过分的重视和过分的追求，效果上却会适得其反，结果不但得不到求生的目的，反而会使自己陷于绝境及死地。所以，

盖闻善摄生者，陆行不遇兕虎，入军不避甲兵。

众人闻言，均面露欣喜之色。

关尹急问道：

在下久闻中原有神仙之道者，惜乎西北鄙陋，不得神仙光顾，喜每以为憾事。不意夫子已修得此道，何不传授我等一二？

老子摇头道：

非也，非也！汝等以听老夫提到摄生二字，均面现喜色，以为老夫会向汝等提供一剂能够长命百岁的灵丹妙药，此实乃世间别有用心者误导世人之谎言耳。老夫之所言，与现在所流行的那些神仙之道全然无关。所谓"神仙之道"容或有之，但岂老夫所能为？又岂汝等所可为？今老夫试问汝，汝知神仙为何物？神仙之道为何物哉？

关尹喃喃道：

喜闻所谓神仙者，长生不死者也。白日飞升、腾云驾雾；来去无痕迹、上下无踪影；不食不饮、不饥不寒、无病无恙，逍遥于天地之间，是为神仙之术也。喜此说不过风闻而已，不知确否？

老子大笑而言曰：

神仙即使果然如此，则尔如何成之？

关尹道：

愿闻夫子教导。

老子徐徐而言曰：

善摄生者，尚非神仙，不过是善待生命而使之脱离非正常的死亡之途。陆行不遇兕虎，入军不避甲兵，只是普通人可以用来保护自己免遭凶险的一种行为方式，而不是一种身体状态，它或许能使人躲避危险，却不能使人脱离生死。为什么能够躲避危险？因为：

兕无所投其角，虎无所措其爪，兵无所容其刃，以其无死地。

陆行所以遇到兕虎，大多是因为行走的路线不对，而且在行为上显示出了一种与相遇者对立的姿态。一个陆行者如果能以一种童孩的心理和柔弱姿态来面对兕虎及刀兵，就是说，他不使自己置身在一个你死我活的死地上，则蛮横的犀牛不能对他投角抵触，凶恶的猛虎也无法对他张牙舞爪，连残忍的兵器亦无法对他展开其锐利的锋刃。诸位都知道，如果不是特别饥饿的兕虎和特别残忍的刀兵，一般都不会去伤害一个童孩。

众人闻言，都赞叹不已。

当夜，星光明亮，朗月皎洁，可谓风清月白之良宵。众人就在黑水河畔临时搭起了帐篷，一夜无话。

第五十一讲·是谓玄德

道生之，	道路生发了万物，
德畜之，	道德畜养了万物，
物形之，	物理使万物成形，
势成之，	时势使万物形成，
是以万物莫不尊道而贵德。	所以万物没有不尊崇道路而宝贵品德的。
道之尊，	道路的尊崇，
德之贵，	道德的宝贵，
夫莫之命而常自然。	没有接受谁的命令而是自然而然地行事。
故	所以，
道生之，	道路生发了万物，
德畜之。	道德畜养了万物，
长之、育之，	使万物成长、使万物发育，
亭之、熟之，	使万物结果、使万物成熟，
养之、覆之。	养育了万物、保护了万物。
生而不有，	生长了万物而不据为己有，
为而不恃，	帮助了万物而不恃功自大，
长而不宰，	领导了万物而不加以主宰，
是谓玄德。	这就是最深远的德行了。

次日，天色方将破晓。老子已孤身伫立于黑水河畔，面向着东方大地，眺望着仍然笼罩在一片云雾之中的苍茫大地，不禁心潮起伏。去年此时，他正伫立于河南牧野渡口的一座高台上，眺望着遍燃烽火狼烟的中原大地，方始痛下了出走西北的决心。一年前，他从河南洛邑束装出发，跨

龙口、越华山、出函谷、过周原、经丰镐，一路奔西北而来。这期间，他犹如一个虚无缥缈而无定踪的孤独灵魂，辗转奔走于万里之旅途中，少不得栉风沐雨、饥餐露宿，不觉时光荏苒，瞬间一载的光阴已逝，不禁感慨万千！

大地已经从沉睡中苏醒，一轮残月虽仍悬挂在西北方灰暗的天空上，却已黯淡无光、了无声气；极目东方天际的深处，一缕橘红色光芒却越来越浓艳了，太阳从遥远的太极之中，携带着大量的光和热，正在向地球亟亟奔来。此刻，它正在为冲破最后的一道防线而努力。

老子热血沸腾，口中喃喃自语道：

诞生！这就是诞生！

这是黑暗与黎明的最后较量，一个伟大的诞生即将出现在这一瞬间，老子心情激动地等待着二者交接时激动场面的出现。原来，老子生长于河南南部的丘陵地带，在那里，天色的黑与明之间没有断然的界线，二者的代替和交接似乎不存在色彩鲜明的生死较量，一切都好像在山坡的背后秘密交易成功。这种光明正大的行为，使得黑白之间没有明显对立，阴阳之间也往往混沌一气，日月之间的关系则暧昧不清。

蓦然，一道鲜红刺目的红线连接着一个小小边缘出现了，一个每日都诞生一次的伟大生命骤然间降临了！可她刚刚露出一个小小的边，与强大而覆涵一切的黑暗相比，她亦似乎仅仅占有东方地平线上的一个小小的边际，她怎么能战胜并代替黑暗？

老子迟疑着，却仍然兴奋。

只见那红色的边缘渐渐地扩大，红色的光芒也越来越盛，突然，一股强大的光芒和巨大的热力开始喷射出来，天地万物都切切实实地感受到了这种磅礴的气势和威力的出现和存在。

众人早已起床，远远地注视着伫立在黑暗中的老子，开始时，觉得这位老人的行动有些古怪而不可思议；渐渐地，他们切实地感到有一种无形但却流动着的气质在老子的身体周围扩散着，他们都真实地觉察到这位不平凡的老人身上散发出一种精神，正弥漫在这有限的空间之内。后来，他们似乎跟随着老子一起进入了一个玄妙而忘我的境界中，其中之景物气象万千、色彩缤纷、恍惚迷离，只能知其有而不能知其然。

忽然，他们感到了来自天地苍穹之间的呼唤，他们看到了流光溢彩下的老子，身披万道霞光，仿佛是一尊已经存在了千年万载的古老精灵，从晨曦中缓缓走来。他是什么？是晚成的大器？是洞烛先机的智者？是即将遁世的隐者？是已经修成真身的神仙？是原始世纪的遗留？是现在世纪的硕果？还是应运而生的未来天下的精神教父？

众人如见神灵，一时皆屏声敛气，匍匐在地。

这时，只见老子回身面向众人，脸上全是慈祥的笑容，众人方始感觉如释重负一般。只听老子高声吟诵道：

> 道生之，德畜之，物形之，势成之，是以万物莫不尊道而贵德。

关尹趋前数步，躬身为礼道：

在下听来，夫子这几句话实在是蕴涵了天下万物生长变化的玄机。不知不觉已聆听夫子教导多日，现在忽觉心有灵犀，头脑中一片清明。在此不揣冒昧，试以夫子之道解夫子之言，不当之处，望夫子指教。道生万物，夫子前已言之甚详，此处之"生"，意谓孕育和诞生之意；"德畜之"，则谓德行足以促使万物的繁殖？畜在此可以作"蓄"解，意谓德行使万物得以生存；"物形之"，物是事物，形是形体，意谓物物互相形之；"势成之"，"势"是趋势和势头，在此则谓自然之势头，这种自然的势头使万物的产生和演变得以完成。因为这些原因，所以万物没有不尊敬道而宝贵德的。

老子颔首道：

汝能理解到这般程度，诚属不易，容有不到之处，老夫在此略加补充。对于万物而言，道生之且长之，德蓄之且藏之，此毋庸置疑。物字在此指物化，是物的一种自化的行为，泛指万物之自行变化，此行为促成了万物形体之演变，这就是我前面所说的"自化"；势是一种态势，有趋势亦有来势，它是万物自化行动的行为标志。

关尹问道：

然则，在下还有些问题，一并请教夫子。首先，此处之道，是否仍然是道路或道路的精神？此处之德，是否仍然是得到之德？

老子答曰：

老夫自从得窥大道后，数十年来不再怀疑，思想也没有出现任何重要变化。在此地应诸位之邀而举办此次讲座，迄今已数十日，所讲授的内容虽包罗万象，却始终未尝离开一个道字，本以为诸位高贤已略窥其门径，不意仍糊涂如初。老夫在前面已经强调指出：

物质性的道，是道路，所以道即是路；精神范畴的道，是渊源于道路的一种原则和规范，是道路精神的反映，是道路象征意义的描述和体现，所以道即是理；跨越了物质和精神范畴的道，是途径，此乃万物及人类之诞生渠道。此处的道是前者，大家应该知道，道路本身是无所生育的，但它负载和承担了万物的周行、流通和沟通，便可以说道使万物得以出现，道使万物的价值得以体现，道亦使万物得以相互熟悉、认识和利用。所以，没有道，万物便不是物而仅仅是一种被动存在的自然物象而已。

德是从得到和得失之中演化出来的品质，犹如道是从道路中演化而出一样。万物之间存在互相利用的本能，而互相利用之间存在着一时的或长久的得失。比如说，人类利用石头来制造武器、建筑房屋，这不过是人类利用了石头而达到了武装自己和驱寒取暖的目的，而石头则利用人类而达到了自己成为一种物品的目的，二者的这种相生相得的关系中，有一种得失的因果存在；石头被人类利用，有时可以表现为得，而有时却表现为失，得失之间有一个时时摇摆不定却大致可以维持的平衡，这就是德。德成为一种品质，每一种物都必须具备了这种品质才能获得存在，这是一种具有价值的存在。

因为道具备了负载万物而使万物得以成名的品质，所以，万物莫不尊重道的品质与精神——同时也莫不轻视甚至蔑视道；因为德具备了万物得以存在并体现出物的价值，所以，万物都莫不宝贵这种精神价值。尊道贵德说明了这种事实的存在。但是：

> 道之尊，德之贵，夫莫之命而常自然。

道的被尊重，德的被宝贵，因为它们并没有接受任何命令而被迫施恩于万物，它们本来就是如此，这是它们的本性。在世界万物之中，只有道和德，是完全按照自然而然的规律来完成一系列伟大行为的，它们地位超群是必然的。所以，道和德对于万物来说，具有不可代替的超越地位；而万物对于道德来说，则只是一个被动的存在。

> 故道生之，德畜之。长之育之，亭之毒之，养之覆之。

因此，万物不仅依靠道而获得诞生，因为道提供了诞生之渠道；万物莫不依靠德而获得保全，因为德提供了万物的行动和行为标准，使之各安其位而不作非分之想，不为分外之举。而且，道和德使万物成长、发育，使万物长成、成熟，它们对万物都具有抚养和保护作用，道和德正是因为具备了这样的品质而获得了万物的尊重和宝贵。

关尹道：

按照夫子的理论，万物诞生及生长均离不开道德之须臾，而道和德于万物却毫无需求，它们之间的关系是不是过于片面了？一种事物对另外一种事物只有付出而没有收益，一种事物对另外一种事物只有收益而没有付出，它们之间是不是能够达到一种和谐关系？在下对此感到不安。此外，道和德对万物付出了如此重要的贡献，它们自身虽然没有任何物质方面的需要，但一点精神方面的欲求也没有吗？

老子道：

对于万物来说，大致普遍地处于一种相生相灭的关系之中，它们依靠彼此之相互利用而各自获得生存。但唯独道不是如此，它已经从本身的物质属性而升华为精神存在。当道作为物质存在时，它便与其他物质一样，只有付出而没有收益。这一点不仅体现在道路上，其他的物质存在也具有这种特点，土地对万物是不可须臾而离的，但它何尝对万物有什么要求？河水对万物是不可须臾而离的，但它对万物从来没有任何索取需求。道路具有的物质特点与土地和河水是一样的，但道路的功能特点却更加能够体现出一种无为而无不为的精神，这种精神成就了万物。它是：

生而不有，为而不恃，长而不宰，是谓玄德。

它生养万物而不据为己有，它成就了万物而不自以为是，它领导了万物而不对它们进行宰割，这是一种最博大深远的德。想一想，一个人如果能够透彻理解道的品质，在他短暂的一生里，还会遭遇任何不测吗？还用得着去聚敛、去拼搏、去亡命吗？

众人称善。

第五十二讲·守柔曰强

天下有始，	天下万物都有一个开始，
以为天下母。	这个开端可以作为万物的母体（根源）。
既知其母，	知道了万物的母体（根源），
复知其子；	就知道了这个母体（根源）所孕育的产物（万物）；
既知其子，	了解了这些产物，
复守其母，	守护住母体（根源），
没身不殆。	一辈子不会遭遇危险。
塞其兑，	堵塞住认识的窍孔，
闭其门，	关闭上欲望的门户，
终身不勤；	一辈子不必操劳。
开其兑，	打开了认识窍孔，
济其事，	要成功天下事业，
终身不救。	一辈子就不可救药。
见小曰明，	观察到细微是明察，
守柔曰强。	守护住柔弱是强壮。
用其光，	运用母体（根源）发出的光亮，
复归其明，	回复它的光明，
无遗身殃，	不给自己留下祸殃，
是谓习（袭）常。	这就是因袭了事物的常理。

这时，东方天地间，犹如一片燃烧着的火海。在霞光四射、光芒万丈之中，一个巨大无朋的火球，仿佛经过了熊熊烈火之千锤百炼，最后拼力一挣，终于跃出了万丈深渊之下的一片火海，骤然出现在东方地平线的最深远处。天和地共同捧出了金灿灿的太阳！

刹那间，苍茫宇宙好像停止了旋转和循环！天地间忽然一片开朗，一切隐遁着的景物一时都脱离了黑暗的庇护和神秘的孕育状态，在阳光下重新诞生、重新降临、重新呈现，它们都原形毕呈、鲜活逼真皎然可辨。于是，万物欢呼着，在太阳下搔首弄姿。天空一片锦绣，大地洒满了金色的光辉。

老子向着太阳张开了双臂。

众人的心理，都顿时产生出了一种前所未有的奇异感觉，他们都真切地感到了宇宙和天地之间的确存在着一种神奇的力量，它极其自然地、温柔地、巧妙地把一切自然界的一切事物都连接在一起。大家都不知道这是什么东西，也许这就是"道"吧？

良久，老子回转身子，向众人说道：

> 天下有始，以为天下母。既知其母，复知其子；既知其子，复守其母，没身不殆。

诸位！仅仅在几十分钟之前，天地连同万物都还处于一片混沌和朦胧之中，人们的肉眼里什么都看不见，甚至连自己的身体都与黑暗融为一体而不能自见，如果不是凭借着一种长期积累下的经验，居然连置身何处都不能分辨。现在，太阳诞生了我们在发现了万物存在的同时，也发现了自己的存在。所以，万物都有一个开始，有一个起源，这个开始和起源便是孕育了万物的母体，也是一切事物的根本。如果能够知道万物的母体，就能够知道万物的根本；就能够根据这个母体和根本，进一步了解到母体的派生物——子体。知道了子体，再来固守母体，则终生不会陷于穷绝的境地。

诸位！认识事物的真理，万万不可满足于对只言片语之训诂或摘章寻句之研究，而是根据字词的多种含义加上自己的领悟来推测和透视出它们的本义，此乃为学之正途。母体，在这里可以作为本体来理解，因为它是一切事物的本原和原始。凡是属于主体的事物，都是一个独立的存在，它们可以不依附其他事物。关于万物本体的探讨，人类现在还没有开始进行，相信不久就会进入高潮。子体，在这里可以作为客体来理解，因为它们是主体的派生物，因此，所有客体的事物，都不能离开主体而独立存在，它们只有依附于主体才能获得生存。所以，老夫要告诉诸位，仅仅了解了事物的主体而不能认识客体，其认识是远远不够深刻的；反之，仅仅认识了事物的客体而不能认识主体，便等于认识还没有正式起步。只有认识了客体，而且能够坚守住主体，才会使自己进入到认识的高级领域，这时，他的处境就不会陷于穷绝之途了。

早在天色尚在昏黑的时候，那老者就尾随在老子身后来到了河畔的长堤，长久地注视着老子的一举一动。多日以来，老者已经对老子的学识和智慧佩服得五体投地，他庆幸自己在垂暮之年竟然有此奇遇，不枉来人世走了一遭。今日破晓之际，他从老子的举止中，忽然感受到一种平生未有的巨大震撼，他觉得自己凌乱浑噩的心灵多少有一些觉悟了。刚刚听了老子的一番言谈，觉得这番话简直犹如空谷足音，他仿佛若有所悟，不禁问道：

夫子刚刚所言，似乎是受到初生太阳的启示，然则太阳算不算得上本体事物？

老子微笑道：

老丈所言极是。太阳普照万物而不自恃，进退有节而不自足，滋养万物而不自大，成熟万物而不自满，它自然可以算是一种事物的本体了。但太阳不是大道之所在，它的行为没有万物所能效法之处，它的品质、作风、功能、性格以及表现，都体现出了一种过于强大的姿态，这种姿态对于它自己来说，可能是非常适合的，而对于一切效法者来说，则适足以促成灭亡之道。所以，太阳不是万物的根本和原始，它只是它自己的根本和原始，万物借助甚至仰赖它而生长，却不是由于它而孕育。

老者道：

然则，万物难道可以离开太阳而独立存在乎？

老子道：

万物当然离不开阳光，但万物却必须与它保持相当的距离，而且不能靠它过近。如果太阳表现得稍微过分一点点，则万物就会顷刻灭绝。所以，太阳的行为特点与自然界的其他物质表现得大致相同，都是一种物物相化过程，彼此之间尚不能说是达到了完全自化的境界。所以，万物与它们都只能保持一种恰到好处的合适距离，而不能达到一种水乳交融的和谐地步，这是太阳、月亮、天地、河流、山川这一类自然物的局限。而道则表现为：

塞其兑，闭其门，终身不勤；开其兑，济其事，终身不救。

塞是堵塞。所谓"兑"，其本意即悦或阅，阅与悦都是对因观看而高兴欢喜的形容，我们日常所说的"赏心悦目"大致就是这个意思。所谓"阅"，在此可以引申为穴，穴是孔穴亦是穴道。此处的塞其兑，就是主动堵塞能够产生欲望的孔穴。闭是封闭，门字在这里是指嘴巴的关口，闭其门即表示主动关闭口这扇是非之门。

这几句话的意思是，人们如果能够主动地堵塞多欲的通道，关闭招惹是非的嘴巴，则终身不必受勤劳之苦。

任何人如果不幸打开了欲望的通道，溢过了嘴巴的关口，这个人的一辈子就不可救药了。所以，老夫认为：

见小曰明，守柔曰强。用其光，复归其明，无遗身殃，是谓习常。

见小，是指人类眼睛所能看到的一些微小事物，眼睛的功能如果仅仅看得见大不能算明，只有能够见小，这才能称得上是明；守柔，指自然界生物能够坚守柔弱才能日益强大。采用眼睛能看到的光，并利用这种光为工具而达到真正能洞察事物到细致入微的明，才不会给身体带来祸殃，这可以称为一种常道。见小，看起来似乎是一种非常谦虚的态度和做法，其实是一件很难做到的事情。人类的眼睛早已习惯于观察大的事物，但却往往忽视事物中那些细小的组成部分，这种行为使整个人类都处于一种近乎于失明的状态。强大是现代人最为热衷谈论和追求的事情，人们总是希望自己处于强大而始终蔑视软弱。守强——保持强大——是人们的一贯做法，而守柔则闻所未闻。实际上，不但真正的强大存在于柔弱之中，而且，只有柔弱才能促成强大，所以，坚守柔弱是使自己立于不败之地的最可靠的保证，除此并无强大之途。

关尹闻言道:

夫子所言,与现在所流行的一切思想学说都截然不同,我等有幸与闻,实为生平奇遇。在下想请教夫子,我等虽欲行大道,然大道实无影无形,甚至连一丝痕迹都捕捉不到。我等资质平平,虽蒙夫子拔壅除塞,仍觉无处得觅大道,不知大道果在何处?

众人皆有同感,皆恳请老子有以教之。

第五十三讲·唯施是畏

使我介然有知，	假使我从微小处获得了真知，
行于大道，	行走在大道上，
唯施是畏。	唯一值得畏惧的就是走上邪路。
大道甚夷，	大道很是平坦，
而民好径。	但人们却喜欢走小路。
朝甚除，	宫室很颓败，
田甚芜，	农田很荒芜，
仓甚虚；	仓廪很空虚；
服文彩，	（人们）穿着有文采的衣服，
带利剑，	佩带着锋利的宝剑，
厌饮食，	吃厌了精美的食物，
财货有余。	财富用不完。
是谓盗（道）夸，	这叫做道路上的炫耀者，
非道也哉。	炫耀者们是没有道理的。

老子沉吟良久，方缓缓而言曰：

说道论道，皆易事耳。真正地寻道找道，则难矣哉！大道果在何处？老夫亦不能确知，所以，也无法告诉尔等。连日来所讲的一切，是否属于大道？老夫亦不能确知。老夫只能以自己的所知告诫诸位，不能以自己的无知来欺骗诸位，老夫其愚人哉！

使我介然有知，行于大道，唯施是畏。

这几句话是我多年来在行事态度上采取的一种基本立场，老夫时时以此来勉励自己，不使自己逾越此行为底线。介然即判然，在这里表示明晰的意思，全句的大意可以做如下解释：假使我（对道）有了一种明晰的认识，就决不犹豫地行走在大道上，我不会有什么畏惧，唯独害怕走上了邪路。"施"字在此表示邪道的意思。

诸位！老夫在连续多日的讲授中，已经向大家反复强调了大道之所在，它不在天上地下，而在道路之中。行走道路的艰难全在于辨认道路的路线、方向之正确与否，道路本身的好坏尚在其次。诸位可以想象，无论出行、旅游、长途贩运、迁徙他乡、行军远征，如果不幸走上了错路或邪道，轻则往返徒劳、劳民伤财、得不偿失，重则流落他乡、颠沛流离、生死不得，甚至终生不归。所以，我要郑重地告诫诸位：

大道甚夷，而民好径。

大道本来甚为平坦，但缺少分辨力的老百姓们却偏偏喜欢走捷径。诸位！大道与捷径之差别不只是路途或距离的远近问题，而是如何行动的态度问题。舍弃了堂皇坦荡的康庄大道而奔走在羊肠小道上，代表了人们急功近利的心理。为什么会有这种心理呢？这不是普通百姓的责任，而是领导者们的行为起到了一个相当恶劣的影响，你们看一看现在社会出现的两极分化，看一看朝野之间的反差已经到了何等严重的程度：

朝甚除，田甚芜，仓甚虚；服文彩，带利剑，厌饮食，财货有余。

对此类现象，诸位应该相当熟悉。各诸侯国都城里的宫殿楼台是那样的壮观整洁，民间的田园却是一片荒芜，国家仓库里连一点储备也没有。一个国家贫穷、空虚到了这般地步，而领导者们却身上穿着绣着艳丽文采的华美服装，腰上佩带着锋利的宝剑，他们吃厌了精美的食品，却仍然占有着大量多余的财富。对于一个国家来说，这是多么严重的不公平现象！老百姓对于这种日益严重的现象怎么能够欣然接受？

他们凭什么能够享有这么多特权？他们是些什么性质的人？

是谓盗夸，非道也哉！

在这里，需要向诸位申明，"盗夸"这个词是一个错词，它本来应该是"道夸"。我在中原的时候，曾经与朋友们对此进行过讨论，不知为什么居然被大家改为盗夸，也许这是同音字容易发生的现象，现在，连老夫自己也不知道盗夸代表了什么意思。对于盗夸一词，老夫无可作答。事实上，道夸就是一些乘华车、挎利刃、衣美服而招摇过市的炫耀者，夸在此是夸耀的意思，道夸就是道路上的夸耀者。这些人是一些服文采、带利剑、厌饮食、货财有余的富贵者，他们尽管也往往装出一副道貌岸然的样子在推行大道，但可以说是标准的伪君子，他们推行的哪里是什么道！

在场的众人中，有人面现羞赧之色，身子便也悄悄地向后畏缩。但多数人都不住地点头称是。

第五十四讲·以天下观天下

善建者不拔,	善于建树就不可动摇,
善抱者不脱,	善于抱持就不会脱离,
子孙以祭祀不辍。	子孙明白这个道理就不断绝祭祀。
修之于身,	把这个道理用来修身,
其德乃真;	他的品德就是真实的;
修之于家,	把这个道理用来贯彻到一个家庭,
其德有余;	他的品德就有富余;
修之于乡,	把这个道理用来贯彻到一个乡,
其德乃长;	他的品德就存在长远;
修之于国,	把这个道理用来贯彻到一个国家,
其德乃丰;	他的品德就会获得丰满;
修之于天下,	把这个的道理用来贯彻到整个天下,
其德乃普。	他的品德就会得到普及。
故以身观身,	所以,应该通过自身观察他人,
以家观家,	以自己的家庭观察其他家庭,
以乡观乡,	以一个乡社观察其他乡社,
以国观国,	以一个国家观察其他国家,
以天下观天下。	以天下观察整个天下。
何以知天下之然哉?	我怎么知道天下事物是这样的呢?
以此。	就是运用了这个道理。

　　说到这里,始终神情沉稳、态度端庄、语调平和的老子忽然有些声色俱厉,为众人所始料未及,都面现惶恐之色。

　　老子见状,缓和了一下自己的语调,面容也恢复了慈祥。他温和地扫视了一下众人,平静地说:

老夫一时意气用事，但言语中并无责怪之意，只不过向大家指出了一个事实。语言不周，请诸位见谅。

关尹笑道：

夫子适才所言，乃当今天下的流行病也，我辈尘世中的凡夫俗子，虽未必服文采、带利剑而招摇过市，却焉能免俗哉？在下倒要感谢夫子之当头棒喝，不如此，愚顽如我者，焉能拔擢于滚滚红尘之中，恢复我自由之身心哉？然则，在下仍希望夫子能语我等一些入道的基本道理，为我等愚夫子指引一条易行的路径，不知夫子肯俯允乎？

老子笑道：

刚刚说过"大道甚夷，而民好径"的话，汝居然执迷不悟！然则，老夫虽不能知大道，语汝小道，尚可为之。

善建者不拔，善抱者不脱，子孙以祭祀不辍。

老子说毕，笑向关尹曰：

汝可试解这几句话。

关尹喜似乎有极佳的记忆力，老子说过的话，他基本上能够背诵下来。他沉吟片刻，接口道：

夫子这句话当然是接续上面的话而继续发挥，是针对那些道路上的浮夸者的表现而立论。善建者不拔，是说善于建立或建树者，他所建立起来的东西不容易倒塌；善于抱持的人，他所把持的东西不容易脱手或脱离自己。所以，不拔的东西能够长久存在，不脱离的东西可以延续久远，这样，他的后代子孙们便得以继承他们的传统，因此，子孙后代的祭祀便不会出现停止。不知这样解释，是否有些道理？

老子抚掌笑道：

你的解释很好，甚至已经超出了老夫原话的水平，老夫应该为你的进步表示祝贺。尔等既然已经能够理解上面的话，老夫就可以接着往下说，先不加任何解释，由尔等独立理解，如何？

众人点头应允。

老子开口说道：

　　修之于身，其德乃真；修之于家，其德有余；修之于乡，其德乃长；修之于国，其德乃丰；修之于天下，其德乃普。

　　老子说毕，手指着那老者道：

　　不知老丈能否试加解释？

　　老者似未料老子有此举，不觉有些局促不安，片刻便即释然，心中颇觉兴奋，不觉郑重为礼道：

　　夫子抬爱，老朽深觉荣幸，而且，夫子这几句话与老朽平素所学，居然不谋而合。夫子的第一句话，是接续上面所言，善建者和善抱者都是秉持了一种符合大道的行为，这种行为不仅使自己的生活因无须受到倒塌和脱离的威胁而终身受益无穷，而且，这种行为可以为子孙后代保留下深厚的遗泽，因子子孙孙可以代代传承不绝，所以祭祀也永远不会断绝。如果把这种道理用来修身，则他所得到的乃是真实的东西；把这种道理用来修家，则他得到的会用之不竭；把这种道理用来贯彻到自己的乡里，则他得到的乃是长久的延续；如果把这种道理用来贯彻到整个国家，则他得到的将会极其丰厚；如果把这种道理贯彻到全天下，则他的获得将来源广泛而普遍。

　　这时，关尹巫巫插口道：

　　请老先生恕在下冒昧插嘴，在下窃以为夫子此处所言之德，实乃德行而非得到。得到是一种纯粹的自利行为，此类行为或可以施之于个人，亦可施之于道路，却安可行之于乡、国及天下？在下以为，一个人除了在大道方面可以没有穷尽地索取之外，在得到或获得方面——无论什么东西——都应该适可而止，万万不可贪得无厌，先生不要忘记，贪得无厌是夫子所大力反对的品质。在下一时孟浪之言，愿先生指教。

　　老者闻言而后，频频摇首，开口道：

　　关尹先生的高见颇为高明，但老朽不敢苟同。老朽大胆地认为，夫子在此所说的德，仍然是得到的意思。不拔和不脱都是一种获得的行为，而不是真正意义上的付出行为，秉持这种事功行为的人，都应该是获得者，而不是付出者。而德行则属于另外一种范畴的行为。此处的重点当在"善建"和"善抱"，唯有善于才会不动摇、不脱离，所以，善于在这里应该是表示一种合理的筹划、建设、树立和获得。

关尹闻老者之言，一时无辞可辩，不由得把一双眼睛定定地瞧向老子，老子漠然不动声色，一副袖手旁观的样子。

这时，儒生不禁插口道：

晚生的看法正与关尹先生同，对于老先生的高明见地，晚生虽佩服先生之辩才，却不敢苟同先生之意见。试看今日之天下，能够修之于身、修之于家、修之于乡、修之于国、修之于天下的个人操守，除了德行之外焉有他哉？得到，是一种私自或私人性质的获取行为，但任何仅凭私意的获取的行为都必然是一种没有节制的行为，每一个欲获取者，都难免会把这种行为随意地加以扩大，从而使之达到泛滥的地步。夫子多日演讲，处处反对贪得无厌，此无他，无非教导人们密切注意一些获取行为的泛滥。德行这种行为，在刚刚开始确立的时候，自然应该从自身的修行开始，然后把自己的修行所得逐步地扩大到家庭、乡里、国家以及全天下。否则，如果任意由一种随意性的获得行为而扩大到家庭、乡里、国家以至天下，则可以算是祸乱天下的行为了。晚生一时想法所至，口不择言，有冒犯之处，尚望先生见谅。

儒生说毕，用眼角睨视老者，气态颇为得意。

老者一时无语，怔在当场。

关尹见状，只好面向老子，深深地一躬到底，说道：

我等见识浅薄，不足以解大道，还须夫子出马，才能为我等解惑。

老子笑道：

老夫即使出马，也未必就能辨疑解惑。如果允许老夫坦率直言，则我站在老先生一边，因为老夫这里所谈之德，正是得到。然则对于这个得到，诸位似乎还没有真正了解老夫的本意。老丈所言，庶几近之。老夫所言之德，大多皆得到之意。但得到的是什么，则是理解此语的关键。大家也许应该能够理解，这个得到当然不会是财货珠宝一类，那样的话，修之自身已然不妥，况修之一家、一国乃至天下乎？大家注意到这里的修字，如果把一种聚敛行为修到了国家和天下，哪里还是什么道或德？而是一种明火执仗的大盗行为了。诸位如果不是过于低估了老夫，就不该作出这样的结论。

所谓"得到"亦即"得道"，到与道是同声同韵字，长期以来，二者在语言及文字中均可互通。但得道亦未尝不是获得，是得之于道的意思，所以，得到与得道并没有意义上的根本区别。由此可见，老夫所言的德，虽然不是现在流行的德行，却也不是聚敛财货。它的真正含义是个人善于通过正当的获得而更好地保护自己，老夫历来主张个人一定要首先保护好自己，才能谈得上照顾他人。一个在行为上处处失误的人，怎么会照顾到他人？所以，正如老先生所言，老夫说的善建者和善抱者都是那种表现自我的人，也可以说都是力保不损害自己的人，不拔和不脱则是这种行为的具体表现。

修之于身、修之于家、修之于乡、修之于国、修之于天下，是说这种自为行为的不断扩大，从而达到一种教化天下的目的。修之于身的时候，开始得到了一种真实的收获，这不是财货的收获，而是对所谓"德"的体验的真正收获，只有在自己的心灵里和精神上有了这种获得之后，才可以谈得上修家等等。其他如有余、乃长、乃丰、乃普，都是这样一种收获的一步步扩大，随着这种扩大，自身在精神和心灵体验上的收获也达到了最高境界。

故以身观身，以家观家，以乡观乡，以国观国，以天下观天下。何以知天下之然哉？以此。

通过一种较为客观的得失标准来进行自我修行，就可以对大多数事情都达到冷眼旁观的程度。老夫现在把这几句话解释给诸位，亦希望诸位能够切实进行一些反省和修行方面的活动：尝试着通过自己的身体来观察其他人的身体，通过观察自己的家庭来观察社会里的各种家庭，通过自己处身的乡里来观察国家中的各个乡里，通过自己的国家来观察天下的其他各个国家，通过自己所能够看到的天下来观察整个天下。老夫怎么能够知道天下万物所以然的缘故，就是用这种方法来达成。

这些道理都是一些语言难以说明的东西，所以，今天权且谈到这里，进一步的阐述，将在后面完成。

第五十五讲·物壮将老

含德之厚，	积蓄品德的厚度，
比于赤子。	可以与婴儿相比较。
毒虫不螫，	毒虫不来刺他，
猛兽不据，	猛兽不来扑他，
攫鸟不搏。	飞禽不来抓他，
骨弱筋柔而握固。	（他）骨弱筋柔却双拳把握得很牢固。
未知牝牡之合而朘作，	（他）不知道男女交合而生殖器却自然勃起。
精之至也。	这是因为精气充足。
终日号而不嗄，	（他）终日啼哭而嗓音并不嘶哑，
和之至也。	这是因为中和之气的充沛。
知和曰常，	知道中和道理的叫做常，
知常曰明；	知道"常"的道理叫做明白；
益生曰祥，	有益于生命的叫做祥和，
心使气曰强。	以心灵支配精气叫做强大。
物壮则老，	任何事物一旦强壮就会走向衰老，
谓之不道，	这叫做不合道理，
不道早已。	不合道理就会提前灭亡。

老者正听得津津有味，忽然见老子准备结束讲座，不禁心中大急，慌忙之中，不觉有些语无伦次，他说：

夫子且慢！老朽还有一个问题，心里已经搁放不住，恳请夫子能略加解释，否则，老朽如何睡的下？

老子闻言，心中大受感动，急忙说：

老先生如有问题，只管提来，休要客气。老夫当竭力回答。

老者道：

夫子刚刚谈到了大道与得的关系，说得委实深刻。然则，如何使得与德相辅相成？则盼夫子有以教之。

老子沉吟有顷，说：

含德之厚，比于赤子。毒虫不螫，猛兽不据，攫鸟不搏。

老夫所以说德是一种得失关系方面的正确准则，道理即在此。人们只要能够在得失方面把利益关系处理得恰到好处，则德并不仅仅体现为一种利益上的牺牲，反而是一种更高意义上的利益获得。含德之厚，说得就是一个人所含有的这种恰到好处的"得"，能够达到了一种类似于婴儿的状态。关于这种状态，前面已经有所论述，此处不再多说。大家可以设想，一个人如果使自己进入到这种无知无欲、无忧无虑的超然状态，那么，就连毒虫也不会螫他，猛兽不会扑食他，猛禽也不会搏击他，这是修德的较高境界了。

儒生皱眉道：

晚学知也不广，见也不博，闻也不多。但如夫子所云，一个人如果达到了所谓婴儿状态，就会使毒虫、猛兽、恶禽都回避之，则晚学却无论如何也难以相信。晚学更相信一个人如果不幸处于这种状态，则各种危险首先就会寻找到他，而他却没有任何进行防卫的能力，则其人势必危乎殆哉！诸位审视一下我们所置身的世道，可知吾言不虚。

众人听罢，深以为然，都希望看到老子的反应和听到老子的见解。然而老子却默然垂立，并无回答之意。

老者蘧然而起，大声反驳道：

足下所言，辩则辩矣，然老朽不敢苟同。夫子在前面已经反复强调，所谓婴儿只是一种心理或精神的状态，绝非身体又回复到了婴儿那般大小。所以，一个无知无欲、无忧无虑的人并不是一个手无缚鸡之力的婴儿，只不过他并不试图以武力或暴力解决纷争而已。夫子曾经为此教导过老朽，老朽深以为然。一个人只要达到了婴儿那样的无知无欲、无忧无虑的状态，则在他的眼里已经没有生死，又何来畏惧？

儒生恬然而曰：

老先生休动肝火，大家争论问题无非是为了分辨是非，不必争短论长，亦不必满怀着意气。先生以为只要进入到一种至柔至弱的状态，就自然会逃避掉一切危险，而在晚生看来，则恰恰相反。危险之到来其实并不管你的状态如何，这是至为浅显的道理。比如，我虽然不希望死亡，但死亡之到来却绝对不管我的希望怎样，也全然并不在乎我的精神状态怎样，即使我真的在心理上成为了一个婴儿，也断然不会因此而获幸免，大家都知道，天下只有婴儿的死亡率最高。即使如先生所言，婴儿只是一种状态，则这种状态下的人在实际遭遇中也不会比真正的婴儿强多少，甚至结果要更糟。

而且，晚生个人虽然也认为婴儿状态可能是一个身心感觉比较良好的状态——无忧无虑、无牵无挂的生活当然值得羡慕。但一个成年人在比较正常的情况下，恐怕无论怎样努力也不会回复到那种状态，除非脑子有毛病，则可以属于例外。当然，晚生的这些话只是个人的一点看法，绝对没有含沙射影的用心，不当之处，敬请老先生指教。

儒生的这番话，言辞闪烁、锋利尖锐、咄咄逼人，直接针对老子而来，而立论又似乎相当严密，几乎无懈可击。

那老者毕竟已经年迈，思路不那么流畅，语言也迟钝缓慢，一时竟哑口无言、木立当场。

关尹看着老子，也无话可讲。

众人尽皆把目光投向老子。

老子却眼望长天，根本不动声色，好像压根没有发生任何事情。众人目睹此情，都不禁从内心深处暗暗佩服着老子，仅仅这份处变不惊的超人定力，又岂是泛泛之辈所可望其项背？

良久，老子从天空中收回眼神，把一道慈祥而炯炯有光彩的目光投向了儒生，儒生不由自主地收起了一副狂傲的姿态。

这时，老子开口说道：

年轻人，老夫对足下的言谈很感兴趣，足下能够根据事实来确立自己的看法，这是老夫对待学术讨论始终坚持的原则，所以，老夫非常尊重你的意见。但请足下注意！连日来的所有演讲，既不是在向莘莘学子传授一些专门知识，也不是在辅导少年儿童进行文化启蒙，而主要是在谈一些对传统的经验知识的亲身体验以及对生命道理的看法，这一点，老夫不仅早已明白指出，也是早在讲授之前大家就提出的希望，是以，老夫在讲授中，不能针对每个人之不同追求而进行分别传授。而且，老夫把诸位都当做学已有成的学者，而不是当做尚待启蒙的学童，所以，就避免谈一般的泛泛学术，只谈当前学术和思想的弊端，并进一步提出我自己的看法。至于这些看法是否能够成立，尚在未知之数，至少在目前还没有被纳入学者的视野之内。老夫是一个讲究自化和自得的人，始终没有弘扬大道的愿望，这是我与中原学界始终格格不入的唯一原因，老夫也并不想为了任何原因而改变自己的初衷。

我再次申明，前面提到并提倡的婴儿，只是精神上可能会达到的一种状态，这种状态究竟对人的精神能够发生怎样的影响，必须进入到那种状态之后经过切身体验才能明了。老夫说婴儿的状态甚佳，足下说这种状态不足效法；老夫说婴儿状态可以避免许多危险，足下说这种状态更加危险。这种分歧是正常的，因为每个人对相同的问题都会各自有自己的取舍标准。比如，对一个不吃辣椒的人诉说辣椒的好处，是一点也引不起他的兴趣的，除非他自己去进行品尝，别人是无法改变其成见的。

大家都知道，作为有具体生命形态的天地万物，都有非常鲜明的特征，此即不可逆转的自然循环法则和无法避免的新陈代谢规律，世上没有哪种生物可以逃脱这种宿命之结局，人类亦不能。自然界的物种之中有许多是具有自然循环功能的物种，如太阳、月亮以及抬头就可看见的满天星辰，它们的生命每天都是原始形态的新生，既不是旧有的，也不是重新诞生的，而是循环反复的，他们（它们）的生命至少从表象上看来是逃离了生死。但生物界的大多数生命都是新陈代谢的，只要不是早期夭折者，他们（它们）都势必经历一个婴儿——童年——少年——青年——壮年——老年——晚年的全部历程，也就是一定要经历一个诞生、发育、强壮、衰老而走向死亡的周期。这就是无可回避的生命的过程，一个永远无法改变其轨迹的过程。

但生命虽然无法改变轨迹，却不等于不能改变性质。事实上，生命就像一台机器，无论增加了多少能源，但是越转动得快速其自身就消耗得越多，等消耗到了一定程度后，鲜活的生命就成为一具没有了动力的躯壳。

生命亦由各种器官组合，生死周期亦当作如是观。

儒生道：

一台机器如果不是用来运转，则根本没有存在的价值，而且，机器如果不运转，则很快就会成为一堆垃圾。

老子笑道：

机器不运转自然是不行的，人也一样，一个人如果一天瘫倒仰卧在一个安乐窝里不动，则此人如不是残废也是废料。但足下应该明白，活动频繁绝不是生命的意义所在，而且，活动越频繁则生命消耗越大，这是生物界的常理。比如，萤火虫是没有片刻安静的，它就只有一个晚上的寿命。反映在人世中，则除去自然消耗之外，又有各种人为的戕残，使人类的活动增加了更多的风险，这些因素使大多数人都不能按照自然的规律而寿终正寝。所以，在人生的有限生命时间内，人们如果能够排除各种无谓的干扰，按照自然规律而度过一生，则应该是符合生命本性的做法。所谓婴儿状态，是老夫对固有生命规律提出的一个改变方法，通过学习和修行一种大道，不但使人们通过减少欲望及克制冲动来避免外界因素对生命的利诱威逼。而且，经过一种自我克制的训练，使日益老化以至僵化的精神重新回复到婴儿状态。这种状态是什么情形，老夫还没有进入，也就无法回答。但老夫可以断然说，这种状态即使不如青壮年时期的状态，但至少比老化和僵化的状态要好。试看婴儿：

> 骨弱筋柔而握固。未知牝牡之合而朘作，精之至也。终日号而不嗄，和之至也。

一个处于生命强盛时期的壮年，用不了多久就会进入老年，他的所谓强大生命力之失去的日期屈指可数，所有强大者即使可以逃脱掉人生的各种危险，却无法逃脱生命的最后终结。婴儿处于一个生命的开始，对于所有刚刚诞生的东西，没有人能够预测最终是什么结果，因为他还处于一种朦胧和混沌状态。处于这种状态中的所有事物都是上升的和未知的，而所有上升的和未知的事物，都无疑是强大的。所以，婴儿的状态虽然不能体现出强大却决不软弱，他拥有各种各样的前景和希望。

而且，作为生命载体，婴儿是最为完善的、健全的，他的身体上面几乎连一点毛病都没有。他的筋骨虽柔弱却不软弱，一双拳头却能够握得那样牢固；他还不知道男女之间的交合是什么，但他的生殖器却能够时时勃起，这是因为他精气充沛丰盈；他虽然终日号啕大哭，但声音却一点也不嘶哑，这是因为他内心平和而没有丝毫贪欲。

上面所举，为天下所有婴儿所共有之特点——残疾者当除外——此亦仅仅是婴儿的基本特征，其他方面的特点尚多，在此无法一一枚举。至于这些特点能否说明婴儿的生命力强大？老夫对此没有把握，但由此而说明婴儿的身心健全，则有相当多的理由。

老者、关尹等闻言尽皆叹服，儒生的态度虽然尚且有些暧昧，却也表现出了心悦诚服的样子。

关尹问道：

我以前曾向夫子提出，婴儿的状态即使非常之好，但一个成年甚至老年人欲达到这种状态，岂非难如登天！

老子道：

知和曰常，知常曰明；益生曰祥，心使气曰强。

常字在这里是表示经常的意思，也可以引申为日常；祥在这里表示吉祥的意思。全句话可以理解为知道了平和之道而能日常行之，叫做常；知道了经常平和行事的必要，就可以体道而明察，叫做明；而一味贪求利益，力求增加生活的丰厚，则叫做祥；以一种贪心来支配精气，叫做强。这三种东西，在我眼里都不是什么好东西。

关尹问曰：

吉祥的事情是否值得鼓励？

老子道：

在世人看来是吉祥的那些事情，其实没有哪一样是值得鼓励和提倡的。贪求蝇头小利而试图使自己的物质生活质量不断提高，从来都是得不偿失之蠢举。表面看起来似乎吉祥，其实却隐藏着危机和祸殃，最终导致自己的灭亡。强大的道理亦复如此。

物壮则老，谓之不道，不道早已。

前面已经提到，任何事物如果一味追求鼎盛，实际是在促进自己到达发展的极致，但接下来很快就进入到衰老阶段了，这样的行为是不符合道的，不符合道的事物必然迅速灭绝。

事物过早地进入强盛，在大多数情形下，都是逼迫一些脆弱稚嫩的生命过早、过度地承担下所谓家庭负担、社会责任、国家义务、历史使命等虚幻之物，丰盈的生命由此走向衰亡。是不是责任、义务、使命这些东西，都完全脱离了生命范围？也还不是这样，而是这些东西确实都是些很沉重的负担，并不是所有生命都可以承担的。强盛反映在人类社会中，就使义务、责任、权力这些东西的价值得到了鲜明体现。

观诸人类的发展历史，强盛所以借助了国家权力之张扬鼓动而日益深入人心主要有两个方面的来源：首先是外部原因，万物之间为了生存所展开的激烈竞争，使所有的物种为了生存都不可避免地进入了促使自己日益强大的环境之中。软弱的东西时时被强大所吞噬，而强大的东西或许可以暂时苟存。所以，各种各样的生物都被迫进行着违反自己本性的进化，从而使自己自动地提前进入到了衰亡阶段；其次是内部原因，剧烈同种同类之竞争引起了各种各样欲望的泛滥横行，个体生命为了获得一时的欲望满足，逼迫着自己一步步走向强大，强大可以更多地获得，更多地获得则可以暂时满足欲望。但欲望永远没有止境，直到生物在无穷无尽的欲望之幻灭中彻底毁灭为止。自从天地开辟以来，万物之间的生生灭灭之过程无不如此。

老者道：

然则事物何以保持自己的柔弱状态？

第五十六讲·和其光同其尘

知者不言，	知"道"的人不多说话，
言者不知。	多说话的人不知"道"。
塞其兑，	堵塞住（认识）的窍孔，
闭其门，	封闭上（欲望）的门户，
挫其锐，	（像道路那样）挫掉自己的锐气，
解其纷，	（像道路那样）排解掉各种纠纷，
和其光，	（像道路那样）包容下各种光芒，
同其尘，	（像道路那样）混同着各种尘埃，
是谓玄同。	这叫做微妙的合同。
故	所以，
不可得而亲，	不可能得到他们的亲近，
不可得而疏，	不可能得到他们的疏远，
不可得而利，	不可能因得到他们而获利，
不可得而害，	不可能因得到他们受伤害，
不可得而贵，	不可能因得到他们而尊贵，
不可得而贱，	不可能因得到他们而低贱。
故为天下贵。	（他们）因此被天下人所尊贵。

老子笑道：

连日以来，老夫对于这个问题已经大范围地、多角度地、连篇累牍地进行了阐述，刚刚还谈到天下母以及婴儿问题，也谈到了人们如何守柔守弱的问题，批评了好大喜功者们的反自然行为。上述所有问题，可以用很简单的形式进行归结，进而得出一些初步结论：

知者不言，言者不知。

不知诸位通过自己的社会活动，是否发觉，最有智慧的人都是极少开口说话的，这不完全是为了防止精神的浪费，而是避免招惹无谓之是非；那些口若悬河的人是很少有真知和智慧的，唯其如此，他们才会言语滔滔，唯恐别人不知道他们有一些知识。前面曾提及，古代圣人为了避免出现一些不必要的是非，往往实行"不言之教"。

天地万物（主要指动物）都各自具有自己观察事物的身体器官，它们也往往能够根据自己的观察来处理自己的处境。人类观察事物的器官是眼睛，人类眼睛的能力也许略高于其他生物。所以，人类眼睛里往往带有一种色彩，这种色彩使人类的本性为之大变，这就是欲望的出现，在有欲望的眼睛里，万物都是没有生命价值的财货。

其实，大自然造就万物的方式和手段，是极不相同的。所以，万物之间的自身条件之千差万别直如满天的繁星，没有人能够完全了解清楚。目前，人类所能了解到的事物与事物的真实数量相比，不过九牛一毛而已。针对人类目前所能够掌握的知识范围和认识能力，老夫不相信其中含有多少真知。所以，在此还是重复过去的意见：

塞其兑，闭其门，挫其锐，解其纷，和其光，同其尘，是谓玄同。

这一段话的大意，前面已经多次提到，为了使诸位能够重温学过的东西，在此把这几句话完整地解释如下：

堵塞住通向欲望的通道，关闭上招惹是非的大门，挫掉那些凌人的锐气和锋芒，解脱掉那些无谓的纠纷，融合和汇聚起大地的光芒，混同和吸收下大地的尘垢，这就是一种与天同行的大道。

老者神情激动地问曰：

和光同尘，这四个大字真如天外来音，令老朽心荡神摇而向往不已。夫子！得到了玄同成就的人，他们是处于一种怎样的位置上呢？这算不算是使自己置身于一个突出的地位上？

老子道：

老丈的问题提得好！和光同尘的意思就是混同天下万物而与宇宙自然相合一。玄同是一种接近天道的博大境界，它已经脱离了人道很远，这种地位是一种很超然的地位。处于玄同的地位，一般民众已经不太容易能够接近他们，人们与他们的关系是：

> 故不可得而亲，亦不可得而疏；不可得而利，亦不可得而害；不可得而贵，亦不可得而贱；故为天下贵。

关尹闻言，大喜曰：

夫子所说的这个和光同尘的玄同大境界，实在是大妙。获得此成就者，圣人者乎？神仙者乎？

老子笑道：

这就是无为者了。诸位，无为达到了较高境界，决非是懦弱无能、胆小怕事，而是处于一种燕处超然的地位上。一般民众也许不难见到他们，但是，却难以和他们有非常亲近的接触，同时又不能远离他们；民众不可能通过巴结他们而得到利益，却也不会因为没有巴结他们而得到害处；当然也不会通过讨好他们而获得富贵，也不能因为没有讨好他们而处境低贱。所以，这些能够完全摆脱人间利害关系的圣人们，才会被天下人所尊重和宝贵。这是无为者达到一定程度后的自然举动。

众人闻言，均叹服。

关尹又问道：

夫子对于无为之道已经阐述甚多，我等亟须进行温习思考，以便得闻大道。在下在此提出请求，夫子能否对天下国家与世道人心之间的关系，再多做一点讲述？

老子道：

汝之意见，老夫当做斟酌，如果诸位都有兴趣，不妨明日开始讨论，今天就到此为止吧，老夫已觉疲惫。

诸位！今日讨论的问题很多，涉及的范围很广泛，而且引起了意见分歧。这是非常好的现象，说明大家的思考力度，已经进入到了一个可以深入事物内部的阶段，认识问题只有到达了这个阶段，才会出现分歧以及争论，这是令人深感欣喜的事情，希望再接再厉，更上层楼。诸位一会儿回去之后，再认真思考一下今天的问题。

第五十七讲·我无欲而民自朴

以正治国，	以方正的手段治国，
以奇用兵，	以诡秘的手段用兵，
以无事取天下。	以无所作为来管理天下。
吾何以知其然哉？	我怎么知道是这样的呢？
以此：	就在于：
天下多忌讳，	天下的禁忌越多，
而民弥贫；	人民就越加贫乏；
民多利器，	人民手里有了武器，
国家滋昏；	国家就越加昏乱；
人多技巧，	人们都追求技巧，
奇物滋起；	奇异的东西就大量出现；
法物滋彰，	法令越严明，
盗贼多有。	盗贼就越多。
故圣人云：	所以，圣人说：
我无为而民自化，	我无所作为而人民会自行教化，
我好静而民自正，	我喜欢安静而人民会自己走正路，
我无事而民自富，	我不生事端而人民自然会富足，
我无欲而民自朴。	我没有欲望而人民自然作风淳朴。

众人从帐篷里络绎而出，纷纷在草地上坐稳。老子早已端坐在一块略略凸起的向阳坡地上，开口道：

诸位！连日讨论各种道理，想必早已心理腻烦透顶，反正老夫自己都已经有些打熬不住了。关尹先生昨日建议老夫讲点天下、国家和世道方面的事情，正中老夫之下怀，对诸位来说换换口味也许有助于消化。但是，讲到天下、国家和世道人心这些东西，就不同于讲大道理了，这里面有许多机谋和狡诈，不能不有所涉及，此断非老夫性情使然。所以，今日老夫如果讲得不好，反而对大家却有好处；讲得好，却反而可能有害处。但所谓好处与坏处，亦当因人而异，不能一概而论，其中之是非优劣，唯诸位所择焉。

以正治国，以奇用兵，以无事取天下。吾何以知其然哉？以此。

所谓"正"，在此指的是端正、方正、公正，可以引申为光明正大；所谓"奇"，在此指伪诈、诡诈，可以引申为邪道、旁门左道或歪门邪道，所谓"出其不意"就是这种意思的描述。一正一邪，代表了治国和用兵的不同途径。以光明正大的手段治理国家，以机诈机谋指挥战争，以不惹是生非、清静无为而获得天下。老夫是如何知道了这其中的缘故呢？原因在此。

关尹急问曰：

夫子之所谓"正"，究竟有些什么特殊含义？

老子道：

这个正没有特殊意义。"正"本身是一种作风，一种表现，一种行为的正常反映，并没有思想内涵方面的正面意义，只有外延方面的实际效果。诸位且想一想现在所处的究竟是一个什么样的天下、国家和世道？春秋无义战已经进行200多年，君臣相杀、父子相残、夫妻反目、老幼失养、饥民遍地、饿殍遍野，民众苟存于乱世之中；列国争强图霸，大者欺小、强者凌弱，人多者势大，人寡者力孤，得道者失助，无道者多援，杀人盈城，流血遍野，生命遭受到空前的威胁。是天下者，战场也；是国家者，火坑也；是世道者，地狱也。君不见！黎民辗转于沟壑，人民沉溺于水火。

老者问曰：此大乱缘何而起？

老子愤然曰：

天下多忌讳，而民弥贫；民多利器，国家滋昏；人多技巧，奇物滋起；法物滋彰，盗贼多有。

这段话意思很直白，有点像泼妇骂街，请诸位原谅老夫之口不择言，可这些都是现在中国的实情。但老夫这里对乱世起源的看法，对许多时尚的批评，诸位却未必能赞同。诸位不必忌讳老夫的颜面，完全可以按照自己的看法，畅所欲言地发表意见。

果然，老子的话音一落，那儒生便就地起立，束手为礼道：

夫子对天下、国家和世道人心的论述，真正是发自肺腑的慷慨陈词，对局势的揭示可谓淋漓尽致，真算得上字字如珠玉，诚警世之洪钟大吕也，足以引起世人之高度警醒。然则，晚学大胆冒昧，对夫子的诸多批评及局势断言，却不敢赞一辞。

老子闻言，面上流露出一片赞许之色，他感慨万千地说：

足下铮铮铁骨、宁折不弯，真治世之良才也。以老夫所见所闻，儒家拥有美才高行之士如此之多，此诚未来中国之福也！呜呼！儒家之学，虽欲不勃兴而不可得钦？诸位请拭目以待，数十或数百年后，儒学其当大行于天下也。子有高见，但请言之。

儒生面现钦佩和感激之色，再躬身为礼说：

夫子谬奖，晚学何克当之？然对未来儒学之大兴，则深信不疑。连日得闻夫子大道，实前所未闻，受益何其多也。无可讳言，儒者主张实与夫子之道异其旨趣，此为晚学所深惜者也。然儒者虽主入世，却决不以曲学而阿谀奉世，儒家之学，亦主"以正治国"也，对于巧言令色者，中原儒者排斥之，晚学亦不屑焉。因此，闻夫子之言，但有疑惑，不敢有所隐瞒，必直呈夫子以面质，决不留之后来以私议。晚学不解之处如下：

一、天下多忌讳。忌讳在此应该是禁忌、禁制或禁令。天下各国政府之所以制定出了许多禁制条例和禁令条款，并不是因某些君子者故意无事寻事以谋私利，实乃因天下混乱到了不出禁制而不足以止乱之故。禁制既可止乱，则民众纵有诸多不便之处，亦强似混乱多矣。是以民之所以贫，所在原因固多，然不在忌讳之多少明矣。

二、民多利器。利器是武器，武器是暴力的象征，儒者始终不渝地反对武力和暴力，所以也是反对民多利器的。但利器也是一种权力的象征，民众拥有了一些利器，多少可以捍卫自己的基本生存权利，所以，利器不是国家昏乱的根本原因。国家昏乱的因素不在民间而在侯王，侯王们的许多倒行逆施的做法，使利器成为流行的东西。

三、人多技巧。在这个问题上，晚学已经受过夫子的教导，但仍然不能释疑。人们多掌握一些谋生的技巧，不但可以增加物质财货，且可以提高生活质量和品质，这应该没有值得反对之处。奇物增多了，也就逐渐不奇，这似乎也没有什么不对。

四、法物滋彰。法物在此应该是指法令，或者是国家刑法。这与上面所说的禁制有所不同，禁制是一种劝告式的禁止；法令则是命令式的禁止。违反了前者的规则，不过是受到批评而已；违反了后者，则要接受刑法的制裁。对于这些日益增多的刑法，儒者一般也是大力反对的，晚学亦如此。夫子说刑法日益彰显，引起了人民的对抗行为，结果导致了盗贼增多的局面出现，晚学是赞成的。但晚学认为，刑法的增多可能是盗贼增多的原因，但也可能是盗贼增多而迫使刑法条文的增多。

以上所言，匆忙之中，不成条理，望夫子赐教。

老子聚精会神地听完了儒生的发言，目光从每一个人面上扫过，然后温和地注视着儒生，沉声说道：

你的问题提得非常好，颇能体现出一个真正儒者的基本立场，类似这种相互答辩，老夫已经有很久没有参与了，我很希望与你这样的有志青年进行交流。现在，老夫为了尊重你的意见，就按照你提问的方式，也逐条进行答辩，希望能够得到你的进一步反驳。

一、忌讳诚如尔言，便是禁制。它起源于上古时代氏族禁忌，这是一种对自然物崇拜的遗留。比如，在许多国家里，还颇能看到某些部落继续崇拜一些飞禽走兽、土木石头，甚至风雨雷电、山川河流等等，人们对这些自然物或飞禽走兽，都心甘情愿地付出自己心灵的虔诚。观乎人类的这些被崇拜之物，人们可以发现，它们大多是人们不能随意使用以及害怕恐惧的东西。久之，人们对这些东西的崇拜形成了一些人人服从并遵守的规则，这就是所谓忌讳。由于这些忌讳并非停留在某个阶段而止步不前，它们亦追随着人类的欲望膨胀而不断扩大着范围。截至现在，人类反而日益忘记了自然界的禁忌，而创造出许多人为的禁忌。如国家禁忌、社会禁忌、习俗禁忌等等，它们极大地限制了人民的行为。所以，老夫认为，这些禁忌是造成人民贫穷的原因，这种说法，至少在没有发明出更好的说法之前，是可以成立的。

二、利器是武器，是暴力和武力的工具，更加重要的，它是戕残生命的凶器。老夫在前面已经谈到过兵者为不祥之器，事实上，只要是利器出现的地方，就不免有暴力事件发生。战争及其他暴力行为，都是在利器的使用中得到了扩大，而利器本身亦只有在暴力活动中才有用武之地。为什么把利器和国家昏乱连在一起？因为如果没有了大量利器的存在，即使国家真的陷于昏乱，也不会达到如何残暴的程度，一根木棍和一件利器的功能是不可同日而语的。所以，民间的利器存在得愈多，民众拥有的利器愈锋利，不但无法捍卫自己的基本生存权利，反而会引起国家更多更大的昏乱。

三、对于技巧这一类东西，以前曾向大家强调，老夫也并不是一概反对，像老夫现在身上穿的是麻衫，而不是兽皮或树皮，这可以说明老夫的基本态度。但是，技巧是一种一旦发展起来就漫无止境的东西，它在能够受到有效地限制的时候，对民生的贡献很大，当它泛滥开来的时候，则会导致一系列不幸现象的频繁出现。这时，技巧的发明已经大多与人生没有直接关联，完全是为了满足一部分人的享乐之用，这样，一些奇技淫巧的东西便开始牵引着人们奔向欲望的大道而狼突豕奔、一去不返。所以，技巧是奇物滋生的根本原因，而奇物则是引发欲望的唯一渠道。

四、法物就是国家所颁布的法令或法律，这种东西产生的时间并不长，在中原各个发达国家之中，真正发明出能够为全体人民欣然接受的法律的国家还没有几个。但在你们西北这样的落后地区，反而率先由秦国进行了几次卓有成效的变法，国家法律居然获得了重要地位并支配了社会。在这里，老夫只强调一点，就是强权之下，必有强人，强人不仅产生于朝，也诞生于野。朝廷的强人以国家法律来进行压制性统治，而民间的强人则往往采用以暴力来反抗压制。盗贼属于不法者，属于违法者，但他们的做法虽然不值得称道，甚至应该进行打击，但所有盗贼在行为方面的残暴恰好是朝廷合法强人的行为的翻版。从这个意义上说，盗贼是法律条文日益增多和加强的产物，似乎是言之成理的。老夫的主张，亦是来自古代的圣人：

故圣人云：我无为而民自化，我好静而民自正，我无事而民自富，我无欲而民自朴。

老夫此处主要说的是国家的领导者们，百姓对他们从来也没抱多大期待，只要他们能消消停停地把持好国家的大局，使自己的行为限制在无为，那么，民众就自然地服从（归化）于国家政府的权威；国家的领导者如果能够安安静静地实行着无为的领导，则民众自然而然地就会行为端正；国家领导者如果不随意地四处生事，则民众自然生活富足；国家领导者如果没有那么多欲望，则民众的生活也自然会趋向简单淳朴。

老者听到这里，不禁击节赞叹道：

好一个圣人之言！作为国家的领导者真应该作为自己的座右铭。

儒生闻言，束手为礼道：

夫子高明，晚学确实是叹服了。

众人尽皆赞叹不已。

这时，关尹插口道：

按照夫子所言，为政者只要奉行了上面的无为、好静、无事、无欲，就可以达到天下大治，真可以说是简单易行的治国方略。然则，这样的天下大治具有什么特点？

老子一时无语。

第五十八讲·人之迷其日固久

其政闷闷，	国家的政治表现得沉静寂寞，
其民淳淳；	它的人民就会淳厚朴素；
其政察察，	国家的政治表现得明察秋毫，
其民缺缺。	它的人民就怨愤狡诈。
祸兮，	灾祸，
福之所倚；	是幸福的依托点；
福兮，	幸福，
祸之所伏。	是灾祸的潜伏处。
孰知其极，	谁能知道事物演变的终极，
其无正也？	它没有正轨可以遵循吗？
正复为奇，	正可以回复为奇，
善复为妖。	善可以回复为妖。
人之迷，	人类的迷惑，
其日固久。	日子已经很久远了。
是以圣人方而不割，	所以，圣人行为方正而不分割，
廉而不刿，	廉正而不侵害，
直而不肆，	正直而不放肆，
光而不曜。	光彩而不闪耀。

老子眼望着西南方向的大雪山，此刻，雪山巅峰上的皑皑白雪在太阳的照耀下，泛出一片金色的光芒，使平淡无奇的大雪山居然放射出一股崇高、华贵和圣洁的光华，令人不敢仰视。

老子沉吟良久，方面向关尹徐徐而言曰：

政治这一类东西，素为老夫厌恶，坦言之，老夫不是一个熟悉政治的人，且是一个努力逃避政治的人。足下既有此一问，老夫就只有勉为其难了。但老夫所言，亦与潮流所不符。

其政闷闷，其民淳淳；其政察察，其民缺缺。

这几句话在诸位听来，可能会觉得有些费解，老夫且略加解释。闷在这里是指沉闷，可以引申为封闭和隐晦；淳在此是指纯粹或淳朴。闷闷的政治实际上就是一种消极的政治，亦即无为政治，在这种政治制度下，民众和民风都处于淳朴的状态中；察在这里是指明察，缺是指缺欠，政治上越是明察秋毫，民众就越是若有所失。

大家都能够知道，当今执政者们的行为却完全反其道而行之，他们在政治上都相当开放，结果他们自己并没有变得聪明而民众却都相当迅速地就变得不那么淳朴了；他们似乎在政治上都力求做到明察秋毫，结果使民众总感到自己好像缺少或丢失了许多东西。可见，闷闷政治虽然看起来好像是死气沉沉的局面，其实却达到了民心淳朴的效果；而察察看起来好像是在政治上达到了明察秋毫的程度，其实却造成了民心的缺憾。事物是没有万全的，它们都具有正反两个方面的因果关系，这就是：

祸兮福之所倚，福兮祸之所伏。孰知其极？

我们每日每时都生活于各种事物的反复循环和互相演化之中，但每一个人都浑然不觉。大家都不能觉察到，在许多事物的灾祸之中，正是幸福所赖以生长的地方。所以说，灾祸为幸福所倚赖；而幸福之中也同样潜伏着各种灾祸。所以说，幸福是灾祸所隐蔽的渊薮。类似这样一些变化无常的道理，有谁能够知道它的终极之处呢？

关尹大声赞叹道：

夫子的这两句话精辟之极，直如天外传来，令人发聋振聩，又不由得汗流浃背。

老者则激动得双手合十，两眼望向苍天。

老子接着说：

　　其无正，正复为奇，善复为妖。人之迷，其日固久。

　　福祸之倏忽而来飘忽而去，以及二者之间的相互依伏的复杂关系，也有一定的规则可以遵循。我前面谈到了"以正治国"，这个"正"字在我的学说中是非常关键的字。其无正，就是说任何人如果不能以光明正大的手段来行事，则本来是"正"的事物便会转变为性质相反的东西——伪诈和机谋，而所谓善也会转变为令人无从捉摸的鬼魅行为。人类在这里的认识始终相当模糊，其沉迷的时间实在是太久远了。
　　关尹小心翼翼地问：
　　然则夫子是否可以提供一条走出迷途的路径？
　　老子答道：

　　是以圣人方而不割，廉而不刿，直而不肆，光而不曜。

　　关尹不能领会老子语言，一时睁大了眼睛。
　　儒生却似乎听懂了老子话中的玄机，也不禁睁大了眼睛。
　　老子看了看众人，对儒生笑道：
　　这几句话是中原地带的普通话，在西北地区可能有些夹杂不清，不知可否劳烦足下试为解之。
　　儒生乃朗声道：
　　夫子的这几句话虽然平白，却含有至高至深的道理，晚学怕也解不好。但夫子既有所命，当勉力为之，以下按照夫子的原话进行解释：因此，圣人的行为是极端的方正（即公正），而不是用来截取利益的；圣人的行为是极端的廉洁，却不是用来造成伤害的；圣人的行为是极端的正直，却不会使之达到放肆的程度；圣人的行为极其的光明，却不会发出耀眼的光芒。晚学就自己的理解所释，不当之处，请夫子指教。
　　老子笑道：
　　你的解释相当清晰明了，仅此亦已足见高明。诸位！在真正的圣人时代，是不会出现迷路现象的，因为圣人们用自己的行动为人们指引出正确的方向。圣人的行为方正却不造成割裂，这是很难做到的，方正是有棱角的东西，如果不是运用得恰到好处，很容易就造成割裂；廉洁是一种朴素行为，但如果运用得不恰当，就会因过分廉洁而导致贫穷，因贫穷而造成伤害；正直的行为是一种带有冲动性的行为，如果运用得不恰当，就会成为放肆的作风，而放肆也是会伤害人的；明亮的东西虽然都是好东西，但明亮得过分，就会照耀如同烧烤，这就是一种伤害的行为了。

可见，任何事物都至少具有正反两个方面的因素，所以矛盾中存在着对立和统一。但诸位一定要注意！反面的东西运用得过分并不等于正，它可能转向其他方向；而正面的东西运用得过了头，有时是走向反面，有时也会走向其他途径。正反是对立的，有时是相生的，但并不永远都是能够互相转化的。所以，对待一种事物，不能仅仅关注到它的正反两个方面的因素，而是要观察到它的多方面因素，如是庶几接近大道。

关尹道：

然则，管理人民最重要的方法是什么呢？

第五十九讲·深根固蒂

治人、事天，	治理人民、事奉上天，
莫若啬。	没有什么比得上节省更重要。
夫唯啬，	只有节省这种东西，
是谓早服。	可以称作是预先筹划。
早服谓之重积德。	预先筹划叫做注重积累德行。
重积德则无不克，	积累德行就没有克服不了的困难，
无不克则莫知其极。	没有克服不了的困难就高深莫测。
莫知其极，	高深莫测，
可以有国。	可以占有一个国家。
有国之母，	有了立国之本，
可以长久。	就可以存在长久。
是谓深根固柢，	这叫做根扎得深厚柢长得牢固，
长生久视之道。	是生命长久存在的道理。

老子思索片刻，说道：

说老实话，关尹先生提出的问题，老夫平素很少认真思考，近几年来，则几乎已经完全放弃了思考。在老夫的认识领域中，只有具体引导人民群众的疏导方式，而没有进行管理和压制人民的压迫方式，老夫始终认为人民是可以引导而不可以压制的。这个问题比较复杂，可否容老夫考虑一些时候再做回答，现在只能告诉诸位：

治人事天，莫若啬。夫唯啬，是谓早服。

这几句话用口语解释起来比较麻烦，简单地说，治理人民和事奉天地自然，没有什么方法比"啬"更好——啬在这里指节俭和爱惜。只有采用了啬的方法，才能遇事从容、预先准备，这叫做"早服"，早服就是因提前做好了准备才能达到预期效果（获得）。人们日常说的所谓"蓄谋已久"、"从容不迫"、"防患于未然"，就出于这个道理。

老者问道：

夫子大道的一贯精神是无为、柔弱、委屈、忍让、节俭和素朴，夫子在此仅用了一个啬字加以概括，确实非常精妙。但对于从啬中蜕变出来的所谓"早服"一词，虽经夫子详加解释，老朽仍不能甚解，如坠五里雾中，尚祈夫子能进一步开导。

老子道：

> 早服谓之重积德。重积德则无不克，无不克则莫知其极。莫知其极，可以有国。

"早服"的进一步解释，就是要爱惜、节省自己在精神上的获得和物质上的获得，积德是积累所获之物，在此专指精神和物质，即通过"啬"的行为而不断地进行德行之积累。能够重视积累德行的人，则可以做到无往不胜，无往不胜的人则无法估量其能力之潜力。不能估量其能量潜力的人，则可以拥有治理和领导国家的权力了。

老者道：

如夫子所言，则谓拥有啬德之人，是可以治理一个国家了。

关尹道：

以在下愚见，啬德者虽然可以有国，但有国者仅仅拥有啬德还是不够的。如果那样，夫子直接说啬德者有国就足以解释清楚了。在下以为，啬德是一种品质的出发点，是德行的一个开端，它必须上升为早服，而早服亦必须上升为重积德，这样，重积德既不是啬德亦不是早服而是它自己。它们之间不是平行关系，而是逐渐上升的关系，所以，在下认为老先生所理解的夫子之言，尽有曲解之处，须加以更正。

老子颔首微笑。

老者闻言，细细地品味了一会儿，似乎体味出了其中的道理，不禁向关尹深深一揖，肃然曰：

阁下说得极是，老朽在此谢过。但老朽心中仍有疑惑，夫子所言的重积德，是重视积累——精神与物质——之所得，然夫子始终反对以任何形式做任何积累，何以在此却提倡积累的行为？

老子道：

使身体轻无一物，是远古圣人的行为；使精神达到婴儿状态，是得道者的修行自己的结果。然今日所言不过是治国之道，治国的道理在某种程度上说，不过是权力者通过自己的行动在行使一种权力，在考虑自己行为方式的同时亦须顾忌到权力落实后的效果。所以，治理一个国家和修行一个人的身体，既有相同之处，又有大不相同之处。高明者或可同时兼而有之，下焉者则只能择其一端而已。治国是世俗行为，积累亦是世俗行为，所以，老夫把重积德视为治国的要道。老夫还认为：

有国之母，可以长久，是谓深根、固柢、长生、久视之道。

重积德是治国的要道，也是一个国家的本源，有了这个本源，国家就可以说是根基深厚、牢固了，这是国家得以延续生命、长久生存的基本道理。诸位须注意，上面所说的道理并非大道，只是治理国家的寻常道理，它只适用于国家存在而与生命修行无关。

关尹道：

一个国家无论大小，她的内部构成都有人民无数、土地无数；其他如江河湖泊、飞禽走兽、风雨雷电，尽皆有之。对于这样一个庞然大物，如果不是具有高度的政治技巧和对国家具体情形的了如指掌，治理起来简直不知该如何措手。可见，管理一个小国已经相当不易，管理一个大国实在非超人而莫能胜任。当今世道混乱，其主要原因是宗周衰微不振，天子失权，诸侯不臣，列国失控，霸主迭兴，群雄逐鹿，致使天下纷纷然而无一日之宁。各国之间的较量改变了天下的原有秩序。

第六十讲·治大国若烹小鲜

治大国若烹小鲜。	治理一个大国就像煎小鱼一样。
以道莅天下，	用道的原理莅临天下，
其鬼不神。	可以使鬼怪不能产生神奇。
非其鬼不神，	并非是鬼怪不能产生神奇，
其神不伤人；	而是那种神奇不能伤害人；
非其神不伤人，	并非神奇不能伤害人，
圣人亦不伤人。	因为圣人根本不伤害人。
夫两不相伤，	只要人与鬼两不相伤，
故德交归焉。	所以，二者的"德"都获得保全。

老子接口道：

相对于人类存在来说，国家是一种出现很晚的东西，即使在素称发达的中原也有许多脱离于国家控制范围之外的地区，何况四夷边地到处都有独立自主的村社。国家这种东西，从出现之日起，就有点面目古怪、性质不清，人们对于国家性质之优劣始终无法辨认清楚。大家知道，只要一个人作为某一个国家的百姓，他的身份、地位以及观念就只能站在这个国家的立场上，而不能站在一种超然的立场上。比如，一个鲁国人不会欣赏和赞扬楚国，一个楚国人也不会感觉到鲁国的好处及优点。在当今天下，人们的各种传统积累都已丧失干净，就只有拼命株守在国家这块最后的立足点上而没有任何勇气加以改变。这样的局面，鼓励和纵容了一些国家领导者们的欲望、野心、无能、愚蠢以及不法行为，使他们在权力运用方面更加肆无忌惮，他们使自己代表了国家，甚至成为了国家本身。于是，他们治理国家，管理人民，不是遵照准则和原则，而是凭借自己的嗜好、性情以及一时之兴。在这种情形下，天下事如何能够走上正确的轨道？国家大事如何能够获得合理的解决？

关尹：

然则治理国家应根据什么原则？

老子道：

治大国若烹小鲜。

众人闻言，都满脸茫然的神色。

老子根本不理会众人的情态表现，继续不疾不徐地说道：

无论人们把国家看做是什么性质的东西，但国家并不神圣，它其实什么也不是而只是它自己。人民因为国家的出现而丢失了自己，但国家却由于人民的自我迷失而获得了它自己。在国家面前，几乎全体人民都失去了自己超然独立的存在，而国家却获取了独立自主和凌驾一切的独尊地位。千百年来，失去最多的是人民，获得最多的是国家，国家借助了民生的艰难困苦和民心的迷失彷徨而使自己获得了超然地位。

国家根本就不是什么神圣的东西，在老夫的眼里，它不过像是一条有待烹制的小活鱼。诸位或许都有过烹制小鱼的经验，这样的小鱼对于果腹没有什么价值，如果烹制不得其法，去头、去尾、去鳞、去肠、去肚，则小鱼就只不过是一堆小刺；但如果把小鱼完整地放在镬中，不随意翻动，不久之后则可以获得一道味道鲜美的大菜。国家就像是一条小活鱼，如果随意地煎来炒去、整治来整治去、上去一头、下去一尾、外去一片鳞、内去一副肠，则除了剩下一堆骨和刺之外，便什么也没有了。

众人闻言，皆抚掌称善。

儒生赞叹道：

夫子讲道讲到现在，真是愈来愈精彩，愈来愈令人赞叹不已，也愈来愈叫人心向往之。治理一个大国，在吾辈俗人眼里，那是何等神圣、何等庄严、何等神迷的事情！可是，在夫子的一双慧眼里，不过烹制几条小鱼那般简单。切盼夫子有以教我。

老子面露赞许神色，缓缓道：

治理一个大国与治理一个郡县、一块领地、一个村镇，甚至一个家庭，没有任何区别。诸位可以试想，治理一个家庭最重要的是什么？就是无为，如果你成天扒房拆屋，耕地上修路，后院里掘矿，池塘里排污，江河里开渠修大坝，略有空闲，则改造思想，提高觉悟，这日子还能不能过？国家亦如是，一会儿拆迁、一会儿移民、一会儿军备竞赛、一会儿治理整顿、一会儿批判异端、一会儿阶级斗争，这与其说是治理，毋宁说是故意破坏！

儒生黯然曰：

夫子说的是。然则如之奈何？

老子默然，道：

以道莅天下，其鬼不神。

上述所有现象，都是一群阴阳不分、黑白颠倒的鬼神们在作怪。所谓"鬼神"，不过是人心中的欲望，是自然颠倒的产物，他们借助了乱世而兴风作浪。作为国家的领导者们大可以压抑一下自己的雄心壮志，给百姓留下一条活路，留下一口气。他根本不必时时地兴师动众，不必拿整个国家来做一种所谓事业的赌注，并把这赌注按照自己的兴趣而进行随意性的押宝。这样的做法，使国家像一条小活鱼一样，只能残破而不能获得合理地处治。如果以无为之道来治理和管理天下，则可以使鬼怪们失去他们所具有的神性。

关尹道：

鬼怪如果失去神性还能算鬼怪吗？

老子笑道：

在一般情形下，鬼怪当然不能不伤人，但汝须注意"以道莅天下"几个字，如不是以道，则鬼焉能不神？

非其鬼不神，其神不伤人。非其神不伤人，圣人亦不伤。

人世间是否有鬼神这种物事，我回答不出。我想，即使有鬼神存在，他们与人类生存于不同维度的空间里，彼此理应了无瓜葛。而在人世出头露面、兴妖作怪的并非什么鬼神，不过是些披了鬼神外衣的人。诸位！鬼神没什么可怕，在远古鬼神漫天飞舞的时代，圣人临国也能做到民生安乐。这不是鬼失去了伤人的功能，而是鬼的功能不能伤人。这当然不是鬼的功能不愿意伤人，而是因为圣人正在大位，以道治国，鬼神虽欲伤人而实不能伤也。所以，圣人以大道治国，连鬼也会失去神性。

老者问曰：

鬼无神性，自不能伤人，然圣人其伤鬼神乎？

老子曰：

否！鬼神既不伤人，圣人亦不伤鬼神。

夫两不相伤，故德交归焉。

以人鬼交往的历史看，二者之间的关系千丝万缕、错综复杂，只有互相让步、两不相伤，才能各有所得。交归即互相有得，亦即各得其所的意思。大凡一个国家，只有使鬼神得到了比较合理的安置，才能平安无事，这只有圣人临国的时候才能做到。

众人尽皆称善。

儒生道：

然则大国将何以处其大？

第六十一讲·大国者下流

大国者，	天下的"大国"，
下流也，	要甘居下游地位，
天下之交。	下游的地方是天下的交汇处。
天下之牝，	天下的雌性，
牝常以静胜牡，	雌性经常能以安静来战胜雄性，
以静为下。	因为静处于卑下。
故大国以下小国，	所以，大国以卑下对待小国，
则取小国；	就可以赢取小国归附；
小国以下大国，	小国以卑下对待大国，
则取大国。	就可以获取大国的信赖。
故或下以取，	所以，或是以卑下来赢取归附，
或下而取。	或是以卑下来获取信赖。
大国不过欲兼畜人，	大国不过想要领导小国，
小国不过欲入事人。	小国不过想要事奉大国。
夫两者各得其所欲，	这两者虽然都得到满足，
大者宜为下。	大国还是应处于卑下地位。

老子笑道：

　　足下又给老夫提了一个难以回答的问题。人与人之争而出现强弱之分，国与国之争而产生大小之别。在一般的情形下，弱之畏强，小之服大，是人类团体日益流行的规则。但事实上，弱虽畏强而终能胜强，小之服大而终能胜大。因此，对于强弱大小的最终结果，是没有办法加以预测的。但二者之间的位置变化则往往是显而易见的，商之胜夏，周之灭商，皆是其明证。所以，大国如果不能使自己处于一个合适的位置上，则其优势地位是难以确保的。什么样的地位是合适的地位？老夫认为：

　　大国者，下流也，天下之交。

　　在现代人的流行观念里，这几句话颇不易理解，老夫在中原时曾与各国的许多学者士大夫谈起，每每发生极其尖锐的观念对立。下流这个词，人们都认为不是一个好词，不能代表正面的事物，老夫却认为这是一个最能够说明问题的词汇。什么是下流？下流就是水的下游。诸位看河水，在它处于上流或上游的时候，都是一付瘦瘦小小、萎靡不振的软弱样子，但这决不是老夫惯常所说的婴儿状态，也不是强大者有意的守柔守弱，而是本来就柔就弱；柔弱而不能自持就往往流于泛滥，河水的中流或中游，便开始一反常态，变得桀骜不驯、反复无常、变幻莫测，所以，中流便需要砥柱来加以限制；但是，河水的下流或下游，开始变得丰满、充盈、浩大、自足，但它却没有任何傲慢和自大的表现，而是藏污纳垢、滋润万物、守弱持柔。

　　下流是河水达到自足、丰满、健全、完善、利万物而不自利的道的最佳状态的表明，它亦使万物都纷纷汇聚到下流之处，并在此找到了自己的最佳立足点。人类受惠于河水最大的地方，尽皆处于下流之处，这些地方都成为天下的通衢和交汇之处。

　　在此应该强调指出，大国要效法河水而自处于下流和下游，而不是要力争上游，因为下流是天下国家的交汇之处，也是可以立足长久的不败之地。这个道理可以进一步来阐述，如：

　　天下之牝，牝常以静胜牡，以静为下。

　　牝是表示天下所有阴性以及雌性物种的字，它象征了生殖和诞生，从阴性中时时产生出一种阴柔的气质，这种气质所代表的东西和事物在人们眼里往往是极端柔弱的；而牡则是表示天下所有阳性以及雄性东西的字，它象征着成长和发展，从阳性中爆发出了一种阳刚之气，这种气被人们误认为代表强大。长期以来，人们习惯性地认为，阳胜阴而强，阴屈从于阳而弱。但事实却完全相反，阴性不但不弱，而且经常能够以一种静态来战胜阳性，强大的事物往往以静态来显示一种处于下流的地位。

关尹道：

然则当前的事实却似乎与夫子所言恰好相反，反映在我们视野之内的种种现象，却是大国和强国往往能够屡屡地战胜、占领、征服、吞并小国，而小国或弱国却从来也不能战胜或领导大国。这是人人都耳闻目睹的不争事实，不知夫子对此做何解释？

老子对关尹道：

大国与小国之间的强弱关系是难以从表面现象或一时现象来看待的，前面已经提到了夏、商、周三个朝代的事情，其间之改朝换代，都是以小取大的典型事例。大国胜小国，是以战争和武力为手段所获得的一时胜利；而小国取代大国，则不完全依靠战争和武力。战争和武力所能够获得的仅仅是征服性的胜利，它很少能够达到制服和取而代之的目的；小国取大国，虽然也有战争，但主要是讨伐而不是征服。诸位要注意！战胜和取代是两种截然不同的做法，前者主要依靠武力而达到一时的胜利满足，后者则主要使用道义而达到永远征服；也可以说前者是采取强大的手段而一时压服了对手，后者则使用了柔弱的方法而达到了屈服对手的目的。但是，诸位一定要注意！古代的事迹都已经成为过去，夏、商、周三代纷纷破灭，他们那个时代的遗风也已经不复存在。现在，列国之间的战争规则已经发生了性质变化。

故大国以下小国，则取小国；小国以下大国，则取大国。故或下以取，或下而取。

所以，大国如果能够自动地以一种卑下的态度、谦卑的地位来与小国交往，就会兼并或吞并小国；而小国如果能够主动地以一种谦卑的态度来与大国交往，在古代的时候也完全可以取代大国——如商汤和周武——但在现代，却仅仅会得到大国的宽容。因此，大国谦下能够取得领导地位，小国谦下则能够取得大国的让步。大国取小国以谦下，小国取大国以谦下，二者在方法上是一样的，在性质上也没有什么区别。

故或下以取，或下而取。大国不过欲兼畜人，小国不过欲入事人。

　　谦下的态度虽然一样，但两个"取"的目标却并不相同，大国谦下的目标是兼并和奴役他人和他国；而小国谦下的目标却不过是事奉大国而苟存。诸位！大小不同是客观存在，强弱差别也是客观存在，这是没有办法泯除的，如果不是在一定的条件下，也是不可转变的。所以，大国谦下可以达到领导他人的目的，而小国谦下不过是为了苟且图存而已。这样的事实当然是不公正的，但却是一个达成两安的权宜之计。

　　　　夫两者各得其所欲，大者宜为下。

　　大小之间如果能够维持和平共处的局面，便各自满足了自己的愿望。但由于大国始终处于优势和领导地位，而小国处于劣势和被领导地位，所以，大者应该以一种谦下的态度来进行领导的。否则，大国的领导权是不会确立长久的，华夏历史处处显示了这一点。

第六十二讲·美言可以市尊

道者，	道路这种东西，
万物之注也，	是天下万物所依附和倾入的处所，
善人之宝也，	是善人行事的法宝，
不善人之保也。	是不善人所要保有的。
美言可以市尊，	漂亮的言辞可以买到尊荣，
美行可以加人。	漂亮的行为可以强加于人。
人之不善，	虽然是不善良的人，
何弃之有？	为何要把他们舍弃呢？
故立天子，	所以，人们拥立了天子，
置三公，	设置了三公（太师、太傅、太保），
虽有拱璧以先驷马，	虽有前面摆放拱璧后面跟着驷马这样的献礼，
不如坐进此道。	还不如端坐着奉献上这个道理。
古之所以贵此道者何？	古时候为什么贵重这个道理呢？
不曰：	不是说：
"求以得，	"有求就可以得到，
有罪以免耶？"	犯了罪可以豁免吗？"
故为天下贵。	所以，（这个道理）为天下人所贵重。

老子道：

刚刚讲了河水下流，以及大国使自己处于下流的必要。人们通常根据河水下流藏污纳垢的特点而视下流为肮脏龌龊，但如果没有了这种藏污纳垢的地方，是不是就不存在污垢了呢？如果污垢仍然不断地被制造出来，天地之间又怎么少得了藏污纳垢之处？所以，老夫历来对那些被人们大肆吹捧的名山秀水不感兴趣，而对这些藏污纳垢的下流东西都表示赞赏以及由衷的钦佩。下流精神是一种真正的守柔守弱、宠辱不惊、包含万物的博大精神，这种精神与道的精神是完全一致的。我们且看：

> 道者，万物之注也，善人之宝也，不善人之保也。

关尹闻言曰：

夫子的这几句话，在下往昔亦曾听人说过，据云乃夫子所言，但是字词上却有所不同。

老子悚然动容道：

尔试言之。

关尹道：

> 道者，万物之奥。善人之宝，不善人之所保。

老子闻言笑道：

原来如此，这倒不足为怪。这几句话，老夫早年即已刻写于简册，在周、宋、郑、陈、楚等地也曾经与许多求道者进行过多次切磋，结果引起了很大反响。只是没有想到，老夫本人遭受到群起而攻之且不说，连这几句话的字词，居然也被篡改了。

"万物之注也"如果被改成了"万物之奥"，整个意思就面目全非了，这个篡改者实在太不高明。所谓"道"，在老夫看来是道路，是万物孕育周行的顺畅渠道，是承载万物的大器，是万物成名的根源，也是万物生命的最后归宿。所以，此处所说"道者，万物之注也"。意思是说，道与河水的下流能够吸纳千川百流一样，万物都注入到了大道之中而得以显示。而"万物之奥"是什么？奥者，深藏也。万物都深藏起来做什么？

现在，老夫亲自来给大家作注，道是万物所注入的所在，是善良者的法宝，也是不善者的保护器。

关尹闻言，恍然曰：

难怪在下早年听说了这几句话之后，也是百思不得其解。每每暗自寻思，道究竟是什么？在未闻夫子教诲之前，在下想破了脑袋也想不出它是什么，为什么居然会成为储存万物身体的仓库？从夫子处得闻道即道路之后，便即想到，道既是道路，如何能深藏万物？今日听夫子之言，总算明白了其中道理，此亦可见传闻之不足闻也。

老子笑道：

美言可以市尊，美行可以加人。

美好的语言可以换取到他人的尊重，美好的行为可以打动他人。但真实的道理并不美好，有时甚至有些丑陋。所以，它们往往被人所轻视或篡改成美好的语言；同样，踏实而善良的行为并不美丽，也往往被人所蔑视或歪曲。所以，辨识美言和美行时一定要多加注意。

老者道：

请夫子原谅老朽冒昧，老朽想打断夫子的话，提出一个问题，不知夫子能否俯允？

老子道：

老丈请说。

老者道：

夫子前面说"道者是善人之宝"，这是可以理解的，但又云"道者为不善人之保也"，则令人好生不解。

老子道：

人之不善，何弃之有？

善和德行一样，是没有固定标准的行为准则。在老夫看来，人们都无知无欲就是善，这种看法正好与古代行道者不谋而合；在国家的侯王们看来，百姓们只有变成牛马才是善，这种看法正好与屠户不谋而合；而在棺材店主看来，人们都变成死人才是善，这种看法正好与将军们不谋而合。所以，不善并不该死，为什么要抛弃他们呢？为什么不看一看河水和大道的榜样呢？河水可以藏污纳垢，道路可以承载万物，大道当然不能抛弃不善的人。所以，自古及今，为了管理百姓，而有：

故立天子，置三公。

因此，国家创立而出现天子，设置三公，都是为了教化不善者，使他们能够迷途知返、弃恶扬善。

虽有拱璧以先驷马，不如坐进此道。

所以，作为一名试图有所作为的人，如果想要晋谒天子或三公大臣，虽然先献上美玉，再贡进驷马，却不如稳坐着献上治国的大道。说到这里，老夫想起楚国有一个人，他偶然得到了一块尚未雕琢的稀世美玉，就想方设法地把它贡献给楚国国王，结果先后三次被处以体刑，最终成为了一个残废人。这个人就是现在家喻户晓的和氏，他献的美玉就是名闻天下的"和氏璧"。这块玉璧，现在已经成为各国国君人人觊觎的无价珍宝。大家想想，这位和氏当年倘若向楚王献上的是治国大道而不是美玉，何至于遭此大难？自古以来的侯王们，对于大道的追求始终是很坚定的。

古之所以贵此道者何？不曰："求以得，有罪以免耶？"故为天下贵。

为什么自古以来的人都这样重视对道的追求？是因为"道"是一种无须远行却能够日求而日得的东西，生活在侯王们可以任意行诛杀的乱世之中，修道可以使自己避免无辜而遭杀，所以，道得到了天下人的宝贵。

儒生大惑不解道：

请夫子莫怪，晚学对夫子刚才所言大有不解之处，不知是否可以动问？

老子道：

学必有所得，方始能有所问，所谓"道问学"便是这个道理，汝有何问题？尽管随意问来。

儒生道：

修道，诚如夫子往日之所言，是为了达到一种无知无欲的状态，这种状态能够使人拥有一种不避兕虎、不避刀兵、不避攫鸟的神奇本能——犹如后世武侠小说里的武林绝顶高手。如此之高明道理，何以在此却成为苟全性命于乱世的委曲求全之道？

老子道：

这个问题甚易答耳，足下只要把委曲求全之道和无知无欲状态颠倒一下，心中就会豁然开朗。老夫所言的无知无欲是一种存在状态，而且是一种个人身心达到比较高级的状态。修行到一定程度后，修习者可以对普通人所畏惧的兕虎、刀兵、攫鸟等的伤害熟视无睹。所谓熟视无睹不过是一种精神所到达的境界，而不是身体果真就具有了刀枪不入的本能。比如老夫现在的状态，在某种程度上确实可以说是无所畏惧，但足下如果把一柄利刃向我当胸刺来，或者引一只猛虎向我扑来，我除了躲避之外而不能对抗。

请诸位记住！修道是为了修得一条通向崇高精神境界的心灵之路，而不是达到一种身体上的超人能力。对于身体方面能够达到什么能力，老夫丝毫不知，老夫不知是否有一种能够刀枪不入或腾云驾雾的身体，也不知道这种身体所以成就的修炼方法。所以，老夫以为，修道者首先需要谋求保全自己的方法，这就是足下所说的"苟全性命于乱世的委曲求全之道"，擅自离开了这条道路，就谈不上什么境界问题了。

因此，这里提出的道理，是一种避世求生的保身之道，这种道理所以能够避世保身，全在于它的忍让、委屈和屈服。老夫的道理之中决没有能够使个人强大的方法，至于足下所提到的那些刀兵、兕虎、攫鸟等等的侵袭，如果不是从精神上却避免而是从身体上去战胜，则诸位只须去练习好拳脚、冶炼好兵器、穿戴好甲胄，庶几可以达到，而老夫则没有什么任何办法。诸位！老夫之道，委曲求全而已矣。

老者道：

夫子所言甚是，夫子之道是为了修习心灵和精神与生命相通的大道，由这个大道而达成个人在现实生活中的无灾无祸。夫子之深邃道理，在今日中国无有可相提并论者，此不在于夫子的致强之道，而在于夫子的致弱之道。所谓"致强之道"流行于当今天下，所在尽有，然诚如夫子所言"强梁者不得其死"矣！致弱之道，世所罕言之，老朽尝闻高人之遗风，而不得见其人，亦不能得闻其大道。今幸遇夫子，得闻委曲求全之道，老怀甚慰，正所谓朝闻大道，夕死而无憾也！老朽何其幸哉！

儒生窃笑而不语。

众人有感于老者之言，无不欣然。

关尹道：

在下既不似儒学先生之多疑问，亦不似老先生之善领会，在下实乃愚人也！所以，在下每多惑。在此，如蒙夫子不弃，则仍请夫子对委曲求全之道有进一步之阐述，庶使在下之得以窥大道之门。

第六十三讲 · 夫轻诺必寡信

为无为，	行为上无所作为，
事无事，	行事上无所事事，
味无味。	闻东西没有味道。
大小多少，	大小多少没有分别，
报怨以德；	以德行来报答怨恨；
图难于其易，	打算完成困难工作须从容易处入手，
为大于其细。	做大事业须从细微小事着手。
天下难事必作于易，	天下的困难事都发端于容易，
天下大事必作于细。	天下的大事业都开始于细小。
是以圣人终不为大，	所以圣人始终不使自己成为伟大，
故能成其大。	因此终能成就他的伟大。
夫轻诺必寡信，	轻易的承诺必然缺少信用，
多易必多难。	把事情看得太容易必然遭遇诸多困难。
是以圣人犹难之，	所以，圣人都非常重视困难，
故终无难。	因此他终能避免困难。

老子闻言，长叹一声对关尹道：

老夫连日所讲，无不涉及委曲求全之道。老先生乃世之贤者，闻道而欣喜，岂待老夫浅陋之学所启发？儒学先生乃世之美才，闻知而置疑，岂老夫之道所能感化？至于足下，则怀美玉之资质，惜乎暂时陷于泥污之中，他日一旦迷途知返，汝之成就亦当在老夫之上，子好自为之，万勿自傲、自溺。委曲求全之道无他，实即无为。

　　为无为，事无事，味无味。

　　这几句话非常浅白，就是把作为当做无所作为，把行为变做无所事事，把有味道的东西作为无味。

　　诸位一定会认为这实在是很容易做到的事情，但事实上却几乎没有人能够真正做到，包括老夫自己在内。诸位！许多所谓无所作为者，是因为无能力有所作为，而不是由有所作为而自觉自愿地进入到无所作为；许多无所事事的人，也就是无能力有所事，而不是由日理万机而心甘情愿地进入到无所事事；而许多没有趣味的人，也就是缺少情趣的人，而不是由有趣味而进入到无趣无味。所以，可为而不为与不能为而不为，是性质完全不同的两回事；可为而不为庶几接近大道，不能为而不为则是一种无能。所以，

　　　　大小多少，报怨以德；图难于其易，为大于其细。天下难事必作于易，天下大事必作于细。

　　大小多少是一些形容词，形容一些用眼睛可以计算、观察、定量、觑透的东西，它们的意指所向，大致集中在物质财富的多寡和世态人情的大小。所以，作为一名修道者，无论物质财富多少或世态人情之大小，都应该持有一种涵盖和容纳的态度。尤其是对一些有关个人恩怨的事情，应该具有一种宽宏大量的雍容气度，老夫把这种雍容大度行为称为"报怨以德"。大家也许都知道，在如何处理人事关系上，以怨报怨是现在豪侠之士流行的行为方式；以德报德是现在士大夫流行的行为方式；以怨报德是现在小人流行的行为方式；以直报怨是现在君子们流行的行为方式。这里提出的"报怨以德"则应该是修道者的行为方式，这种方式是周纳和涵盖天地万物的唯一正确途径，是道的精神的典型反映，是委曲求全之道的具体运用。

　　诸位可能都知道一个很浅显的道理，如果要解决一个比较复杂的问题，势必要在它还处于比较容易着手解决的阶段进行；要实现一种伟大的理想，则势必要在这种事业处于细微的时候开始进行。天下的困难事，都开始于简易；天下的大事情，都开始于细微。所以，如果有人要克服一种困难的局面，便要在这种局面还没有最后形成的时候着手解决；如果要开

创一种伟大事业，则一定要从最微小处着手进行。

关尹道：

夫子所说的报怨以德，这个德字究竟是得到的意思，还是德行的意思？在下一时尚不得其解。

老子道：

得与德在字意与字音上本来是一个字，但含义上却始终代表了不能分离的两种行为方式。你想一想，欲获得一种东西而不讲任何规则，是不是能够行得通？事实上，如果任由没有限制的获得行为泛滥周行，其行径就与盗贼抢匪没有区别。所以，德行是对"得"的行为的一种品格限制，这里说的德就是这种自我限制的德行。但是，老夫所强调的这种德行与现在所流行的德行并不完全一致，此两种不同的德，分别代表了两种不同的人生观；而两种不同人生观，则决定了两种截然不同的人生命运。

关尹道：

二者之区别是什么呢？

老子道：

区别很多，但关键则在于现在的德行是单纯强调人们的得失之间的行为分寸，属于外在之要求；而老夫所说的德行则着重在少得乃至不得，属于内心之愿望。现在流行德行强调的是一种得的体面，而老夫的德行则是强调一种失的必要。不得便不失，不失即是得，这样的浅显道理现在几乎没有人真正明了它的意义了，世道之沦丧，以此。

关尹道：

然则，自古圣人是如何处理得失呢？

老子道：

是以圣人终不为大，故能成其大。

关尹愕然道：

夫子始终提倡少得乃至不得，何以在此又说圣人不为大而成其大，莫非圣人之不为大就是为了成其大？

老子道：

你这样理解虽未得要领，却也没有什么错误。圣人如果只能成其小而不能成其大，则何以成为圣人？大家现在所知道的圣人，有哪一个不是能成其大者？但圣人与普通人不同之处则在于，圣人不是为了追求强大，却成就了强大；而普通人无时无刻不在追求强大，却往往不能获得强大。这样的区别开始于极微小处，结果却差别甚大，前者成为万世敬仰的圣人，而后者却成为一些遗臭万年者，后来者对此可不慎哉？

夫轻诺必寡信，多易必多难，是以圣人犹难之，故终无难。

天地之间的事情往往是瞬息万变，人类中几乎没有人能够真正把握住这种变化而加以顺应。老夫多次向诸位提到了圣人都往往行不言之教，这并不是因为他们没有一点知识，而是因为他们的知识已经到达了一个能够识别真伪的阶段，这样，他们对于所谓知识便有了比较充分的理解，对于这些知识究竟能起到些什么作用也洞若观火。所以，我们所知道的圣人没有多嘴的圣人，他们皆以沉默来保持头脑的清醒。

这里提到的轻诺，是当前大多数人具有的一种坏毛病，它可能也算不得什么大不了的弱点，但引起的结果却往往相当严重。其中最明显的就是，所有的轻诺者都是缺少信誉的，这不是他们故意没有信誉，只是他们在允诺的时候太轻率了。轻诺者似乎不知道事情有难易之分别，看起来很容易的事情其实困难最多，所以，把问题看得简单和容易的人，往往是轻诺者，他们往往因此而遭到更多的困难。因此，即使像圣人那样的高明者，也相当注重履行承诺的困难，所以，他们经常能够避免困难。

众人闻言，尽皆称善。

第六十四讲·无执故无失

其安易持，	事情处于稳定的时候容易把持，
其未兆易谋，	事情没有显露征兆时容易谋划，
其脆易泮，	事情处于脆弱的时候容易消解，
其微易散。	事情处于微细的时候容易溃散。
为之于未有，	处理事情应该在事情发生之前，
治之于未乱。	治理社会应该在乱子萌发之前。
合抱之木，	两人合抱的大树，
生于毫末；	生成于微小的树苗；
九层之台，	九层的高台，
起于累土；	奠基于积累的泥土；
千里之行，	千里的远行，
始于足下。	起始于脚下第一步。
为者败之，	有作为的人使事情毁败，
执者失之。	要把持的人会最终失去。
是以圣人无为故无败，	所以，圣人没有作为因此没有失败，
无执故无失。	不把持因此不会失去。
民之从事，	人们（普通人）做事，
常于几成而败之。	经常在接近成功的时候遭到失败。
慎终如始，	在事情结束时能够像开始一样慎重，
则无败事。	就没有失败的事情了。
是以圣人欲不欲，	所以，圣人的欲望是使自己没有欲望，
不贵难得之货；	不宝贵稀少的货物；
学不学，	（圣人）的学问是使自己没有学问，
复众人之所过。	矫正人们的过错。

以辅万物之自然，	用这种态度辅助万物使之处于自然状态，
而不敢为。	而不敢胡作非为。

听老子讲道，令众人受益匪浅，众人听到了许多前所未闻的道理，也逐渐领会了许多人生真谛。不知不觉间，已在黑水河畔盘桓了数日。老子于讲授之余，尽情浏览了草原风光，亦觉心情舒畅。只是梁园虽好，终非久留之地，老子的一颗心早已在昆仑山之巅，所以，新奇的感觉一过去，便已感觉不耐，极力促使众人迅速上路。

众人本来对这偏僻小村没有什么兴趣，早已巴不得迅速离去，只不过顺从着老子的性情，勉强在此过了一段席天幕地的流浪生活。现在，看到老子心生厌倦，尽皆欢喜。

于是，关尹向老子郑重建议道：

从嘉峪关一路西行已十数日，皆以牛马车代步，委实辛苦之极。从此地至瓜州的陆路交通甚是不便，但疏勒河的水上交通却非常便捷，如果天气不出现意外，则一日便可至瓜州。在下现已觅得大船数艘，如果夫子俯允，则不妨弃车就船，即日就可扬帆起程。

众人闻言，尽皆欢天喜地，老子自然没有什么意见，他虽然并不介意路途上的颠簸之苦，但西北大漠的景致终嫌千篇一律，虽然辽阔广大、气势磅礴，却不似中原山水之委婉多致、各自曲尽其妙。以老子的一颗慧心和一双慧眼，对于西部山川风情之构成，早已是了然于心中。是以弃车就船，正中了老子下怀。于是，大船扬帆起锚。

出发时艳阳高照、晴空万里，老子与众人都喜气洋洋地登上了在当时算是超级豪华巨轮的几条渔船。

船只很大，船头船尾空阔处，可容纳二三十人；船中有舱，舱虽狭小却颇可遮风雨而避寒暑。

水行一路无故事。但在即将抵达瓜州之际，天气忽然大变，顷刻间，狂风大作，飞沙走石，天空上乌云滚滚、雷声阵阵，转瞬，瓢泼大雨就向人们劈头盖脸地打了下来。真是应了老子的名言"祸兮福之所倚，福兮祸之所伏"。

水面上波涛顿起，船只开始在风雨中颠簸起伏、徘徊不前，意想不到的自然变故阻挡了人们的行程。众人都不必待人劝说，自然纷纷躲入船舱，各自抢占了一个比较满意的位置坐定。

老子并不进船舱，他兴致勃勃地站在船头上观风赏雨，与往日一般模样，关尹及老者等亦只好陪同伫立于风雨之中。突然，在风雨中默默无言的老子，侧头向关尹、老者等人徐徐而言曰：

其安易持，其未兆易谋，其脆易泮，其微易散。

这几句话，是老夫于静观中所得，今语汝等，汝等定要切记。用口语来解说就是：

任何事物在它还处于安定状态时，都容易把持；任何事物在它还没有流露出萌发的迹象时，都容易谋划；任何事物在它还处于脆弱的时候，都容易破碎；任何事物在它还处于微弱的萌芽时期，都容易离散。此为宇宙自然间所有事物之典型特征，没有例外。

事物本身既然产生于多种原因，它的演变自然也会呈现出多种形态，而其演变渠道亦是变化多端。所以，聪明人分析各种不同的事物便要把持住一个比较稳定的中心立场，而且要看到事物可能出现的多元性变化。诸位请看！我们乘坐的这条船，在风雨大作之前，是处于一种安定状态，那时，这船几乎可以不划而自行，现在由于外在条件的变化而失去了安定状态，便难以把持了。但是，如果我们能够在风雨没有出现兆头之前便谋划周全，便不会在出行之途中受到风雨的袭击，这便是"其未兆易谋"的道理。

但是，诸位不要看这急风骤雨此时此刻是如此之嚣张，只要注意观察，便可发现这一大块乌云的周围全然无云，便可知道这风雨之脆弱易散，所以，不须多久，就会云收雨停，这就是"其脆易破"的道理。我们现在头顶上的这块乌云，在我们看来好像很大，这是因为我们的立足点太小、太低；它在天空上只不过是一块小小的云朵，但天空是何等的辽阔广大！这样微小的一块孤立无助的云彩，其能量当然甚为有限，不消一刻就会被打散，这就是"其微易散"的道理。风雨如此，人事安得不如此？所以，为之于未有，治之于未乱。

能够做到这种程度，虽然还不能算得上高明，却能使自己立于一个有利的地位上，这就是"防患于未然"的道理了。

关尹笑道：

这样一些发前人所未发的深刻道理，夫子却谈笑风生般娓娓道来，真所谓顺手拈来、毫不费力。但在我等，却是想破脑袋也难以想通的大道理。在下寻思，夫子所说的道理，当然等于是批评了在下的鲁莽行事，也似乎是告诫我等，观察和处理任何事情都应该从细小、细微处入手，才能使自己的所言所行立于不败之地。

老子亦笑道：

什么批评？这是足下多想了。天有不测风雨，此乃天气与地气之汇聚运行相遇后的必然反应，老夫对此尚不能洞察，焉能以此责汝？但人之旦夕祸福，却纯属人事而为人们所应察和必察，察之后而遵之行之，实乃人事之必要举措，老夫之意在此焉。

合抱之木，生于毫末；九层之台，起于累土；千里之行，始于足下。

这几句话词简意明，老夫似乎不必费词解释。

关尹道：

这几句话虽然看似简单，其实却蕴涵了自然和人世间的大道理。我们当然都知道，即使是千年的乔木亦不过是从小小的树苗长成，但夫子如不提示，我们却往往视而不见；再高大的殿阁楼台，也是一粒粒的泥土和一块块石瓦垫积而成，不可能平地而起，但夫子不说，我们亦不作如是想。这些天来，我们行走的路途显然已经超过区区千里，这千里之途虽然有车马代步，却也是一步步走下来的。这些道理大家都很明白，但夫子如不提出，则我们也不会从中获得任何启示。至于这几句话的内涵，仍然是强调了所有事物都起源于微末之中，观察事物如果不能从此入手，则很难得到真知。

老子道：

人是很古怪的生物，他们对于一些距离遥远而与自己没有过多联系的事情，往往表现出过分的关注，而对于一些发生在自己眼皮底下的、与自己生活息息相关的事情，却反而经常表现得漠不关心，岂非大奇？人们似乎忘记了，那些天下大事、国家兴亡、天道循环、宇宙运行、万物变异，都距离人类现实生活十分遥远，对于一个普通人来说，即使表现出了强烈的关心，也根本尽不上任何职责和义务；事实上，每个人只要关心好了属于自己的事情，人类的生活就会变得美好一些了。但如果人们始终不改变自己这种不切实际的好奇心和贪婪的习性，则祸乱不但没有止境，自身也会陷于困境。

为者败之，执者失之。

凡是不从事物的本源进行细微观察、不从微小的地方点滴做起、不一步步来推行一种远大理想的人，都势必碰得头破血流；凡是企图为所欲为、贪天之功为己有的人，都一定会遭到身败名裂；凡是一意孤行地采取一些激进行动以及好大喜功政策的人，最后也注定要使自己付出惨重的损失甚至生命的代价，诸位当切记之。

关尹道：

夫子这番高论，确实给世人以当头棒喝。然则，从小事做起，谈何容易！小事是大事的本源，所有的大事都发端于此，但如何能够从大事中发现微末，从小事中发现变化的途径？试看当今世上，真正有此远见卓识的高明者，除了夫子又能有几人？

老子道：

尔之所言甚是，其实，不要说当今天下的泛泛平庸之士，就是古代那些智慧超群的圣人也是没有几个具有你所说的能量的。老夫乃愚顽者，就更加谈不到有什么发现的能力了，这当然不是谦虚，而是自己对自己本质的认识。但人们虽然没有能力发现的事情却不等于完全没有能力实现，我们没有走出千里路之前，不能知道自己能否走千里，只有走过之后才能发现自己的真实能力。但是，老夫并不鼓励这种事事都一定要亲自尝试的行为，因为尝试之中便蕴涵了成功与失败的因素，这是一切败落的开始。

> 是以圣人无为故无败，无执故无失。民之从事，常于几成而败
> 之。慎终如始，则无败事。

尔等听了老夫这几句话，万万不可拘泥于字意而食古不化。老夫已经向诸位反复说明了，老夫是一个愚人，是一个自甘下流的人，所以，寻找的知识和历史典故也往往偏重于此。老夫也是一个主张无知无欲的人，我认为，对于一个各个方面都很平凡的人来说，最好是什么大事也不要做，即使对于圣人那样一些拥有权力和地位的高明者来说也是如此。所以，这里说的"圣人无为故无败"，是永远站得住脚的真理。诸位认真想想一切都按照事物的本性而能顺其自然，什么大事也不擅自进行，怎么会失败呢？他同时也不执着（偏执）地拥有什么或坚持占有些什么，怎么会有损失呢？

圣人都是极聪明甚至是极高明的人，所以能够无为和无执，能够无失和无败。但普通的民众就不是这样了，他们本来既不聪明也不高明，却偏偏要做出一些连聪明和高明者都力图回避的事情，因此，尽管他们所从事的是一些看起来能够成功的事情，但往往在事情快要或接近成功的时候却失败了。这样说，并不是矛盾的说法，任何人只要着手从事一件事情，都同时存在着成功和失败两种可能。你越是不追求成功，就不但没有失败，而且往往能够成功；你越是追求成功，则你虽然可能成功，却更可能遭到失败。正因为事物看起来都好像能够接近成功，才引得人们疯狂地追求它。

老者叹服道：

夫子所言不愧千古名言，冷眼来看历史上的所有成功者，可以发现，他们都往往是在不经意间获得了事业上的巨大成功，他们平日的作为很少，轰轰烈烈的事迹几乎没有，但他们最终成为圣人；再看民间社会，那些愚昧无知、庸庸碌碌的老百姓们却好像是天地之间最繁忙的人，他们总是雄心勃勃，总是在策划着许多事业，但千秋万载下来，却几乎没有任何成就。可见，夫子所言之无为，并不是无所事事；夫子所言之无知无欲，

亦不是鼓励愚昧无知，不过其中的道理过于深奥，非老朽浅学之辈所能深解而已。

老子淡然一笑道：

老丈谬奖，实愧不敢当。无知无欲仅是老夫的一偏之得，是一种比较极端的说法，所以也为一般人所难以接受，虽然这些道理正是一般人所应该欣然接受的。对于一般人而言，如果能够把一件事情用一种小心翼翼的态度进行始终，可能就比较少有失败了。

是以圣人欲不欲，不贵难得之货；学不学，复众人之所过。

关尹愕然曰：

夫子的意思莫不是说，圣人之所欲乃是众人之不欲——反之众人之所欲乃圣人之不欲，比如众人最喜爱和追求的是难得的货物，但圣人却决不看重；圣人所学习的道理乃是众人所不学的知识；众人的知识鼓励了心理的欲望，而圣人以自己的正确知识来回复和矫正人们在知识上以及认识和行为上的过错。不知这样理解是否得当？

老子道：

汝之理解是没有错误的，很符合老夫的本意。老夫的意思是告诉诸位，众人所学习和追求的知识、智慧、道理、法则、信仰等物，如果全然正确，则世道当全然改观而不致混乱如斯，可见众人学习和追求的都不正确；圣人所欲和所学与众人有别，众人错则必圣人是。圣人以此之是来补世道之非，于是而为圣人，而他们的作为正是不为。

以辅万物之自然，而不敢为。

所以，不把自己的意见强加给天地万物，使万物都按照自己的本性而自然生长、自然成熟、自然衰败、自然转化。圣人就是采取了这种方式把自己的行为用来辅助万物，而不是压迫甚至奴役万物，他们不是完全不想有为或无能有为，而是不敢有为。

说到这里，老子忽然将话头收住，以手指天道：

　　诸位请看！刚刚还是雷鸣电闪、疾风骤雨，现在不是已经云收雨歇了吗？这就是"其脆易破，其微易散"的最好证明，也是"飘风不终朝，骤雨不终日"的证明。

　　众人正听得津津有味，至此张目四望，果然乌云已然散尽，一大片青天之上只有几朵白云在飘荡。

　　船稳稳地顺流而下。

第六十五讲·以智治国国之贼

古之善为道者，	古时善于以"道"治国的人，
非以明民，	不是用道理来启发人们的聪明，
将以愚之。	而是要用道理来使他们愚昧。
民之难治，	人民之所以难以管理，
以其智多。	是因为他们的机智太多。
故以智治国，	所以以智谋治理国家，
国之贼；	是国家的灾难；
不以智治国，	不以智谋治理国家，
国之福。	是国家的幸福。
知此两者，	知道了这两样东西，
亦稽式。	也是准则。
常知稽式，	经常明了这个准则，
是谓玄德。	就是最高尚的德行了。
玄德深矣远矣，	最高尚的德行真是又深奥又高远，
与物反矣，	与普通事物的规律相反，
乃至于大顺。	就进入到了完全畅通的状态。

老子道：

老夫自青年时代起，为了求解天地自然的道理，曾远离家乡、周游列国，遍看华夏大地之山川景物，惜乎未得其所以然；中年而后，为了索解人生之正确态度，曾蜗居洛京，遍考古今史乘典籍及钟鼎文物，亦未能得其然。老夫曾经百思不得其解，自古及今，已经过去了千年万载，人民的聪明智慧在日日提高，人民的技巧在日日翻新，人民的知识在日日增加，人民的欲望在日日扩大，而人民的灾难却日日增多。

老夫为此而苦苦求索，哪里出现了偏差？这偏差究竟是来自自然还是人为？这偏差究竟能否避免？整个青年和壮年时代差不多都耗费在了苦思冥想之中，不知岁月之悄然而逝。待老年奄奄之将至，则忽悟大道原来就在道路之中。老夫忽然觉悟到，进化与变化是天地万物之间出现生死衰亡的根本原因，人们往往在二者之间不能加以明辨，造成二者之间的性质混淆，其实二者的性质和行为表现，是完全不同的。

老者口中念念有词：

变化？进化？夫子又提出了一个令老朽耳目一新的问题，老朽期盼夫子再赐我等金玉良言。

老子道：

金玉良言？老夫不懂得什么金玉良言，也不会说什么金玉良言，老夫只是尽可能说一点信言。信言不美，诸位可以当真而做进一步思考，也完全可以不当真过耳即忘。

所谓"变化"，即变而化之，指的是一种形式上的瞬息万变而本质上的万变不离其宗，是顺其自然的变。其中既没有丝毫外界之助力，没有丝毫人为之逼迫，自然也没有丝毫之做作，没有丝毫之强迫，没有丝毫之动机，亦没有丝毫之目的。所以，其变化舒展自然而丰富多彩。诸位看那些日月星辰、风雨雷电，每一次出现的规模、时间、地点、姿态都有所不同，它们随时随地都在变化。但它们有什么本质变化吗？太阳能够长出翅膀吗？下雨能变成雪但能够下石头吗？它们几乎是次次新又次次同。因此之故，它们因为没有进化而不能退化、老化和僵化，生命便永远没有穷尽之期。

进化则有所不同，这是一种内在的变而外在的不变，再通俗一点说，进化是一种心理变化并进而导致的行为变化。身心俱变、改头换面、洗心革面，说的都是人类的这种进化。

关尹困惑道：

夫子所言，实在过于深奥，以在下的智力，已经力不从心了。不知夫子的意思是否说，自然物有变化而没有进化，而人类则有进化没有变化？然则，人类不同于自然物，自然物可能也可以变化而不进化，而人类如不能进化则不能进步，不能进步焉能生存？

老子笑道：

　　足下所说，固然有理。但老夫所说，只是指出了宇宙事物之规律，不是讨论人类之公理。事实上，不独人类，几乎所有生物，都具有与人类一样的生命表现。他（它）们在竭力促成进化的同时也是在努力成就着一种退化，人类可以算是其中最典型的代表。

　　且以人类为例，他们从婴儿、童年、少年、青年、壮年到老年，就是一个不断进化的历程，也同时在退化并在退化中死亡。了解一点远古历史的人都知道，人类生活确实逐日地花样翻新，但如果追问一下，人类究竟发生了什么重大变化，则难以回答。也许有人会说，古代的先民是没有房屋居住的，是茹毛饮血的，是赤身裸体的，是知其母而不知其父的；而现在有了房屋宫室，有了炊具器皿，有了衣饰服装，有了家庭社会，这不是重大变化是什么？但是，请诸位注意！这仍然是进化而不是变化，上述事例都在指向了一条绵绵不绝的进化之链，从树皮裹身到丝绸护体，不是进化是什么？从山洞巢穴到房屋楼阁，不是进化是什么？这是事物演变之实情。

　　老夫在此格外强调的变化是生命以及生命载体的变化，而不是身外附加物的变化，身外物资变化与自身没有什么直接关系。老夫在此批评的是一种盲目、不计后果、疯狂的进化，它导致了生命本身的蜕变。老夫从来都不知道人类究竟从哪里来，但能够推知他们从诞生到如今，已经过去了千万年，依此类推，则人类诞生的时间有多长，他们的进化也就有多么多。我们不妨设问，如果他们诞生的时候是人，则千万年进化下来，至今还会有多少人味？如果他们当初根本不是人，那会是什么东西？而今天的他们又进化成了什么东西？

　　进化是什么？进化是原本生命形态之逐渐蜕变、变质、退化、消失，进一步说，进化便是变相的死亡和灭绝。比如，能说自由自在地跑在草原上的马一旦被关进了马厩就获得了进化吗？老夫看它们不但没有什么重要进化反而明显地发生了退化，看看野马和家马的区别就知道进化是怎么回事了；如果还不明白，再想想被人饲养在栏里的猪，拿它们与深山老林里的野猪相比，究竟是退化还是进化？对人类来说，有了房屋、器皿、服饰、珠宝和家庭的人与那些没有这些东西的人相比，究竟显示出了多少生存优势？

儒生面现不愉之色，冷言道：

晚学倒是听说许多边远荒僻地区，尚存在着星星落落的野人部落，他们茹毛饮血、断发文身、衣不遮体、无礼义廉耻、无父无母、无婚丧嫁娶，甚至也没有社会、国家和家庭，参诸夫子适才所说之原生态猪马与进化猪马，野人或是夫子眼里快乐、幸福、无为而且接近大道的原生态的人了。但晚学以为，还是进化了的人好得多。

老子笑道：

一头猪、一匹马或一只鸡，长期被饲养在猪栏里、马圈里、鸡窝里，它们对这里自然比对山林草原更加有感情，因为它们的身心都已经退化到了无法在山林草原生活的能力了。但如果把野鸡家鸡、野猪野马和家猪厩马投放进草原上、深山里，再比较一下二者之优劣，便会得出不同结论，人类亦如是。如果生活在人为世界，则进化自然优势多多，但如果回归自然的话，则原生态人与社会人二者，孰优孰劣，不难一眼可辨。不知足下以为然否？

儒生未置可否。

老子接着说：

人类只是大自然里的一个种属，他们所创造的制造品并没有使他们自身发生重大变化，只是使他们的生理、心理、生命形态、精神状态及生活方式，都发生了进化。进化来自异化，异化是进化的前奏，无论异化还是进化，二者都是一种自身消耗也消耗大量其他物质的浪费行为，而变化是无所消耗的。所以，进化是周期性的，而变化没有周期；进化是点滴地走向由兴盛到衰亡的过程，而变化则是无穷无尽的。

再看一看日月星辰、风雨雷电，它们每一次出现时的性质、本质都大体相同，而面目却大不相同。万物以及人类却不然，他们努力使自己逐日增加着一些与自己本身没有关系的附加物，但却不能使自己的生命形态和本质出现点滴变化，且日益衰弱，他们即使进化亿万年，生命也不能提高或升华。自然物在本质上的强大便存在于它们的时时变化而永远拒绝进化的自然循环之中，人类在本质上的软弱，便在于他自身始终处于进化而不能变化之中。所以，古代的圣人们知道所有的进化都只是尽快地促使自身的衰败，则无不致力于无为。无为是一种减少进化的行为方式，它虽然不能从根本上促成人类的自身变化，却能够使之保持一种稳定状态，其做法是：

> 古之善为道者，非以明民，将以愚之。

诸位！一切进化，皆一些智慧者、前识者们之蛊惑所致。民众从来就不知道自己的行为能产生出什么结果和导致出什么后果，他们试图以开发自己的智慧来满足自己的欲望，以启发头脑来满足心理追求，以训练手足的方法来满足精神之空虚。其实，这些东西除了导致世道迷乱和人类精神陷于进一步混乱之外，什么都不能获得。

这里所说的愚民对国家来说，则是一种有具体规定的统一政策，这是促使民众从心里到行为、从精神到肉体全面返璞归真正实用而且有效的手段。古代真正善于领会大道的人，都绝对不是启发人们的聪明才智，而是促成他们自然淳朴的本性和心态。为什么呢？

> 民之难治，以其智多。以智治国，国之贼；不以智治国，国之福。

民众的不服管教，是因为他们拥有了过多的智慧。所以，采取以智慧治理国家的举措，会造成国家不绝如缕的灾难；不以智慧治理国家，则是国家和百姓的福气。

儒生愕然道：

夫子前面关于进化、变化的滔滔宏论，晚学尚未思考明白，暂不发表意见。但夫子关于知识和智慧方面的一些标新立异之高论，晚学却深感不可理解。夫子刚刚所言，真可以说是当今世上最为明确、最为坚定、最为彻底、也最为明目张胆的愚民政策了。这种主张自从前次夫子提出之后，在下经过反复思索，还是不敢苟同。民之难治，自然有智慧增多的因素，但更多的因素却是民众的知识和智慧都还不够发达，如果教育普及了，局面当发生根本改变。

据晚学所知，自古以来饱学之士者如君子学者、志士仁人，谋反作乱者鲜矣；而缺少知识和智慧的小人者，却极易因贫穷而犯上作乱。因此，国家多难、国民难治，应以教育不发达为主因，领导者之昏庸无能为次因，而民众之因素则少之又少也。晚近以来，国家之不治在于上而不在于下，民众因风气所化而智多，而国家领导者的智慧非但不能增多反而日益下降，当然会促使国家政局出现一时混乱，但如果领导者能够增加自己的智慧和知识水准，普及和提高民众的受教育水平，则国家之治不难达到。

即使进化有如夫子所言，有种种缺点和弱点，但人类已经走上了这样一条生死不归路，就只有前赴后继地走下去。如果夫子试图以一种反智主义的消极人生态度，完全否定知识、智慧、才能、技巧和社会进步，则晚学不知天下将何以达到大治？是以，晚学斗胆认为，天下不行夫子之学，乃天下人之福；天下一旦风行夫子之学，则吾不知未来天下将何去何从？此或即夫子之"圣人不仁，以百姓为刍狗"乎？

老子怫然曰：

否！尔等儒学之士，以一些片面的知识便欲一手掩尽天下真理，是要不得的。尔等尚不足解老夫之道。

老子以一种不容置疑的态度接着说：

人类的知识究竟是什么？知识应该是人们对事物的知而识之。知是了解，而识则是认识，既知且识方可称之为知识。但真正能够对事物达到知而识之的程度，试问天下能有何人？当今天下，拥有所谓知识和真理最多的学派当然是儒家，但儒家人物之中，谁人能够做到体验万物而后知之？洞察自然而后识之？强不知以为知，是当今天下动荡社会混乱的最重要原因，即使身体力行有如儒家学者亦然，其他学派则可想而知矣。不错，老夫是主张愚民政策的，也可以按照你的说法称为反智主义者。但老夫反对的是不知以为知，对真正的知识和智慧，不但不会反对，而且欢迎还来不及呢。

儒生道：

然则，夫子之所谓知识的根源是无知无欲，是无所作为，难道夫子所欢迎的知识能够来源于无知？

老子笑道：

老夫已经反复强调，多欲多知和无欲无知都是人类的一种心态或精神状态，多欲产生了多知，无欲产生了无知。对于自然运动或生命存在以及万物变化的道理，用多欲和多知的心态是无法获得透彻理解的，那里面没有多少知识只有一条隐藏在深处的规律，认识这种规律只能以一种无欲无知的态度进行理解，庶几接近大道和正道。

其实，无欲无知的状态，也并不是生命存在的最高和最理想状态，而是人类本来具有的自然性格，这些自然本性被后来出现层出不穷的欲望和五花八门的知识所严密地掩盖起来了。老夫反对现在流行的智慧，只是就现在存在的知识而言，这些知识只是对事物之表面现象粗心大意的理解，除了制造出一连串的虚假概念外，对自然本质和生命性质都一无所知。尤为令人不安的是，所有那些一时走红的新知识概念在引发出人类蓬勃的欲望和泯灭了人类的自然本性之后，就不负责任地退到一旁，它们只能诱导和制造欲望却不能满足人类的欲望，这使得人类在丧失了自然本性后陷入无穷欲望的泥沼中无力自拔。更加严重的是，现在所流行的所有知识都只是一小部分人对认识的垄断，知识的流行并不普及，它们被一些人把持在手中而肆意滥用，所以，老夫说"以智治国，国之贼"，正是针对目前的局势有感而发。

不知诸位能否承认，对于一件即将着手进行的事情，你如果了解到其中包含着严重错误甚至罪行，是停止自己的行动还是继续冒险犯难，这是检测一个人认识能力的标准。老夫相信，面对已经步入歧途的人类，稍有智慧的人都应该迅速停止那些愚蠢荒唐的知识概念以及无不带有罪行的行动，从而使自己进入一个新的认知领域，而无知无欲是达到这种领域的最佳途径。犹如一个盗贼，使他改邪归正的最佳方法就是使他停止行动。所以，以智治国和不以智治国，是检验领导者是否关爱天下的标准。老夫以为：

> 知此两者，亦稽式。常知稽式，是谓玄德。玄德深矣远矣，与物反矣，乃至于大顺。

以智治国和不以智治国，是治理国家的两种不同模式，能够深切了解和运用后一种模式，就是深远的德行。这样一些广大深远的德行，极深极远，与一般社会所通行的事物恰好性质相反，于是，便达到了顺应万物的境界。诸位！"与物反矣，乃至于大顺"，是一种至高境界，也是一种可以具体操作的国家治理方法，而它的出发点便在于反智。因为虚伪的智慧是现代人类行为堕落的根本原因，是世道混乱的根本原因，也是人类失去真实自我的根本原因。要矫正这种不正确的发展途径，就只有暂时截断这条道路。

儒生道：

然则，人类截断了目前的道路之后，似乎就无路可走。而夫子所指示无知无欲道路，可能根本就不是道路。

老子道：

老夫在前面已经反复强调指出，无知无欲只是一种生命存在的精神状态，任何处于精神状态阶段的东西，都是精神方面的东西而不是物质方面的东西。但精神的东西未尝不能变成物质的东西，而物质的东西也完全可以变成精神的东西。所以，无知无欲固然是一种状态，但这种状态未尝不可以指导行为，而行为则必然产生结果。可以认为，无知无欲所产生的结果应该是有益于人类身心发展的正确途径。

众人听到这里，长长地出了一口气。老子今天进行了如此长篇宏论，精彩纷呈迭现，众人虽然深受启发，却听得相当吃力。

第六十六讲·必以身后之

江海所以能为百谷王者，	江海所以能够成为一切川谷所注入的归宿处，
以其善下之，	因为它善于处在卑下的地位，
故能为百谷王。	因此能够成为一切川谷所注入的归宿处。
是以圣人欲上民，	所以圣人想要身居人民之上，
必以言下之；	必须以言辞来表示卑下；
欲先民，	想要站在人民的前面，
必以身后之。	必须把自身利益放在后面。
是以圣人处上而民不重，	因此圣人虽高高在上而人民并不感到压迫，
处前而民不害，	处于前面而人民并不感到害怕，
是以天下乐推而不厌。	所以天下人都乐于推举他们而不厌烦。
以其不争，	因为他们不争，
故天下莫能与之争。	所以天下没有什么人能与他们争夺。

船像一片飘叶，在水面上轻轻地浮动着，水波不惊。大雨过后的河流像一条飘带，温顺地伸延到了大漠深处。碧空如洗，两岸树绿草青，一道彩虹十分鲜亮地斜挂在西半天的蓝天之上，显得有些妖艳。

老子伫立船头，静静地观看着蓝天绿水，许久没有说话。

众人皆不愿干扰老子的兴致，一时都纷纷散立于船头与船尾，默默地注视着雨后的景物。

良久，老子开口说道：

江海所以能为百谷王者，以其善下之，故能为百谷王。

首先应该声明一下，老夫素来不主张为强、成大以及有所作为。事物的自然规律始终体现为不为强者而终强，不为大者而终大，不有为者而终有为，这是因为它们能自处于下的缘故。前面已经谈到了江河湖泊之下流的重要与伟大，此处不必重复。大家都能看到，大江大海是何等的辽阔无涯，但它们所以能够达到如此规模，则在于它们善于处下，正因为它们善于处下，才能够容纳千川百谷而成蔚然大观，并因此而成为一切小河小川的领袖。可见，所有事物如果不能使自己处于卑小，则终不能成其大，这就是前面所说的"为大于其细"的道理，这是天地万物大小伸缩进退的基本规律。

把这个道理运用到国家治理方面，便成为对领导者在行为方面的具体要求。做得好，便成王成圣，便是有道有德；做得不好，便亡国败家，便是无道无德。自古的历史几乎就是这样发展而来。

关尹道：

然则，自古以来的国家领导者没有不是处于上位的，以国家领导者高高在上的地位，即使他们自动自觉地、一心一意地、寻死觅活地要处于下位，在下却想不出他们怎样能够处于下位？而且，如果领导者处于下位则与普通民众还有什么分别呢？

老子看着关尹，笑道：

是又不然。处下位，并不是指坐在下面，也不是说领导者一定要与民众共同处于一个完全平等的地位上。而是要求他们在日常的行为上体现出一种低下的姿态，这种低下姿态也不是指衣食住行方面的一些琐碎小事，而是指：

是以圣人欲上民，必以言下之；欲先民，必以身后之。

有智慧的领导者想要治理人民，一定要先以谦卑的言辞来感召人民；他们如果想成为人民的领袖（带头人），就要把自己的切身利益安排在人民的后面。否则，实在想不出人民为什么要拥戴他。

关尹道：

然则，领导者所以是领导者，就是因为他们能够处处得到一些普通人民得不到的利益，否则，天下一定没有什么人愿意充当领导者了。所以，夫子所说的那种领导者，现今恐怕不容易出现了。

老子道：

能不能出现与应该不应该出现是两码事，现在探讨的是应该如何的问题。这里要说明的是，领导者应该采用的最高明的领导方法，并不是一些先人后己或"己所不欲，勿施于人"高风亮节，也不是"己欲达而达人"及什么"居陋巷不改其志"的个人操守，这些做法充其量不过是恪守习俗戒律的高尚行为而已，却还不能致天下于大道，因为行为的表率作用的影响力从来都是极其有限的。天下人观乎领导者的是他们的态度和言行，"以言下之"并不是身体下之，"以身后之"不是具体的领导技术，而是领导艺术，也并不是说行动完全落在后面，而是以谦卑的言辞和谦让的态度，采用这样的言辞和态度正是为了以它们来感动人民，从而获得人民的真心拥戴。现在，你多少可以理解了吧？

关尹点头称是，又问道：

然则，这是否是以一种虚伪的态度和欺诈的行为来引导人民和治理国家呢？可夫子并不赞赏这些呀！

老子道：

你这样理解，当然也不能算错。但虚伪是一种刻意追求目的和效果的做法，而老夫所说的言辞则是一种出乎自然的表达方式；欺诈是一种智慧的行为，而老夫所说的态度则是一种自然精神使然。人类自从脱离了原始时期之后，逐渐成为一种带有虚伪和欺诈习性的思想型生物。但关键还不在于虚伪和欺诈本身如何，而在于它们是否符合事物的大道，也就是能否符合自然之道。如果能够，则虚伪便不是虚伪而是正道；如果不能，则不是虚伪也是虚伪，不是欺诈也是欺诈。这样的说法，你可能还难以理解，我如果这样说：

是以圣人处上而民不重，处前而民不害，是以天下乐推而不厌。

远古的圣人，他们虽然高高在上，但人民却感觉不到有什么负担；远古的圣人，他们分明遥遥地走在前方，但人民不感到有什么畏惧。所以，天下的人民都乐于接受圣人的领导而不觉得厌烦憎恶。关尹，现在，你是否有些理解了高与下的问题？

关尹疑问道：

在下实实不解！明明是走在了大道的前面，却好像是尾随在了人民的后面，人民自然有安全感而不会害怕。但是，这样的领导者如果不是神仙，凡人怎么可能做到？

老子笑道：

这样的成就，其实不过是很一般的政治技巧，并没有什么了不起。而且，越是平凡的人就越容易做到。为什么呢？因为平凡的人本来没有多少智慧和机谋，他们几乎无须加以任何掩饰，就可以让人民感到信任和安全；平凡的人是无须藏拙的，他们本来就拙，而领导拙笨的人民，如果不采取拙笨的方式，人民如何跟随你？

事实上，越是才能出众、雄才大略、好高骛远的领导者，往往越容易遭到失败，因为他们总是按照自己的能力来要求人民，他们总是试图把自己的想法强加给人民，他们也总是试图有所作为或大有作为。所以，他们夸夸其谈的言辞往往成为人民难以承受的精神负担，他们大义凛然的行为往往使人民感到沉重的思想压力，他们的英明领导难以受到人民真心实意的拥戴。

如果联系到历史上那些声名卓著的领导者所留下的得失之间的诸多经验教训，就可以看到，圣人君主大多是以有为而不为的行动而获得了人民的欣然拥戴，颂声大作且传国长久；那些臭名昭著、亡国灭族的独裁君主们，大多是些诡计多端、才华出众、精力充沛的才智者，但他们时时以有为而图谋大有作为，结果往往身败而名裂。

人民群众大体上是一个极其平凡且平庸的群体，但所有的不平凡都产生于其中。比如，人民之中的体力上焉者，成为最早的部落领导者；人民之中的头脑上焉者，成为最早的邦国建立者；人民之中的才能出众者，成为最早的士大夫；人民之中的智慧者，则成为民族的导师。但人民的群体却始终一如既往，他们从来也没有在智力上、体力上以及精神上或物质上获得整体的提高。所以，他们希望自己的领导者亦不能过于出类拔萃，那样，他们即使竭尽全力也无法跟随。是以，民众要求无为的领导者甚于有为者，这是历史已经证明的事实，老夫在此不过是简单地重复了这个事实而已。

老者久不发言，他始终注意倾听着老子与儒生以及关尹之间针锋相对的对话，神情很是紧张，他唯恐自己刚刚获得的理想被这种冷酷无情的对话所粉碎了，尤其是儒生的咄咄逼人，不能不使老者为老子担了一分心。现在，风雨已经过去，对话也渐趋和缓，他不由得嘘出了一口长气。此刻，他整肃了一下刚刚被河风吹干的衣衫，发问道：

从风雨暴作之时直到现在，老朽一直站立于此，倾听夫子的高论，心中亦如风雨之大作不息。老朽对于夫子和夫子所阐述的大道，始终以为是震古烁今之至高真理，如此宏论，当世除夫子之外，不作第二人想。然对夫子的治国之道，则略有微词。

老朽尝闻，夫以道治国者，则不必临以虚伪欺诈之道，此为古代圣贤之实践所验证为不移之真理，老朽深以为然也。不意夫子言语之间，对虚伪及欺诈多有新见，言下颇有赞许之意，老朽深不以为然。圣人治民，"以言下之"乃高尚德行所致，本不必以虚伪巧饰之；圣人治国无为而能无不为，亦不必以欺诈之道掩饰之；圣人以天下为家，自当身先士卒，亦不必故意身后之。此外，老朽对于夫子所言万物之虚伪及欺诈，亦不敢苟同，此与夫子之万物自然而然之理大相悖矣！此老朽之愚见，尚祈夫子有以教之。

老子道：

老丈所言甚是。但老夫之本意不过强调虚伪和欺诈这样一些东西，在事物的进化中日益成为人类的本性，这种本性无论值不值得提倡，都存在于人类的自身中，它们一旦在竞争中体现出来之后便是相互之间的拼死斗争。如果不得不正视这种竞争存在的事实，则无法否认虚伪及欺诈的合理性，它们有悖于万物运行的自然之理，却符合了万物的竞争之理。在不能消除竞争的时候，就不能排除这些做法的价值。反映在治国方面亦如此，圣人亦人也，他们不可能使自己完全脱离于自己的群体而孤立存在，所以，他们也须按照世间流行的基本原则行事。这是老夫对虚伪和欺诈做出的不得已之肯定。由于万物之间普遍存在着欺诈现象，使所有人都无法忽视这些现象的重要性，在人类还不能脱离万物而孤立存在的时候，当然也无法抛弃这些普遍存在的东西。但万物也仍然保留下一些值得注意的品质，如无为、守柔、示弱以及甘居下流等等，圣人们往往从中吸取了一些经验，而成就了自己的品质。

以其不争，故天下莫能与之争。

不争如果仅仅表现出软弱无能而并无其他重要作用和良好效果，则天下没有人会选择这种做法。而老夫所说的不争并不是始终地表示柔弱，而是体现为最后的不可战胜。以不争而达到天下没有竞争对手，这是一种道的作风。不知老丈以为如何？

老者一时无语。

第六十七讲·夫我有三宝

天下皆谓我道大，	天下人都说我的"道"博大，
似不肖。	好像不与其他东西相像。
夫唯大，	正因为博大，
故不肖。	所以不能与其他东西相像。
若肖久矣，	如果与其他东西相像的时间长了，
其细也夫。	它就很渺小了。
夫我有三宝，	我有三样法宝，
持而保之：	把持并保有着它：
一曰慈，	第一叫做"慈爱"，
二曰俭，	第二叫做"节俭"，
三曰不敢为天下先。	第三叫做"不敢成为天下的先进"。
慈，	能慈爱，
故能勇；	因此才能勇敢；
俭，	能节俭，
故能广；	所以才能广大；
不敢为天下先，	不敢成为天下的先进，
故能成器长。	所以成就的时间长久。
今舍慈且勇，	现在，舍弃了慈爱而追求勇敢，
舍俭且广，	舍弃了节俭而追求广大，
舍后且先，	舍弃了谦让而争当先进，
死矣。	这分明是在找死。
慈以战则胜，	以慈爱为怀用来出战就会获胜，
以守则固。	用来守卫就会牢固。
天将救之，	上天要拯救的人，
以慈卫之。	就以慈爱来护卫他。

黄昏时分，船缓缓地进入了瓜州。瓜州在当时只不过是一个地理名称而已，秦帝国当日的西部开发，最远处也不过到达陇州以及兰州一带，兰州以西的河西走廊及大漠地区基本上让给了常年在此游牧的少数民族部落，后来闻名遐迩的安西城在当日还没有诞生。当老子一行下船之后，不过是一个小小的乡镇接待了他们。几乎与玉门相同，这里散布着的几百户人家也大多以打鱼为生，几乎都是中原人氏，来此之前的族谱家世尚历历可数。

荒村自然没有馆驿客舍，一行人只有再搭起了帐篷，拢起了篝火。人们都在一瞬间感到了浓厚的塞外气氛。地处茫茫无垠之大漠边缘，这里的夕阳更大更圆，晚霞也更红更艳，好像是刚刚拢起的篝火，燃烧得正旺。虽然此时正是盛暑天气，但这里的黄昏时分，凉风阵阵，已经颇有些寒意了。夕阳如血、枯树昏鸦、西风古道，天地愈加显得萧索、苍凉。

当日晚间，烹羊宰牛，大家酒足饭饱之后，就无拘无束地围坐在熊熊燃烧的篝火之旁，听老子随意闲谈。

老子道：

天下皆谓我道大，似不肖。夫唯大，故不肖。若肖久矣，其细。

老夫不妨直说，当日老夫在中原的时候，列国间的学人，知道老夫的人颇为不少，他们一开始都是慕名去拜访老夫，但过后就议论纷纷。其中主要的议论在于我提出的道，他们认为我的道很大，好像是不同于（不模仿抄袭）其他的任何东西，也与世上所有流行的时髦理论没有丝毫相同相通之处。老夫听闻，就不觉窃笑，正因为大，才能不像其他任何东西，因为它不是模仿的产物。大家看天地，它们像哪一个？老夫认为所有模仿的东西时间一久，就成为一些卑微琐碎的东西了。所以，宁为伟人而不为细人。天下事虽然往往成于细，但人类却不应该向细的方面发展。

老者笑道：

"似不肖"的意思是说，好像不同于其他东西。但依老朽看，夫子的道不是好像而是根本就不同于其他任何东西，它是夫子以慧眼洞察寰宇后的发明创造。但是，现在的事物能有什么是纯粹的不肖呢？我看连人与人由于互相模仿的原因，都已经开始有些肖了。

老子亦笑道：

在这个人造世界里，大家吃的东西一样，穿的衣服一样，住的房子一样，接受的知识一样，生活习惯一样，追求和欲望一样，连想法都基本上一样，怎么能不肖呢？大家想一想，跑在深山密林里的虎豹豺狼除了在残暴方面以外，其他方面都有所不同；但关在圈里猪、牛、羊、马，不是都一个样子吗？人们如果不能自己走出一条与众不同的道路，就只能日益趋同了。

老者肃然问曰：

夫子能否谈谈这样特行独立的道路该如何开辟？这是老朽长期以来始终感到困惑不解的问题。

老子道：

夫我有三宝，持而保之：一曰慈，二曰俭，三曰不敢为天下先。

对于这三宝，老夫时时地掌握和把持着，决不轻易离弃，这也是我与天下人都不相同的原因，也是我的道没有任何模仿的原因。

老者恭敬地问道：

对于有些字词，老朽可能理解不当，所以，在关键处还是一定要夫子加以说明的。比如，慈，是不是慈祥的意思？俭，是不是节俭的意思？这两个字如果理解错了，全部意思可能都变了味道。

老子道：

在这里，不能停留在慈祥的字面意义上来理解，那样就变成一种态度了。慈在此是一种行为，它引导和鼓励人们由慈而善，由慈而爱，慈善和慈爱都由心灵深处涌现并表现为具体行为；俭在这里不仅是指生活节俭，而是对自己身体和精神的节俭以至于吝啬，这是引导人们保存自己身体机能的一个正确途径。至于不敢为天下先，则比较简单，就是在个人行为方面，要有所收敛，要防止自己走得过于领先。此外：

慈，故能勇；俭，故能广；不敢为天下先，故能成器长。

一般人都把慈只是看成慈善、慈爱和慈祥，他们不知道，从慈之中产生出来的勇敢行为，才是大勇——由慈爱而生勇；一般人把俭视为一种节约行为，其实，只有能俭能啬——由勤俭而致富，才能广大，这是高山和江海所以广大的道理；不敢为天下先，不能理解为走在后面，不过是不过分领先，不过分领先才能成为人民的带路人。

老者道：

慈、俭经夫子这样解释，颇觉得其中道理无穷。但老朽敢问：如果不能慈则是否一定无勇，不能俭则是否必然狭小，不能为天下先则是否一定会成器短？反之，如果有勇、有广和器长，则是否会达成慈、俭，以及敢为天下先？愚以为，它们之间是应该有许多密切联系的，不知是否如此？

老子道：

非也。慈的伸延并不就是勇，它的基本含义仍然是慈祥、慈爱、慈善、慈悲，由这种大慈悲才能产生大勇；俭的伸延也并不直接就是广，它可以是勤俭、节俭、俭朴，但节俭、勤俭、俭朴自然比较容易获得积累，获得囤积、获得储蓄，而终成广大；不敢为天下先，也并不一定就能够成器长久，它也可以是短暂、退后或不成器。但老夫认为，慈与勇、俭与广、天下先与成器这样的搭配比较合适，但也不能一概而论。

今舍慈且勇，舍俭且广，舍后且先，死矣。

老夫敢于断言的是，一个人如果舍弃了以慈作为基础而追求片面的勇敢，如果舍弃了节俭而单纯地追求广大，如果舍弃了循序渐进而一意追求领先，则必死无疑。

老者骇然问曰：

何以会如此？

老子道：

慈如果不向勇敢的方向发展是没有什么关系的，但勇敢如果缺少了慈爱、慈悲或慈善心理的限制，就会把一种肆无忌惮的行为到处滥用而四处树敌，则必死无疑矣；俭如果不向广大发展而继续保持节俭也没有什么关系，但广大如果没有节俭、勤俭、俭朴做限制，就会欲望膨胀而不知收敛，大而无当则必死无疑矣；跟随在后面即使永远不能处于前，也没有什么关系，但只顾勇往直前而不顾后路，则必死无疑了。

关尹道：

夫子所言极是，任何事物都具有多方面的因素。以在下浅陋之见，一个人如果没有了一种慈悲心理，却不幸具备了勇敢精神，则这种勇敢将不仅给他人造成诸多灾难，也会使自己不得其死；广大也是同理，如果不具备一种节俭的本性，所拥有得东西越多越广，造成的损失和浪费就越多，这样下去，当然也是不得其死；至于缺少了巩固后方的领先，不但不是一个畅通局面，反而是灾难接踵而至，这样下去，当然也是不得其死了。所以，夫子的这三种关系，看起来联系并不密切，其实三者之间互为条件，缺一不可，如果抱持了其中之一而一意孤行，则不得其死矣。

老子颔首笑道：

汝之分析甚是正确，尤其是慈悲一词，用得可谓恰如其分，老夫还实在想不出这样的好词。

老者亦点头称是。

儒生却摇首道：

关尹大人的高见的确有过人之处，但晚学还不能完全同意。晚学以为，如果一味以慈悲为怀，则何以产生勇敢？如果一味以节俭为本，即使囤积广大，又能如何？一味退后，虽得其死矣，然何以领先？

老子道：

尔之所言亦极是。慈所以被称为慈悲、慈善，因为慈悲和慈善代表了不妄杀，不妄杀这件事对所有勇敢者来说，是无比重要的大事；节俭而能成囤积，囤积广大之后事情就比较容易处理，而不知节俭所造成的不足是无论如何也不足为训的行为；至于为先为后的问题，决不只是跟随在后面，那样就只是一名落后分子，还谈得上什么高明？后是为了先，而先不可盲目领先，要慎重地考虑到后路，才不会陷于绝地。所

以，老夫认为喜的解释基本正确，即有不足，也是可以为训的。还可以
认为：

　　　　慈以战则胜，以守则固。天将救之，以慈卫之。

　　慈悲心理能够产生一种很强大的力量，用这种心理进行决战则战无不
胜，用这种心理来防守家国则牢不可破。上天如果想要拯救哪一个，也是
用慈来保护它。所以，三种手段之中，应以慈悲为首。

第六十八讲·善战者不怒

善为士者不武,	善于做"士"的人不依靠武力,
善战者不怒,	善于作战的人不轻易被激怒,
善胜战者不与,	善于胜利的人并不参与战斗,
善用人者为下;	善于用人的人甘居卑下地位;
是谓不争之德,	这叫做不争抢的品德,
是谓用人之力,	这叫做利用众人的力量,
是谓配天,	这叫做与天道一致,
古之极。	这是自古以来的行动准则。

老子道:

前面曾向诸位反复强调,老夫极端地厌恶战争,因为战争往往起源于强弱之间的差别,强弱起源于大小的不同,大小起源于占有的多少,占有起源于贪欲的不知收敛,贪欲起源于智慧的出现,智慧萌发于人类的好奇心,而好奇心则起源于无穷欲望。是以,老夫对于这一连串的因果关系中的所有事物,都持有本性上的反感。自古持这种反感态度的,当然不独老夫一人,而是大多数读书人的共同看法。

在此且不谈所谓圣人,先来论述身份比较次要的一些人,因为管理国家其实与侯王们并没有多少直接关系。大约从一个比较久远的年代开始,大多数侯王就成为高高在上的偶像,只会花天酒地,而具体的国家管理者和领导者便是士大夫了。在文化发达和知识流行的中原地区,士大夫阶层的政治势力很大,他们几乎把持着国家的所有重要领域。而在一些文化不发达、知识不普及的偏僻地区,士大夫还比较少见,侯王们仍然亲自控制国家的大小事物,这些国家往往保留着强大的战争机器。而在中原地区,讲究文化知识和行为礼仪的士大夫们以传播知识和品德教化为业,他们反对战争。

善为士者不武，善战者不怒，善胜战者不与，善用人者为下。

所有善于把持士大夫身份的人，都是不讲求武力的。但是，战争的出现并不在于个人的态度如何，也不会在乎人们是否接受，它是个别国家中的个别人试图把武力强加给另外一些国家和另外一些人以便造成一种或炫耀、或强权、或征服、或掠夺、或辉煌的局面，被侵略的国家和人民既然无法做到与世隔绝，就只有被迫参加战斗。战争这种活动实在是一种具有高度技巧、高度智慧的杀人游戏，参战双方在武器精良与否、战略战术制定、兵员的多少、参战理由的充足与否、士兵的作战能力、战前思想鼓动以及后勤的物质供应等方面的微小差别都会影响到整个战场上的胜负。尤其是现在列国间所进行的战争，已经从传统的车战转入了阵地战，这使得每一个参战人员都由以往的观战者而成为决战者，这也使得现代战场成为真正的屠宰场。传统战争是两军相遇勇者胜，现代战争就比较难以进行预料了。

关尹道：

现代战争虽然与传统战争有所不同，也不过是车战变成了步战，但战争的性质似乎没有什么差别。

老子道：

所有的战争在性质上都没有不同，即使是被侵略的一方如果不是为了保护一些人的特殊利益，也没有全民族都必须进入战斗的必要。所谓爱国主义在现代战争中的具体表现不过是爱护政权的主义，它保护的根本就不是人民的生命，而是国家以及国家领导者的既得利益，即使是涉及国家存亡的战争之胜负对人民来说也并没有特别重要的意义，否则，那些生活在经常获得战争胜利国家里的人民，岂不是生活在天堂里了？但事实当然不是如此。

至于战术就是另外一回事了，它是已经发动了战争后的一种目的纯粹的思想动机，犹如人们狩猎需要运用一些智慧才能有所收获猎物一样，统帅了一支作战部队的指挥官为了赢得战争胜利亦需拥有高度的智慧和技巧。一般认为，战争一定是强者和勇者必胜，但老夫并不这样认为，老夫以为由一名头脑敏捷、思虑周密的人在战争发生之前来进行周密的计划，制定出细密的战略方案，然后由一名经验丰富的将领指挥战斗，完全能够以弱胜强、以小胜大。

善战的人，是不会愤怒行事的；善于战胜敌人的人，是不会逞勇斗狠的；所有善于用人的指挥官，都是谦虚处下的。

关尹道：

夫子的战争之道，可以归结为不武、不怒、不争、居下四个方面，在下根据自己的作战经验，对此有些不同的看法。

不武对于没有战争发生的和平时期，可能是一种比较合理的生活态度。但一旦发生战争，就交战双方而言，不武装起来自己绝对是不行的，参战的任何一方如果不能在战前充分武装起来，就不可能获得胜利。怒气在战场上就等于是士气，在即将进行殊死搏斗之际，指挥官如果不能充分调动或鼓动起士兵的士气，是注定要在这场战争中失败的。不争是不符合战争原则的，如果双方中有一方能够做到不争，就不会有战争发生，既然已战而仍然主张不争，则似乎是进行一种竞技性质的表演，就已经不能算是战争了。

居下作为日常活动时的一种态度，是非常好也值得大力提倡的人生态度，可以使人处于一种周旋余地较大的位置上而进退自如。但在战场上如果采取了这种态度或行动，则不知道会导致什么后果，当然如果双方都采取了这种态度，则这场战事就可能在战场上通过握手言和而宣告结束，这是好的。但如果一方努力居上，另外一方竭力居下，则想不出这场战争的结果会怎样。但在下以为，这样的情形在战争期间是不大可能发生的。

老子笑道：

战争的发动除了满足王侯们好大喜功的目的外，没有任何正面意义。还有一些战争是社会内部失去了道和德之后，人民经常把内心中的欲望和冲动都转移和倾泻于国家外部的暴力征伐，人们把这种行为称为丰功伟绩，这种战争经常受到一些人的高度赞扬。

万物的存在经常甚至时时都出现各种各样的矛盾，对于一方没有意义的事情，对于另外一方却可能意义重大，战争就是这样一种彼此利益完全对立情形下的产物。发动侵略的一方只要寻找到能够调动并转移自己国民怒气和怒气的东西，就具备了发动战争的条件，这时，存在于它周围的所有国家都可能成为这次战争的征服对象。

严格地说，当今这个时代大多数军事行动，都仅仅是战事而不是严格意义上的战争，对于这些不得不应付的战事，如果不掌握一些原则，是难以支撑的。不武、不怒、不争、自居于下，都是处理战事时的精神和态度，运用得当，则可以掌握战争的主动权。

> 是谓不争之德，是谓用人之力，是谓配天，古之极。

这就叫做不与别人争夺的品德，这就叫做能够借用人民的力量，这就叫做符合天道的行为，是自古就存在的真理。

第六十九讲·不敢进寸而退尺

用兵有言:	用兵的人说:
"吾不敢为主而为客，	"我不敢采取攻势而宁愿采取守势，
不敢进寸而退尺。"	不敢前进一寸而宁愿退却一尺。"
是谓行无行，	这叫做行军而不前进，
攘无臂，	举起臂膀而没有胳膊，
扔无敌，	冲锋陷阵而没有敌兵，
执无兵。	手里把持着却没有兵器。
祸莫大于轻敌，	祸患没有大过于轻视敌手的，
轻敌几丧吾宝。	轻视敌人几乎丧失了我的法宝。
故抗兵相加，	所以对抗的双方一旦相遇，
哀者胜矣。	哀伤的一方会获得胜利。

夜色已深，大漠万里，沉寂无声；明月高悬，星斗满天，夜空灿烂。清风朗月之下，篝火燃烧得更旺，跳跃着的火苗与天上的星斗相映成趣。

老子开口道：

大多数没有亲身经历过残酷战争的人——自然也包括老夫自己在内，对于战争往往如同雾里看花，似乎看得真切，其实并不能得其旨趣。当今列国之间的战争是越来越频繁了，规模也越来越宏大，但征战的各国之间，几乎看不出有什么正义和非正义之分别，也几乎没有什么人能够制止这种战争的日益增多和扩大。诸位！今后的世道将是越来越昏暗了，人民最终被迫将接受怎样一种局面？实在令人难以想象。

关尹道：

战争既然已经成为时代的一股逆流，则其推波助澜者，实乃日益败坏之人心也。处于当今之世，既然各国都以穷兵黩武为能事，则个别国家和个别高尚者虽欲独善其身，亦不可得也。事实上，所有的国家和人民都已经被裹挟在不义战争的激流之中，看起来是难以迅速脱身的，除非这种逆流忽然被遏止。所以，只要是战争，就是残酷的厮杀和野蛮的屠杀，不分良莠，玉石俱焚。鉴于这种事态之日趋激烈，列国之君王将会各自罄尽举国之力来做一日之战斗，这样的战争已经不允许失败，失败就意味着灭亡。所以，以往战争中的规则和契约，已经不能适应于现代。

老子沉思，然后默然道：

贪婪是人类无法泯除的本性，是人类存在和发展路途上的天然障碍，它引起了人类命运中的许多不可预知的劫数，这些劫数汇聚起来就成为一个民族的习性以及一个国家的禀性。贪婪的个人如果不能收敛贪婪的本性，将会成为罪犯而受到国家法律之惩治；一个贪婪的国家如果不知收敛，则必然会走向扩张的道路，而在这条道路上一旦起步，如果不遭受到外界的重挫，就很难自动停止。不间断地扩张，对于人民来说就意味着没有穷尽的苦难，对于国家来说则意味着最后的穷途末路和土崩瓦解。

现在，战争既然已经成为各国君王和人民所共同热衷的事业，便也成为一股时代的潮流，而潮流这种东西则是不可阻挡的。但战争并不完全是在表演杀人技巧，战争也同时是一种使人陶醉的艺术，优秀的战略家们是可以做到兵不血刃的，也是可以做到以不战而屈人之兵的，这个问题过一下再接着讲。关键是现在的战争发动者们都很少有用兵的智慧，他们把胜利贬低为一种杀人手段的进步，这是很可笑的一件事。

关尹问：

然则战争当如何进行呢？

老子道：

用兵有言："吾不敢为主而为客，不敢进寸而退尺。"

古时候，曾经有一位善于用兵的将军说：我不敢采取进攻的方式而宁愿采取守势，我不敢前进一寸却宁愿退后一尺。老夫认为，最高明的战略战术就是这种态度下所采取的军事行动。不为主而为客，看起来是软弱，其实却使自己立于一个有利的位置上；不进寸而退尺，看起来是失败和退让，其实退后一步，往往拥有了更大的空间，大的空间造成了进退自如的有利局面。可惜，一般人是不能理解这种做法的。

关尹道：

在下不是学者，所以在学问方面绝对不敢提出自己的看法。但在下是一名职业军人，几乎每年都要指挥至少一场小型或中等程度的战事，关于那些战争性质方面的问题，我且不谈，总之，我为国家守土有责，战场杀敌乃分内之事。如果从纯粹的军事角度看，则战争在更大程度上是一场赌博。战争这种赌博不完全靠技术，技术的要求只占一个不大的比例，而主要是靠士气。调动士气的手段不能一概而论，从我的对手来看，游牧部落调动千军万马前来进攻，主要的目的是掠夺财货、人口和粮食，这是他们士气高昂的动力。

从华夏一方来看，我们没有对方那种对财货方面的强烈的欲望需要，所以，华夏士兵主要是依靠一种对国家民族的责任感进行战争，这种责任感或许也可以培养出一种爱国主义精神。但是，无论是责任感或爱国主义都自有其局限性，与游牧人所觊觎的财货诱惑相比，它们有时显得很苍白无力。尤其是对于一个并不值得爱戴的国家政权，以爱国主义口号来鼓励士气有时候是相当困难的。但无论士气是否高昂，战争一旦全面展开，就是有你无我、有进无退的殊死搏斗，其中往往不存在为主与为客的问题，只能是主客之间谁胜谁负的问题；也并不存在进寸而退尺的问题，而是进则全退则亡的问题，经常出现稍一退却便全军覆没的现象。以上是在下作为一名指挥官的意见，不过根据自己一点体会而得出，敬请夫子教正。

老子温和地笑道：

讨论战事，老夫自然不敢与阁下这样有丰富作战经验的前线指挥官争辩战略战术问题。所以，在讨论开始之前，老夫就把主题局限于战争活动，不过讨论战争就不能避免要涉及一些战术问题。听了你的高见之后，觉得你说得比老夫更好，也更加符合战场上的实际情形，对此，老夫自然虚心受教。但战争可以分为各种类型，各种不同类型之间的战争亦不能等同视之。汝处于大散关边塞要地，这里发生的战争是中华文明与塞外文明之间的较量，这不是一般性质的战争，而是两种文明的殊死较量。对方胜利，则我方损失的不只是财帛女子而已，这西北千里疆域恐怕都会顷刻成为腥膻之地而供胡人牧马放羊。所以，在这里发生的所有战事，对于双方来说，都各自有其生存竞争的道理所在，各自严守各自的立场是完全必要的。

但是，中原以及中国内部现在流行的战争，性质并不如此，在这种战争的性质中找不出可以坚守正义立场的道义支撑点。所以，足下所说的国民责任感或爱国主义感情，都在其中得不到任何体现和落实，它们充其量是狭隘、偏激的国家主义在作祟。自古以来的战争都一定有进攻者和被攻击者，从某种意义上亦可以说，进攻者大多是侵略者，而被攻者则是被侵略者，对于这样的结论，我们不难理解。但如果明日被攻者变成了进攻者，而前次的进攻者变成了被进攻者，则使侵略与被侵略的意义在此发生混淆。所以，中原有学者把现在列国间的战争称为所谓"春秋无义战"，可能是接近事实的说法。对于战争本来就应该加以杜绝，而对这样一些不义战争，则理应从根本上加以杜绝。所以，老夫本着反对战争的一贯态度，对于眼下一时间还不能消除的战争，就采取了一种比较消极的态度，以这种态度进行战争，至少可以使战争的残酷性受到一定程度的限制，这正如前所说，亦出于不得已。

是谓行无行，攘无臂，扔无敌，执无兵。

诸位听了老夫的这几句话，一定会感到可笑之极，这怎么能够称得上是一支军队？这简直像是一群迁徙的动物！或者是大群逃难的难民！但在老夫看来，这就是制胜的军队。

这就叫做行军而没有行列，人人都好像没有臂膀可以举起来，也仿佛面前根本没有敌人，士兵们都赤手空拳而不执兵器。老夫解释到这里，诸位如果感到好笑就尽管放声大笑吧。

关尹果然笑着问：

这居然是一支军队吗？如果夫子不说明，在下是死也不会相信的。即使说这是一股打家劫舍的土匪，也都很不够格，土匪虽然往往没有行列，但仍然是举起臂膀来进行抢劫的，也是要手执兵器的，否则没准会让别人给抢了。在下听夫子所言，听到了这里，实在是越来越有些莫名其妙了。

老子笑道：

老夫早就说过"上士闻道，勤而行之；中士闻道，若存若亡；下士闻道，大笑之"的话，现在看来，果然不错。刚刚你还谈到，两军相遇，决定胜负的往往不是武器甚至也不是所有的技术方面的因素，而是士气是否高昂。大漠绝地之中，不同民族组成的两军相遇，前进一步则生，后退半步即死，这样决生死于瞬间的战斗，士气自然是容易激发出来的。但类似刚刚说过的那些不义战争，尔虞我诈、拖泥带水、旷日持久，哪里会产生什么士气？因此，在大漠，决定战争胜负的是依靠士气、勇气与爱国主义，而阴谋、技巧和战术都没有多大用处；但在列国战争中，决定战争胜负的往往是靠计谋与技巧，而士气、勇气和爱国主义却无从产生出来。所以，以勇对勇决定胜负是英雄作为，以阴谋对阴谋决定胜负是懦夫作为，在列国缺乏英雄的时代里，进行较量的双方都无非懦夫的竞技而已。所以，以不战的姿态而迎战备战的敌人，乃是一种极高明的战略。它不但促使对方产生轻蔑之心，而且于无形中化解了对方的一决生死的豪气和勇气。这样，敌人再强大，也会产生一种没有对手的感觉，而一支军队如果产生出轻敌之心，则意味着什么？

关尹如梦初醒、恍然大悟，不禁频频点头道：

夫子所言之战术，实在是一种高明的战略。任何一支军队如果产生出轻敌之心，当然就是失败甚至是全军覆没，这是没有什么疑问的。对于临战时的任何一方来说，武器精良和兵员众多虽然可以证明强大的作战实力，但心理因素亦往往是决定胜负的关键。所以，有作战经验的前线指挥官，往往试图通过一些手段来刺激或激怒对方，使对方失去冷静而鲁莽行事，而对方的鲁莽行事往往能够刺激起自己一方的士气，引发出一种同仇敌忾的怒气，以这种怒气进入战场，胜利的机会便增多了。

老子道：

对于一支军队来说，最大的灾难不在于对手有多么强大，兵器如何先进，谋划如何完善，而在于是否轻敌。

祸莫大于轻敌，轻敌几丧吾宝。故抗兵相加，哀者胜矣。

轻敌是军事失败和国家灭亡的根源，轻敌便丧失前面所说的"三宝"。因此，两支互相对抗的军队相遇，悲愤的一方一定会获得胜利。可见，领导和指挥一支军队，并不是一件十分容易的事情，尤其是处于当前这样的时代，正义和悲痛并不能避免战争的降临，当然也绝不能引导战争走向最后胜利。所以，根据自己和对手之间的具体情形而制定出稳妥的方案，没有出色的智慧和较高的技巧，是难以做到的。

第七十讲·是以圣人披褐怀玉

吾言甚易知，	我说的道理很容易理解，
甚易行；	很容易实行；
天下莫能知，	天下却没有人能够理解，
莫能行。	没有人能够实行。
言有宗，	言论要有宗旨，
事有君。	做事要有主宰。
夫唯无知，	由于人们都很无知，
是以不我知。	所以不能理解我。
知我者希，	理解我的人这样少，
则我者贵，	效法我的人难得一见，
是以圣人被褐怀玉。	所以圣人都像披着破麻衣而揣着美玉。

大漠的深夜，虽然处于盛暑，寒意也已经很浓了。众人本来都是抱着临时旅行的念头，不但身着衣衫单薄，行囊里的衣物也准备得并不充足，值此更深露残之夜，一想到与其在帐篷里席地孤枕而卧，还不如索性围坐在这篝火之旁，听老子讲道。

老子并无睡意，他似乎对大漠的寒夜很有感情。

关尹见老子兴致颇好，笑道：

夫子的大道好则好矣，只是太过玄妙，有时需经过千回百转，柳暗花明，方始略知一二。

老子笑道：

老夫是一个不解风情、不近人情、不懂世故的老人，所以，言谈之中决少世态人情，是以诸位都以为老夫之道是何等高深玄妙！其实，真正深奥玄妙的是大道，而老夫所讲的道并不玄妙，它几乎是处处直接切入到了人生之中，极少溢出生命主题之外。

吾言甚易知，甚易行；天下莫能知，莫能行。

老者笑道：

夫子之宏论，若非夫子亲自讲解，老朽是一窍也不能通的，但天下人应不似老朽这般愚痴，可能对夫子之道接受起来不似老朽这般吃力。理解已经是如此艰难，实行起来又该如何？老朽虽尚未及行，但颇觉行之难则又在知之上了。所以，夫子说"天下莫能知，莫能行"，老朽想是一点也不奇怪的。如果天下都能轻易理解夫子之道，能够心悦诚服地遵行夫子之道，则在老朽看来，反倒有些奇怪了。当今之天下是何等之天下？大家都非常清楚，以如此之天下人，如何能行如此之大道？

老子叹息道：

言有宗，事有君。夫唯无知，是以不我知。

其实，我的言论是有宗旨的，我的行动是有精神主宰的。但由于人们都还是处于愚昧无知的状态中，所以，他们都不能了解我。

儒生自从下船之后，始终坐在篝火旁边没有发言，但神色之中时时流露出一种不以为然的神态。

这时，他开口道：

夫子之言虽然隐晦曲折，却还不难理解，只可惜当今天下的浅陋者太多。然则，夫子之道却颇难行之。

老子笑问：

以足下之高见，老夫之道为何难行？

儒生道：

实因夫子之道虽然高深，却与个人、家庭、集体、社会、国家、天下，都相隔了千万里，对于一个在动荡尘世中苟且偷生的凡夫俗子来说，如何派得上用场？且不说当今天下有如洪水滔天而神州面临全面倾覆，即使太平盛世有圣人者出，也难以运用其万一。何以然哉？圣人亦人耳，盛世亦世耳！人则世人耳，当过正常人之生活，难以回复婴儿；世则世道耳，则断不能无争无欲。晚学是以知夫子之道难行耳。

众人愕然。

稍停，儒生又道：

然则，以晚学之谬见，则夫子之道较之儒家生命之道，犹另有可取之处。夫子的无知无欲之中，隐含着无限杀机，未来华夏或有统一天下之雄主，焉得不对夫子之高见青睐有加、善加利用？而夫子之恍兮惚兮，复归于婴儿的高论，待到未来列国消逝，文化一统之日，民众于被迫弃智断学之后，焉得不以之为圭臬，以保首级于"盛世"？

众人越发愕然，老子亦愕然。

良久，老子方开口道：

也许足下说得不错，列国之战，争夺到了最后，便可能推出来个大一统帝国来，这个由战争和乱世所推出的帝国领袖，非但断然不会是圣人，却可能是一个有史以来最大的专断独裁者，这是可以料知的。然则，足下认为这个独裁者也许会接受老夫的道，并以此道来愚弄天下芸芸众生，老夫的道难道会沦落到如此下场？

老子立起身来，眼望夜空，默默无语。

关尹目不转睛地看着老子，只见这位洞察事态万物、游戏于风尘之中的老人好像一下子就变得苍老了。夜风吹拂着他的一袭麻衫，篝火照映着他的面庞，使他犹如一尊雕塑。他的头发已经白如霜雪，没有一丝杂色，在沉沉暗夜下显得那般圣洁；瘦削的面孔上满布着一道道深深的皱纹，犹如刀刻斧凿，在篝火映照下显得如此神圣；一双炯炯有神的眼睛，喷射出两道冷电一般的目光，显得如此崇高，令人不敢仰视。

看到这里，关尹不觉连连点头，心里暗暗佩服儒生的博学多闻、目光犀利，这样一位犹如不见首尾的神龙一般的老人以及他所持有的这些内涵博大精深且又带有神秘玄机的理论，怎么会不被后世的枭雄霸主们善加利用呢？又如何不会被走投无路而思想饥渴的人们奉为座右铭呢？对于一个思想混乱的民族来说，对于一个可能出现的统一帝国来说，对于一个高高在上的政治寡头来说，这是一尊多么合适的国家偶像和民族象征呀，在不知多少岁月的未来，这尊偶像应该足以镇压住那些在举世滔滔中而乱舞的群魔了。

夜空之下，只听得火苗中的劈啪声。

忽然，听得老子口中自语道：

知我者希，则我者贵，是以圣人被褐怀玉。

说毕，老子把目光投向众人，大声道：

在这滚滚尘世之中，真正了解老夫的能有几人？能效法老夫作为的人是何等的难得一见！

因此，在这浑浊的乱世，真正的圣人就像身上披着破旧麻衫而怀里揣着美玉一样，不可能被世人认识。

大地沉寂，没有人能够回答这样的问题。

第七十一讲·不知知病

知不知，上；	知道自己有不知道，是最上乘；
不知知，病；	不知道而自以为知道，是毛病；
夫唯病病，	正因为讨厌毛病，
是以不病；	所以少有毛病；
圣人不病，	圣人没有毛病，
以其病病，	因为他们讨厌毛病，
是以不病。	所以就没有毛病。

一阵夜风刮过，携带着浓浓的秋意，天已经破晓了。

黎明前的景色过于萧索，连一点点透明度也没有，黑暗似乎要在这最后的时刻逞尽余威。

老子沉默了不知有多久，终于长长地叹出一口气，他眼望着黑沉沉的大地，对众人缓缓地说道：

> 知不知，上；不知知，病。

这几句话的意思是：能够知道自己不知道，是最上等的认识；不知道却自以为知道，则一种病态。

诸位！病，在此不是指身体上的具体毛病，无论是感染了风寒或是患了严重的身体肌肤疾病，在老夫眼里，都算不得什么了不起的病，因为这些临时患上的病都多少有一些症状，即使一名庸医，根据这些症状也可以对症下药。但是，对于一种认识上的心理或精神病症，老夫深以为忧。以不知为知，也可以称为自以为是，是一种来自心理方面的不正常状态，这种病几乎没有症状，不发作时便潜藏在内心深处，表面上几乎看不出什么来，完全是一个正常的人；一旦发作起来，就体现在行动和行为上，恨不得掀天揭地。而且，自以为是的患者，可以根据不同性格和职业而有不同表现。

政治家的性格追求表现在好大喜功、狂妄自大、大权独揽方面，匠人的性格追求表现为追求奇技淫巧方面，学者的性格追求表现为卖弄知识的渊博和认识的深刻方面，普通人的性格追求则表现在卖弄小聪明方面，这些都是自以为是在不同人身上的不同表现。

这时，患者们都根本不知道自己的分量和本钱究竟有多少，自以为天下没有他做不到和不知道的事情。人类行为中最令人感到不可理解的地方，就是习惯于制造一系列虚伪的假象以及允许种种相互矛盾的事情同时并存。现在的华夏大地上到处是力图大有作为的王侯，到处是一心挽救乱世的君子，到处是为了保卫和平而投入战斗的士兵，到处是同床异梦的夫妻，到处是彼此欺骗倾轧的朋友，到处都是夜夜做着发财梦的民众，这个世界连同全体人类真的都患上了严重的心理疾病，可怕的是，他们自己居然浑然无知。所以，

夫唯病病，是以不病。

有正确认识能力的人，是一些能够把病作为病来正确对待的人，所以，他们才是没有病的人。在当今世上，到处都是那些自以为是的精神病人在招摇过市，而没有病的健康人已经越来越少见了。

老者肃然曰：

夫子的高论当真是切中了产生于当代人思想根源中的疾病根源，这是世道日益不堪、人心日益颓唐的根本原因。老朽窃以为，在认识论方面，夫子委实不仅是站在了时代的前沿，而且跨越了整个时代。夫子是这种学说的倡议者自当别论，但自古以来，是否真的存在夫子所说的那种"病病"的人？

老子道：

能够做到"病病"并不是什么了不起的事情，老夫曾经在一些古代典籍中获悉，在一个相当长的历史时期里，人类根本就没有现在所流行的许多病症，当时的每一个人都能够依照自然本性去生活，他们根本不必矫饰

和装扮自己去讨好世道人心。就是说，在那样一个时代，人们无须进行欺世盗名的活动，因为没有什么特殊的利益可以获得。所以，老丈所狐疑是否存在的人曾经是普遍存在的。只是到了晚近以来，随着世道的进步和个人在心理和精神上的退步，那样的人才变得越来越少了。

圣人不病，以其病病，是以不病。

世道变得日益不堪，病人越来越多，没有病的人倒反而越来越少了，所以，到了现在所传诵的每一个时代的辉煌时期，没有病的只剩下屈指可数的几个人，人们便把这些人称为圣人。圣人本身自然是好的，但他们之所以没有病，并不是天生的没有生病，而是因为他们能够把病当做病来加以正确的认识，所以，才使自己避免了那种流行病的侵袭。但是，即使应该表扬圣人能够独居淤泥而不染的风骨，却不能错误地认为那是一个完善的时代。即使按照最寻常的道理也可以推导出来一个事实，就是在那些比较正常和完善时代里，不会有什么圣人，那个时代的普通人在行为方面的表现，甚至比后来被传颂的圣人还要好些，又怎么会从中产生出一些特殊的人来？而在一个缺乏典范和榜样的时代，即使满街尽是恶棍，也一定要从中产生出一个所谓圣人来。所以，老夫对那些被人们推崇备至的圣人，并没有多少敬意。在此提出圣人不病，是根据史志的记载，真实情形究竟如何，则不得而知了。

众人闻言，尽皆愕然。

众人围坐在篝火之旁，不觉天已破晓，这才觉得精神疲惫，睡意袭来。于是，纷纷躲入到帐篷里，来一场好睡。

第七十二讲·自爱不自贵

民不畏威,	假如人民不害怕权威,
大威至矣。	巨大的威胁就会到来。
无狭其所居,	不要把人民生存空间弄得狭小,
无厌其所生。	不要使他们对生活感到厌倦。
夫唯不厌,	只有生活不令人厌倦,
是以不厌。	因此才不会感到厌倦。
是以	所以,
圣人自知不自见,	圣人都自我感知而不自我表现,
自爱不自贵。	自我爱护而不自我尊贵。
故去彼取此。	所以要舍弃后者而保持前者。

车队在荒漠中蹒跚而行，从瓜州至阳关，一路大漠平川，沙漠和绿洲相互错落有致，行旅货商络绎不绝于途。所以，所到之处，尽多游牧人家的帐篷，旅途甚为便利。

第三日下午，大路前面忽然横立一山，山并不巍峨险峻，却也郁郁葱葱，在这一片刺眼的土黄色原野中显得格外佼佼不群。高山横路，车队就势停下休息，老子一行便漫步走到山脚下的树阴中。这时，老子指着一大片形状有些奇特的山头问儒生道：

这山好似就是大禹治水所到过的三危山了？

儒生答曰：夫子确实博闻。此山果然是三危山。关于此山之传闻颇多，然是否真实则不能确知。

《书经·尧典》载有：

> 流共工于幽州，放驩兜于崇山，窜三苗于三危，殛鲧于羽山，四罪而天下咸服。

又《书经·禹贡》载有：

三危既宅，三苗丕叙。

然晚学对于这些记载大多持了一种怀疑的态度。想我大秦国，自非子立国，游牧于西北荒僻之草原，至今已将近300年，而时至今日，大散关外之荒漠大川，尚非秦土。尧帝距今已2000余年，禹帝距今亦近2000年矣，其时中国疆域焉得开拓至此？

老子道：

汝言是也，老夫对于这些圣人们夸大其辞的事迹，也始终是持怀疑态度的。然今日观乎此处之风情，倒有些相信了。

儒生道：

夫子所言固然不错，然华夏人西下的步履大约在这一带也差不多算是终止了。再向前行不过200余里，就是阳关，阳关以外则华人之踪影难得一见矣。也许这里会是未来华人西下的重要地点？

老子颔首道：

此为老夫所不及见，汝或可见之。

儒生嗫嚅道：

几十天来，聆听夫子谈天说地。晚学对夫子的超人智慧和高明见解，可以说是崇拜得五体投地，但对夫子的人生态度却每有异议。以晚学的浅薄之见，以夫子的睿智和机变谋略以及滔滔之辩才，如果能够周游列国，游说当局，岂非大有利于芸芸众生？

老子闻言，默然良久而后长叹道：

中原诸国，大势去矣！岂人力所可挽？尔之所言老夫非不愿也，实不能也。汝不见一人为非，众人可阻；数人为非，则官府可阻；举国之人皆为非，孰可挡也？甚或举世之人皆欲为非，则虽起先圣于九泉之下，亦无能为力矣！汝不见当今天下，诚如遍积干柴之赤地，只待一束火炬矣。天下之人皆奔走竞趋，纷纷然如脱笼之鸟兽，各国政府之权威实扫地已尽矣。

　　民不畏威，大威至矣。

　　人民什么畏惧都没有了，则最值得畏惧的事情就要到来了。此时此刻，个人的力量已微不足道。

　　儒生叹息道：

　　然则，天下事终须天下人来管，这正是夫子所说的"不可为而为之"的时候。老聃先生，晚学深知与夫子相聚不易，眼下已分别在即。然先生于此离别华夏故地之际，难道目睹中国百姓生灵涂炭，而忍心一走了之乎？难道以夫子之胆魄胸怀、雄才伟略，也是为了逃避这即将到来的"大威"不成？

　　老子闻言，色为之变。

　　关尹、老者在旁，闻言均为之动容。

　　老者道：

　　此去阳关，即为拜别夫子之日，思之辛酸。想中国之大，何处不能容夫子，奈何偏做关外游？

　　关尹道：

　　在下鲁莽行事，硬是挽留夫子在此僻陋之地逗留了月余，虽不免耽搁了夫子西行之日程，却使我等受益良多。今距离别之日已屈指可数，在下切望夫子能以天下苍生为念，给我等最后留下一些教诲。

　　老子眼睛瞟向远处的山峰，面色亦一片肃然，可见，他的心中很不平静。接着，他把目光转向儒生，许久，乃言道：

　　老夫生平尽多荒唐之言，但有一言则必中，未来之天下，实乃儒家之天下，此必无可疑。此为中国之大幸，此亦为老夫为天下人所深幸者也，然老夫亦不无担忧。

　　儒生惊问曰：

　　晚学当然对夫子的高见，不敢有疑，但对夫子的这种预测却不能尽信而无疑。好在天道不远，所谓"否极泰来"，亦未可知。但晚学不知夫子忧从何来？儒家诸君子学人，虽未必能承担大道，却绝非鸡鸣狗盗之徒也。

　　老子道：

然也，诚如子所言。然老夫并非以儒家之理想宗旨为忧，而是对儒家所倡导有所作为之举，甚为担忧。这种忧虑由来已久，早在多年以前，就曾向鲁君子孔丘先生提出，希望他能以大智慧挽狂澜于既倒。现在，这种担忧与日俱增，因此而有西行之举。

儒生道：

然则，夫子何不向晚学提出，晚学虽人微言轻，不足以挽大局、定乾坤，但定当嘱诸同人墨守之。

老子颔首曰：

也罢，老夫就再多留数日，将老夫所想、所忧、所虑、所预计、所希望，尽皆诉之汝等。

儒生喜曰：

夫子能够俯允晚学之不情之请，足见故国之情怀。晚学愿为天下苍生叩谢夫子。

说罢，早已俯首地下，向老子行跪拜大礼。

老子急忙挽起。

儒生道：

晚学现在向夫子请教第一个问题，即未来人君当如何对待自己的臣民，百姓如何才能对国家的举措满意？

老子道：

无狭其所居，无厌其所生。夫唯不厌，是以不厌。

儒生道：

此何以解？

老子道：

人生中最重要的莫过于两件事情，其一是使身体有一个适当的生存空间。在一个相当长的时期，人类生活在大自然之中，行无定踪，浪迹天涯，无家室居所，与其他野兽并没有本质差别，文明时代以来的历史典籍一般称那个时代为断发文身、茹毛饮血的时代。自从出现了家庭之后，人类开始把自己的活动限定在比较固定的地域范围之内，人们的生活空间亦主要局限在自己的屋舍村落的周遭。国家出现之后，逐渐剥夺了人民的一切，家庭成为人们安居乐业的唯一场所，也是作为一个人最后保留在自己手中的唯一财产。他们已经没有其他东西可以舍弃了，他们为了捍卫这最后一份财产，是不惜付出任何代价的。所以，任何领导者如果敢于剥夺人民所拥有的这一处最起码的落脚场所，使他们处于四处漂泊的境地，则社会就不会获得安定了。

其二是人们的谋生问题。在过去的一个相当长的时期，人们只有集体谋生而没有个人谋生。那时，人们共同生活在一个集体之中，并没有物质生活方面的重要差别，谋生手段亦依靠大自然的恩赐。自从出现了个体的对偶家庭之后，便有了个人的谋生。人们在谋生手段和谋生方式上亦开始有所不同，比如匠人依靠手艺，农民依靠耕种，商贾依靠走动。对于民众的这些谋生道路，任何领导者都不能进行堵塞，不能让民众感到过于沉重的压迫。如果民众切实地感到了一种不能忍受的压迫时，国家就要变乱四起了。

所以，国家政府以及地方各级政府，只有对百姓进行有限度的而不是穷凶极恶的压迫，人民才不会感到沉重压迫，这是不能进行任何伪善和矫饰而必须真正实行的国家行为。

儒生道：

然则，国家对人民，总是需要进行一定程度上的领导和管理，国家的领导者该以怎样的行为来进行管理呢？

老子道：

是以圣人自知不自见，自爱不自贵。故去彼取此。

国家领导者治理国家和管理百姓的取法标准就是古代圣人已经做到的程度，领导者能够在自己的心里有一个基本道理却不追求表现自己的能力，能够自己爱惜自己却要禁止把这种自爱变成高高在上的姿态。所以，领导者要坚决地去掉后者而保持前者。领导者如果能够做到这种程度，也就差不多了。

儒生道：

要领导者达到夫子所希望的程度，无论人类今后的历史如何千变万化，恐怕都不易实现，因为现在的人民都非常勇敢，他们如何能够接受一个不能表现出巨大权威的领导者？所以，如何消除人民的勇敢，是国家能否安定的基础。

第七十三讲·天网恢恢

勇于敢则杀，	勇于放开胆量行动的人会被杀死，
勇于不敢则活。	勇于不放开胆量行动的人就会存活。
此两者，	这两种不同的行为，
或利或害。	或有利或有害。
天之所恶，	上天所厌恶的，
孰知其故？	谁能知道其中的缘故？
是以圣人犹难之。	所以连圣人也难以解释。
天之道，	上天的道理，
不争而善胜，	不争夺而善于获得胜利，
不言而善应，	不说话而善于应答，
不召而自来，	不召唤而自动到来，
繟然而善谋。	行动舒缓却善于谋划。
天网恢恢，	上天编制的法网广大无边，
疏而不漏。	网眼虽然稀疏却没有遗漏。

老子思索片刻道：

其实，有许多事情是根本不必多虑的，天有天道、地有地道、人有人道，万物莫不各有其道且各循其道焉。老夫前次严厉地批评勇敢行为，对于这种行为，亦要客观地看待，尤其是如果分别开来看，则当前所流行的名词中有许多意义含混之处。

> 勇于敢则杀，勇于不敢则活。

勇是一种气，人们日常所说的勇气并不就是勇敢，勇气可以促成各种事情的成功，却不容易造成失败，因为这种气产生于一种对自己力量、智慧、能力的真实估量；敢则是一种比较具体的行动，敢与不敢就是做与不做一些逾越常规的事情，它们如果不能付诸具体的冒险行动，这个词就不能单独成立，因为它们没有独立的意义。勇气可以产生出合理的行动，而勇敢则往往产生不合理的鲁莽行动。所以，老夫认为，从勇到敢的盲目行动就是一个丧命的过程；但从勇而到不敢的理智行动，则是一个求生存活的过程。

儒生悚然曰：

果真如此？

老子点头道：

正是如此。老夫上面所说，勇本来是人体中的一种气之外泄，这里所说并没有什么性质之不同，但它可以做各种各样的意义引申。对勇的进一步理解，在于加入了敢与不敢这两样具体行动，它们使勇产生出不同的行为结果。

此两者，或利或害。

敢与不敢，敢则终生受害，而不敢则终身受益无穷。这是诸位应该予以注意的问题。

儒生问道：

这是什么缘故呢？

老子摇首道：

天之所恶，孰知其故？是以圣人犹难之。

对于上天的许多行为和道理，人们还知道得很少，人类距离上天太遥远了。总之，天道是讨厌勇敢行为的，谁也说不出这是为什么。甚至圣人对于天道的这种态度，也感到解释起来很困难，老夫当然也一样无法解释。

儒生道：

夫子能够对勇敢的行为有如此深刻的认识，令晚学不胜敬佩。然天道所恶，必有所本，夫子既能洞察其果，亦当详知其因，尚祈夫子不吝赐教。

老子笑道：

老夫之言并不相欺，实在因这个问题不易说明。作为人，在认识天道上，与其他生物没有什么区别。自来圣人所以不言天道，也不是完全不知，不过难以解释明白而已。老夫今强解之，实在违反我的意愿。汝等知道，老夫历来是主张"不知知病"的，也是提倡"不言之教"的。勉强说：

天之道，不争而善胜，不言而善应，不召而自来，绰然而善谋。

儒生接口道：

晚学忽闻天道，不禁见猎心喜。按照晚学的理解，天道的表现是：天道表现为不争夺，也就是并不勇敢，却能获得胜利；天道不言语，也就是"知不知"者，却能回答各种问题；天道在它应当出现的时候，不用邀请就自动地来到人们面前，它默然不语却善于进行各种谋划。晚学素不闻天道，在此谨据夫子之词义而妄加解释，当然不能尽合本意，尚望夫子更正之。

老子道：

这样解释已经很好，老夫对天道的理解，如果运用一些流行词语来解释的话，也只能到此地步了。

儒生喜道：

承蒙夫子首肯，晚学不胜荣幸。然则，晚学窃以为天道既然具有许多人道的性质，则可知天道亦当能影响人事，是则晚学不禁有一疑问，天道是否能够对人道行使其权威？

老子断然道：

是的，天道对人道当然具有奖惩能力，这就是所谓：

天网恢恢，疏而不露。

这句话一说出，直是石破天惊！鬼神为之战栗，风云为之色变，天地为之震动，万物为之颤抖。

众人闻言，尽皆大惊失色。

儒生大惊问道：

夫子是说天道犹如一张大网，密密麻麻，把人世间的一切善恶都笼罩在其中，没有一件是能逃脱的？

老子平静地道：

是的。天道的大网极为辽阔广大、无边无际，把万物都笼罩其中，这个网的空隙虽然很大，却没有一点遗失。

众人皆点头叹服。

儒生问曰：

然则，天道对百姓将如何？

老子一时无语。

第七十四讲·奈何以死惧之

民不畏死，	人民不怕死，
奈何以死惧之？	为什么还要用死来吓唬他们？
若使民常畏死，	假如人民经常怕死，
而为奇者，	对那些行为越轨的人，
吾执得而杀之，	我可以把他们抓起来杀掉，
孰敢？	谁还敢再越轨？
常有司杀者杀。	因此设置了杀人的官员主持杀人。
夫代司杀者，	那些代替司杀者的人，
是代大匠斫。	如同代替木匠去造木器。
夫代大匠斫者，	代替木匠去造木器的人，
希有不伤手矣。	很少有不弄伤自己指头的。

天色渐渐地暗淡了下来，西下的残阳把地面染成了一片橘黄色，阵阵山风驱散了大地的暑热。

老者忽然问道：

夫子是主张无知无欲的，也是主张愚民政策的，这当然不是为了造成人民的愚昧无知，而是为了使人们能够复归于素朴无为。但是，现在的人民大众已经掌握了一些虚假的知识，心里也已经装满了欲望和追求，这样，向自然和素朴生活之复归，似乎已经是一件难以想象的事情。如果想使民众服从现有的规则和现存的社会秩序，国家是否应该采取一些较为强硬的措施？

老子果断地说：

断断不可如此！对人民采取暴力手段进行强迫性或压迫性管理，只能刺激人民进行反抗的勇敢行动之滋生。关于暴力乃是从暴力中产生的问题，前面已经谈过，针对过去和现在的社会状况，这应该是不言而喻的事实。

民不畏死，奈何以死惧之？

现在，老百姓不怕死，已经成为非常流行的社会现象，想必诸位都能亲眼目睹这种事情的屡屡发生。这种现象之出现，并不令人感到奇怪，欲望的膨胀最终势必引发出勇敢而亡命的行为，这种亡命行为自然不仅体现在对物质的索取、对别人的侵犯，也包括对当权者的反抗，以及对政府法令的轻视和对国家刑律的蔑视，这些行为集中地体现出了一种不怕死的精神。但老夫对于国家领导者的许多愚蠢的做法却表示惊诧，百姓明明不怕死，他们却偏偏以一些严刑酷法的高压手段来力图使百姓畏惧，岂非咄咄怪事？

老者喃喃道：

"民不畏死，奈何以死惧之？"夫子的高论实在犹如警世的洪钟大吕，令人闻之感到不寒而栗！

儒生道：

晚学听到夫子的这样论述，真恨不得闻声而起舞。国家在一小伙胆大妄为之徒的手里，已经沦为暴虐者的施暴工具，把各种欺骗、敲诈、盘剥和压迫都变本加厉地施加到人民身上。按照夫子的观点，人民已经处在了死地上而难以求生，为什么还要怕死？但是，现在的百姓勇则勇矣，却未必敢？

老子道：

老夫的看法恰恰相反，民不畏死，不能算是勇而主要是敢。敢于犯上作乱，敢于明火执仗，敢于铤而走险，都是缺少大勇却敢于进行的亡命行为，也是不怕死的表现。所以，

若使民常畏死，而为奇者，吾执得而杀之，孰敢？

假如人民真的是怕死，则政府把那些惯于作乱和耍弄花招的人，都抓起来杀掉，别人岂不是就不敢为非作歹了吗？但事实上，现在各国政府在杀人方面可谓花样翻新，杀的人也已经不能算少，而社会却是越来越乱套了。

儒生道：

国家和社会的治理情形果然是越来越不成样子了，是不是因为国家在刑法方面落实的路数不对？

老子点头道：

你说得对，国家执法者不能公平地执行法律，是国家和社会越加混乱的重要原因。老夫听说和见到的各国法律部门的表现可以说是一团糟。国家有专门的机构主持行刑，如：

常有司杀者，杀。

国家既然设置了专门管理刑罚的机构，就是专门对罪犯行刑，它可以合法地杀人而不受到谴责。这种现象当然容易引起仿效，结果杀人以及为非作歹都成为一时的风气而难以收敛。但是，亡命毕竟要付出代价。

夫代司杀者，是代大匠斲。夫代大匠斲者，希有不伤手矣。

国家的法律机构依法杀人，在大多数情形下都没有合理性却有合法性，但代理国家行刑人员来执行私法的人，就是不合法者，不合法者行刑，没有不伤害自己的。

在此，老夫并不谴责那些国家刑律的僭越者和代理者，而是说明国家政治的全面腐败，已经引起了国家刑法的走形和变质。这样，人民怎样来遵守？又如何能遵守？何况，百姓之所以有亡命行为，在某种程度上，也可以说是国家政策失败所造成的必然结果之一。当今列国之中，没有一个国家的百姓不是陷于流离失所和饥寒交迫之中而难以谋生，难以谋生就容易铤而走险。而国家领导者却试图以重刑弹压之，恰恰给国家增添了社会动乱的因素。

儒生道：

然则，百姓何以会如此贫穷？

众人都期待着老子的回答。

第七十五讲·食税之多

民之饥，	人民饥寒交迫，
以其上食税之多，	是因为统治者征收的赋税太多，
是以饥。	所以才饥寒交迫。
民之难治，	人民难以管理，
以其上之有为，	是由于统治者要有所作为，
是以难治。	所以才难以管理。
民之轻死，	人民轻视死亡，
以其求生之厚，	是由于他们求生的愿望过高，
是以轻死。	所以才轻视死亡。
夫唯无以生为者，	不把生命看得过重的人，
是贤于贵生。	比那些看重生命的人高明多了。

老子连连叹气，半晌不语，许久之后才徐徐而言道：

诸位大多都是在政府部门中有些身份的人，当能知道现在的政府组织有多么庞大！在你们秦国，土地已经不再实行分封制度，所有新兼并、垦殖、开发出来的土地所有权，大多都被国家据为己有，由国家委派官吏进行统一管理。这种方式究竟如何，可以暂且不论，但国家政府却因此脱离了社会而成为一个巨大的独立载体。

秦国，在平王分封之初期，本是宗周天子以自己的丢弃之土地赐于非子，以赏其救驾之功，至于能否获得建国的资格，则全靠自己的能力。仅仅200多年的时间，当年没有尺寸之土的秦国，疆域已经北入河套、南逾秦岭、东出函谷、西临天水，扩地千里，俨然成为邦畿千里的超级大国。这些新并之土地，尽皆成为国家之郡县，这些土地上的人民，尽入国家政府的户籍之中。

诸位！管理如此广大地区，究竟需要多少官员？老夫没有统计，不能说出准确数字，但其数量决不会少；要征服、开发和保卫这样广大辽阔的地区，究竟需要豢养多少兵力？老夫虽也不能说出准确数字，但断然不会少于兵车3000乘。以每辆兵车75人计算，则秦国至少当有士兵22万人，仅此一项，国家政府需要增加多少开支啊！

诸位！这样庞大的政府、这样众多的官员、这样强大的军队，他们当然都不事生产，而国家本身也不能产生丝毫财富，那么，大笔经费从哪里来？每个人都知道，国家所有的开支都自然来自老百姓的税收，日益增多的税收，使百姓普遍陷于困境。

> 民之饥，以其上食税之多，是以饥。

这是不言而喻的事情，饥寒交迫不是因为百姓本身的行为所造成，而是因为国家变本加厉的榨取。

关尹喃喃道：

然则国家不如此不能强大，不强大则有灭亡之虞。而国家一旦覆灭，则百姓将成为亡国之遗民，其处境岂非更加不堪？是以，国家虽然对百姓有所取，然百姓亦赖国家而得以生。

老子道：

国家政权之存在，如果能够使百姓能够安居乐业，则虽有所取，亦可获得百姓支持。然则，国家之存在，如果使百姓处于饥寒交迫之中而难以活命，则不知百姓要国家何用之有？汝等须记取，国家固然靠百姓支持而获存在，但百姓却不必赖国家而存在。要知道，亡国亡的只是侯王和官吏的特权和地位，在新政权的格局中，百姓的地位并没有多少变化。百姓支持谁，端看谁对他们的生存有利而不必顾及其他。是以：

> 民之难治，以其上之有为，是以难治。

百姓的难以治理，主要是因为领导者追求大有作为的行为所造成。何以这样说呢？因为全部有所作为的行为都不是节俭行为，都是开支巨大的行动，这些额外的巨大开支一旦强加给百姓，自然会引起百姓的骚动。而且，有所作为的行动除了造成国家物质财富的巨大浪费之外，也使社会财富进行了重新分配，全国人民共同创造并理应共同享有的财富在流通之中被一小部分人所偷偷地攫取了，从而造成社会的两极分化，这种行为也是引起百姓愤怒的原因。

关尹道：

然则国家也给百姓提供了向上升腾的机会，每一个有出色才能和智慧的人，能够就此晋身，否则是没有这种机会的。

老子笑道：

事情哪里是如此简单，你说的虽然是事实，但这不是一个普遍存在或平均存在的事实。而且，正是这种并不普遍存在的虚假事实，不但掩盖了政治腐败的真相，也造成了百姓的错觉。他们都在竭力模仿领导者的那种有所作为的行为方式，都力图在社会混乱和争夺中获得升腾的机会，而事实上，这样的机会只能给予极少的一部分人。那么，大多数不能如愿以偿的百姓，自然不会服气，不会心甘情愿地接受失败的事实，于是，他们以一种近乎于拼命的行动力图在其他机会中赢得胜利。这样的百姓自然是难以治理的。诸位！

　　　　民之轻死，以其求生之厚，是以轻死。

按照人类的本性，无不是百般逃避死亡的，没有任何一种有生命的东西是努力追求死亡的。现在，表现在世人眼界之中的却好像是所有人都在拼命地追求着死亡，他们似乎唯恐在死亡的速度上落后于他人，这实在是一种奇观，任何一位能够置身事外的人都能看得一清二楚，都会感到不寒而栗。

其实，这是毫不奇怪的，就像进行赌博的人，他押的赌注越大，所寄予的希望就越大，也就越加不敢想象失败之后的结果。用生命来进行冒险赌博，是普通人民能够投入赌博中最大的、也是最后的赌注，这就是人们常说的孤注一掷。进行这样风险巨大的赌博，自然是希望获得丰厚的回报。所以，这里所说的老百姓之所以轻死，就是因为对生命所寄予的希望过高，高到了不得不以生命本身进行投资。老夫不想对百姓的这种行为进行评判，且对这种行为也没有恶感，因为这不是老百姓的原因，而是领导者行为所造成的恶劣影响，应该受到谴责的正是领导者们。

儒生神情郑重地问道：

这种虚伪的追求既然已经成为一股潮流，则百姓中之明智者虽然明知其中的巨大风险，却仍然不得不被迫追随，唯恐自己被这种潮流吞没。但领导者自己也置身于这种潮流之中，而且，他们都是站在最前面的弄潮儿。当这股大潮日益恣肆放荡之后，难道最先被吞没的不正是他们吗？他们当然都不是高明者，甚至有许多君主侯王简直就是无能者，但这么简单的事情，他们难道也看不出来？世道果真不堪到了如此地步？

老子笑道：

这可能就是所谓"旁观者清，当局者迷"典故的来源吧？对于侯王们的智力水平，老夫不想进行评价，让后世那些喜欢钻牛角尖的专家学者来进行这种工作好了，他们或许能看得更加清楚一些。老夫在此只能指出：

夫唯无以生为者，是贤于贵生。

儒生惊问曰：

夫子的意思是说：只有不以生命来进行任何冒险的人，其高明远过于仅仅重视生命的人？

老子颔首道：

正是如此。

第七十六讲·柔弱者生之途

人之生也柔弱，	人活着的时候身体是柔弱的，
其死也坚强。	死后的身体则是僵硬的。
万物草木之生也柔脆，	万物以及草木在活着的时候都是柔软的，
其死也枯槁。	死后的枝条就枯萎了。
故坚强者，	所以，任何东西变得坚强，
死之途；	就是走向死亡之途；
柔弱者，	所有柔弱的东西，
生之途。	则是走向生存之途。
是以兵强则不胜，	因此兵力强大并不能获胜，
木强则共（折）。	树木强大了就会断折。
强大处下，	强大处于卑下，
柔弱处上。	柔弱处于尊上。

老子说完了上面的一段话，举头注视着已经昏黑的天空以及隐没在黑暗中的连绵群山。此刻，几只苍鹰正盘旋在暮色苍茫之中，似乎希冀在归巢之前能侥幸猎获到一点什么食物。

老子的神情一片黯然。

许久，老子叹息地说道：

在天地万物之中，人类实在是很软弱的物种。与飞禽走兽相比，人类没有尖牙利齿和强健而发达的四肢，没有矫健轻灵的身体和可以展开的翅膀。他不能像虎豹那样随意地奔波于悬崖深涧之中，不能像骏马一样驰骋于草原上，更不能像鹰雀那样自由地飞翔于天地之间。人类的身体素质与其他生物相比，可以说是弱不禁风。但是，天地间的万物却都不得不屈服于人类的控制之下，这就是柔弱胜坚强的最好证明！

人之生也柔弱，其死也坚强。

人类的身体也实在是一种很古怪的生命形态，不知诸位注意到没有，每个人在活着的时候，都是那样一种软弱无力却精力充沛的样子，而且，身体的各个部分都很柔软，似乎生命力就蕴藏在这柔软之中。老夫之所以赞扬一种婴儿状态，因为婴儿的身体和四肢最柔软，所以，婴儿的生命力也最为充盈坚强。人的生命力最旺盛的时候是刚刚出生的婴儿时期，而在此时期却体现出了柔弱和柔软的特征；与柔弱和柔软相映成趣的是坚强和僵硬，人的生命力之最后消失是刚刚咽气之后，在这个时期他的身体却显示出坚强和僵硬的特点。由此可见，柔软是真正的强大，而坚强不过是死亡的象征。

儒生道：

万物是否都体现出这种规律呢？

老子道：

是的，万物确实都具有这种特点，不仅能够活动的动物种类是如此，草木亦如此。

万物草木之生也柔脆，其死也枯槁。

看这地上草，是何等的柔软，却又何等的强大！疾风骤雨不能动摇它的身体分毫，烈火泥沙不能摧毁它的点滴意志。但是，当它最坚硬的时候，却正是它枯槁死亡的时候。

故坚强者，死之途；柔弱者，生之途。

通过万物之间的兴衰以及生死，可以看到强弱大小之间极其严重的对立关系。大家都能够看到这种关系在万物以及人类中所造成的巨大冲突，以及这种冲突和对立中所产生出的种种生命与自然物的变化，却不能认识到二者最后的胜负并不完全体现在表面，而是往往通过生死之对决来做出最后判决。但事实有时与现状并不相同：所有表面坚强的东西，都是通向死亡的途径；而所有柔弱的东西，都是获得生存的道路。

坚强、强大、兴盛、繁荣这些东西，是代表主宰、征服、占有、获得、胜利等表面浮夸现象的象征，长期以来为人类所深爱，人们为了获得这些东西而不惜血洒疆场、马革裹尸，不惜以生命相许。他们不知道，自己是在以死力拼命争夺着通向死亡的通行证。

柔弱、柔软、柔脆、弱小这些东西，是代表了忍让、屈服、顺从、失去、失败这些表面颓败局面的象征，长期以来为人类所深恶，人们为了避免这些东西，也不惜以性命相搏，不惜头滚尘埃。人们却不知道，他们竭尽死力所避免的事物，却是他们获得保全的保护伞。

通过以上的叙述，相信诸位会对生死获得一些清醒的认识，也多少应该明白一些强弱和生死之间的辩证关系了。只有获得了这样的认识后，才可以进一步明白下面的道理：

是以兵强则不胜，木强则共（折）。

现在，再来看一看战争在强弱上的表现，仅仅依靠武器的先进和军事力量强大的一方并不一定会获得战争胜利，树木如果强大了就会折断，多少强人和强国就这样消失了。

儒生道：

然则，当今中国疆域内的强国如晋、楚、齐、秦，他们的强大军队不是到处横行吗？各个小国、弱国对他们不是表现出屈服和顺从了吗？晚学目光短浅，所以还是不能发现他们即将死亡的迹象。

老子道：

是的，你看不到每个强国都已经笼罩在死亡的阴影下，这是不仅因为你目光还不够远大，还因为你不能透过现象而深入本质。其实，齐、晋、楚、秦这几个国家，在军事上获得过什么重要胜利？齐桓之霸业不过昙花一现，死后大祸起于宫掖之内。其他如晋文霸业、楚庄霸业、秦穆霸业，都不过及身而止，此即所谓人亡而政息者也。而且，他们每一次军事行动，即使侥幸获得胜利，自己也死伤累累，元气大伤，其实还是失败了。齐国太公之后裔，似已大权旁落；晋国之公室已名存实亡；

楚国之近邻，已有吴越之崛起，未来正不知鹿死谁手；秦国与晋国战，三战而两败，端赖黄河之险而苟存。可见，强大者不得其死，而柔弱者独获其存，是没有什么疑问的。

　　　强大处下，柔弱处上。

所以，老夫始终认为，在强弱关系的对比中，强大者处于下风，而柔弱者则处于一个比较有利的位置。

众人闻言，一时无言。

第七十七讲·损有余而补不足

天之道，	上天的道理，
其犹张弓乎！	不正像张开的弓箭一样吗？
高者抑之，	高了的就压低一点，
下者举之，	低了的就抬高一点；
有余者损之，	过度的就减少一点，
不足者与之。	不足的就增加一点。
天之道，	上天的道理，
损有余而补不足；	是减少有余者以补充不足者；
人之道则不然，	人世的道理刚好相反，
损不足以奉有余。	是减少不足者来满足有余者。
孰能有余以奉天下？	谁能拿出多余的来事奉天下？
唯有道者。	只有深明道理的人会如此。
是以圣人为而不恃，	所以，圣人辅助万物而不恃功，
功成而不处，	获得成功而不占有功劳，
其不欲见贤。	他不想以这些东西来赢得赞誉。

车队绕过三危山，翻越了鸣沙山，渐渐接近阳关了。

在鸣沙山的树林中，老子做了一次极为生动而激情洋溢的讲演，博得了众人的一阵又一阵的热烈掌声。

老子说道：

诸位！一个多月以来，老夫以道为中心，与诸位以互动的方式交流了数十次。但讲座的次数虽然不少，重复之处却颇多，真正可以书于竹帛者，合起来也不过4000多个字，即使加上今天的演讲，也不超过5000字。尽管字数极为有限，但涉及的内容已经不能算少，相信诸位如果稍有慧心，当有所得。

今天，置身于鸣沙山之中，明日就将是阳关大道，各奔东西了！老夫已决意在这里向诸位道别。这里充满灵性，是老夫钟爱的地方，老夫感到这里今后可能会出现一种奇迹，究竟是什么奇迹？老夫一时说不出，只是一种感觉罢了。所谓入宝山不可空手归，老夫如果不能在这里继续讲出点什么，就有点对不起这块圣洁的土地了。

老夫不过有三宝，现已准备倾囊而出了。

天之道，其犹张弓乎！

老夫前面曾经把天道比喻为一张网，提出了"天网恢恢，疏而不露"的说法，用来告诫诸位，莫谓天道无常，且须注意天道无亲。在此，老夫提出了"天道如弓"的说法。网和弓是性质截然不同的两种器具，网是打捞或网罗的东西，而弓则是放射的东西；网的原则是收拢，弓的原则是射击。但二者的共同之处，都具有张开的特点。天道的主要功能，可以用网和弓来做比喻。

儒生问道：

然则这张弓的具体作用是什么呢？

老子道：

高者抑之，下者举之，有余者损之，不足者与之。

天道自然而且公平无私，它对万物的态度是没有任何偏爱或偏袒的，前面所说的"天地不仁，以万物为刍狗"就是这个意思。天道通过自己拥有的巨大能量，对一些表现得过于突出的存在物便进行抑制，免得因它们的过分强大而压迫了其他东西。诸位看这树林之中的树木，凡是高大者便没有了脑袋（树头），此即所谓"木秀于林，风必摧之"，其实，摧之者不是风而是天道；天道对居于下流者，总是极力加以扶植的，免得它们由于自己的退让而归于灭绝，看那些弱小的生命如这原上之草，都受到天道的妥善保护，酷暑严寒、狂风暴雨都无法伤害它们；天道对于人类中的富有者，便采取减少他们积蓄的措施，免得他们过多地占有而侵害他人的利益；天道对于生活资料不足的人则采取了补足的措施，免得他们因贫穷而不能维持生存。

儒生又问道：

天道与人道的关系如何？虽然夫子已经反复说明，但因兹事关乎重大，晚学不得不再次提出，尚望夫子见谅。

老子道：

天道和人道在精神和品质方面颇多相通之处，但在对待其他万物的态度上则迥然有别。天道是无所求亦无所需，所以能够做到真正的无私无欲；而人道则有所求亦有所需，所以是有私心的。

> 天之道，损有余而补不足；人之道则不然，损不足以奉有余。

二者之较然有别，于此可见一斑。天道是通过减少有余，用来补助不足；但人道却反其道而行之，它通过进一步减少不足者的不足，用来供奉本来已经有余的人。这样，天道和人道便在物质财富分配方面出现了严重的对立。

儒生接着问曰：

然则，夫子以为天道和人道二者之间的这种行为对立，何者更为适合万物的生存道理呢？

老子道：

在这个问题上，我是毫无保留地、坚定地站在天道一边。因为老夫对于人类新近出现的严重的两极分化可谓深恶痛绝，老夫对于人道在这个问题上的日益严重的倾斜表示反对。而且，老夫相信，这个问题一日不解决，人类便一日不能获得安宁，任何人如果在这个问题上不能站在天道一边，则不会获得任何成功。

儒生肃然曰：

晚学谨受教。然则，晚学认为，人道的这种缺欠还是可以通过一些措施得以弥补的。

老子道：

老夫对此亦是深信不疑，但鉴于目前的社会风气之所趋，人人竞为有余者，人人亦误以为自己可以成为有余者，则天下之事尚不可为。当此沉渣泛起之时，能够毅然承担起挽颓风于方兴未艾之责者，此为老夫所深许者也。

> 孰能有余以奉天下？唯有道者。

但哪一个有余者能够把自己的有余自动奉献给天下的不足者呢？大概只有有道者才能真正来进行这种实践吧。

儒生问道：

夫子所说的有道者，在古则为圣人乎？在今则何人哉！这个事情也是非常重要的，夫子能否见告？

老子沉吟片刻，缓缓道：

老夫亦期盼良久，惜乎尚未得见其人也。遍瞩神州大地，诸子蜂起，百家竞鸣，究竟何人为有道者？吾实有所不知也。然古之时则有之，他们也许做得并不能尽合天道及大道，但基本上都能做到：

> 是以圣人为而不恃，功成而不处，其不欲见贤。

能够使自己在有所作为之后而不把持，成功之后而不占有，他不愿意以一些浮夸的行为来赢得世人的赞誉。

能够做到这种地步，就已经相当不容易了。至于其他方面的更高成就，则为老夫所不能知也。

第七十八讲·正言若反

天下柔弱莫过于水，	天下万物没有比水更柔弱的了，
而攻坚强，	但攻击坚强东西的能力，
莫之能胜，	却没有什么东西能够胜过它了，
其无以易之。	没有任何东西可以代替它。
弱之胜强，	柔能够战胜强大，
柔之胜刚，	弱能够战胜刚硬，
天下莫不知，	天下没有人不知道这个道理，
莫能行。	却没有人能实行。
故圣人云：	因此圣人说：
"受国之垢，	"承受下全国的耻辱，
是谓社稷主；	这叫做政府的领导人；
受国不祥，	承受下全国的灾祸，
是谓天下王。"	这叫做全天下的领袖。"
正言若反。	正面的话好像是相反的含义。

不知不觉之间，天色又已黄昏，这一天的残阳看起来格外艳丽，从远处望去似乎在流血，是不是残阳也在为老子送行？鸣沙山被包裹在一片金色的霞光之中，神秘中透露出几分妖冶。党河静悄悄地流淌着，泛起了一道道金色的涟漪。

老子与众人的谈话仍在进行，演讲变成了恳谈，气氛更加自然而且融洽。老子指着远处的党河道：

老夫曾经多次向诸位谈到了水，老夫酷爱自然，尤其酷爱水，无论江水、河水、海水、黑水、白水、湖水、井水，乃至洪水，老夫无不酷爱之、宝贵之、珍惜之。

诸位！

天下柔弱莫过于水，而攻坚强，莫之能胜。其无以易之。

对于水的柔弱，已经无须赘述，任何生物只要一看到水，就会顿时感到自己的强大，仅此一点，就已经难能可贵了。而且，万物都能够在水的身上占到莫大的便宜而因此欣欣向荣，世上最无能的东西也能对水发号施令并因此而趾高气扬。所以，只要有水处就有万物，万物紧紧地靠近并贴近它，须臾也离不开它，却也随时都在糟蹋它。除了道路之外，老夫实在不知道还有什么东西的价值能够与水相提并论。

诸位高贤！千万不能忽视，水之为物，虽然在造福于万物方面看似柔弱，但它攻击那些强大坚强东西的力量，则没有什么东西能够比得上。所以，水的功能、品德、作用，是天地间没有任何东西可以代替得了，没有水则没有天地万物。

儒生道：

关于强弱之间的关系，从夫子处聆听到前所未闻的真知灼见，令晚学欣喜无加。但晚学始终对夫子有关生物关系方面的见解不能完全接受，因为万物之间的弱肉强食、适者生存的现象实在太多了，简直令人目不暇接，似已成为一种生命演进的法则。

老子道：

弱之胜强，柔之胜刚，天下莫不知，莫能行。

老夫已经通过水、道路、草木、土石，反复向诸位强调了柔弱胜坚强的道理，这些道理都很浅显，天下的人都能够知道，只不过都不能付诸行动罢了。这当然不能说是无知造成的结果，老夫看反而是知识造成的恶果。

久不发言的老者，这时开口说道：

关于强弱的关系，是夫子道中的精华部分，曾反复向我等举例说明，但由于道理过于深邃而莫能理会透彻。即便如此，老朽已经受惠良多矣。但道理上越是高深的东西，在浅薄的世上越难实行，是以夫子之道不能行于世，而一些肤浅的理论却往往能够风靡一时。是以各种伪学充斥天下，道术将为天下裂，这究竟是什么道理？老朽感到，这其中似乎也表明了一种强弱关系。肤浅胜高深，是不是可以说是一种强弱关系？而生命亦当如此演进而别无选择？

老子抚掌大笑道：

老丈的见地简直精妙绝伦！老夫并不是说自己的东西是什么高深的货色，而是说老丈的这个理论确实是高明之极。记得曾经向诸位谈过：上士、中士和下士闻道的不同态度，正可以印证老丈的新说。大凡一个世道，总是上焉者与下焉者均少，而中焉者则居多。上学不能行乎于下，往往落乎于中，然后由中而降乎下，愈降愈下而至极，至极之后而烟消云散。道与学的过程相同而结果却截然相反，大道甚易知甚易行，既可落乎于中亦可降乎于下，至极下之后复上升之而成大道。道的这样一个循环反复的过程，几乎为宇宙间一切事物之共同经历，无此经历者则不登大道之堂奥。

儒生道：

夫子所说的下流是不是可以印证夫子上面所言。夫下流者，是一切水流的典型特征，水流之愈趋愈下，实乃柔弱的最佳表现，水流愈能下而愈可博大，愈博大而愈可周纳，直到可以周纳万物、可以藏污纳垢、可以无坚不摧，最终乃成其为下流者。所以，河水是柔弱胜坚强的最好证明，夫子爱水亦以此之故，这是夫子所赞扬的事物发展之极致。不知晚学这样理解是否正确？

老子道：

水的性格是柔弱，水的表现是谦让，水的品格是利物，水的道德是纳垢，水的精神是无私。运用到人事上，则一切身处上位的人都应该注意学习和效法水的品质，记得一位古代的圣人曾经说过：

> 受国之垢，是谓社稷主；受国不祥，是谓天下王。

请诸位不要问是哪一位圣人，老夫也不知道，这是一本典籍中的记载。这几句话说得非常之精彩，其大意是：能够接受国家的屈辱和污垢的人，才可以称得上是主持社稷的君主；能够一力承担下国家的灾难的人，才可以称得上是天下的君王。

这说明，古代圣人们都是主张效法水的风格的，只有像水那样能够藏污纳垢和周纳万物，才可以算是称职的侯王。

儒生笑道：

受国之垢？受国之祥？这样的故事，晚辈也在典籍里读过，尧和舜都是受国之垢的圣君，大禹是受国之祥的圣君，也许商汤和周文王、周武王亦可勉强算是受国之垢的圣贤之主。但华夏的两三千年历史，亦仅出现此几人而已。春秋以降，晚辈所听说和看到的君主王侯，可没有一个是什么受国之垢，更不用提什么受国之祥了！他们与国家，更像是火中取栗，浑水摸鱼，甚至是竭泽而渔。他们打天下、坐天下的目的，全在于竭天下之财力以满足一己之私欲。为了达到这个目的，天下的侯王在个人出身方面都喜欢制造神奇，都往往自称为天生神奇、天纵英明、天降大任，甚至有玄鸟生者，有履大人之迹生者；但在执政的时候却往往表现得相当谦虚，都自称为不谷、孤、寡人等等，而其实却大权在握，生杀予夺，唯我独尊。事实如此之相背离，请问夫子是何缘故？

老子道：

正言若反。

儒生闻言，恭身曰：

谨受教。然则，圣人以及侯王们都已大权在握，何须如此惺惺而作态呢？

第七十九讲·天道无亲

和大怨,	调谐重大的怨仇,
必有余怨,	必然留下无法消除的余怨,
安可以为善?	这怎么可以算是处置妥善呢?
是以,	所以,
圣人执左契,	圣人虽然持有契约的存根,
而不责于人。	却不用来责难别人。
有德司契,	有德的人管理着契约,
无德司彻。	无德的人柄持着税法。
天道无亲,	上天的道理没有偏袒,
常与善人。	经常站在善人一边。

老子道:

千万不要小瞧了"正言若反"这区区四个字,它其实是符合了道的精神。大道若无、大智若愚、大巧若拙、大声希音,它们就像水流那样,虽然看起来软软绵绵,却能够千折百回、穿山越谷、一路所向披靡地直奔大海。圣人们遵循天道,在言行方面都是非常注意分寸的,因为语言这种东西,不但有传播力和感染力,而且拥有极强的杀伤力,稍有不慎,就会像传染病一样四处蔓延,最终造成相当恶劣的后果。而且,如果试图调协人际关系之间的各种矛盾,该是何等艰难的一种事业,虽圣人也是感到为难的。

和大怨,必有余怨,安可以为善?

这里所说的所谓"大怨",不是指事物之间的矛盾,也不是说国家、部落、群体、集团以及家庭之间的各种矛盾,而是指当今社会上普遍存在的社会阶层之间的仇恨和怨愤。什么是这些怨恨的产生根源呢？尔等理应知道，人民往往并不嫉妒成功者和权力者的高高在上或享受一点特权，而是嫉恨成功者和权力者的贪得无厌。他们往往毫无道理地把一些沉重负担强加给人民，结果造成了人民的怨声载道，这是社会的最大矛盾。怎样调和这些矛盾和怨恨？一旦涉及财富的分配问题，任何看起来细密周详的举措都不可能做到十分完善，必然留下许多残余的仇恨。处理一种普遍的矛盾，如果留下了极其严重的后遗症，怎么能称为善呢？

儒生问道：

然则，如夫子所言，所有事物中都存在着正反方面的矛盾，欲使事物之间达到完美的平衡，以人类目前的智力水平似乎难以做到。尤其在国家财政税收方面，历来存在着国家与社会、领主与农夫、贵族与平民、官员与百姓之间的经济利益矛盾，这些矛盾长期不能化解，日益演变为剧烈的阶级斗争，国家衰败、社会混乱、秩序荡然、民生凋敝亦大多因此而起。

老子道：

化解一些涉及经济利益方面的社会矛盾，难则难矣，但还不是能不能做到的事情，而是想不想做到的问题。其实，所有矛盾之本身只有一半是互相对立的性质，而另外一半则是和谐一致的性质。天地万物没有任何东西是完全对立而不能共存的，也没有什么事物是完全和谐而没有对立的。

儒生道：

然则，何从着手解决这些问题呢？

老子道：

老夫且以借贷为例而予以说明。

是以圣人执左契，而不责于人。

所谓"契"即契约，是中原地区的习惯用语，是国家与个人或债主与借债人之间立下的协议书。所谓"左契"，通常是指借出某种东西而可以随时收回的回执，也可以称为收据。实际上，就是把一份合同从中间分开，左面的一半是回执而称为左契，右面的一半是欠单而称为右契。契亦可称为契阔、契约、债券以及合同，其实都是同一类东西，不知道这里的用语是否也一样。

大家当然都知道这种东西，甚至有人手里可能保存着许多这种东西。按照一般的情形，手里保留这些东西的人应该都是有余者，保留的回执越多就越有余。左契的持有者凭借这些合同的回执，向借贷人催讨债务是理所当然之举，老夫对此没有异议。但借贷这种事情除了法律之外还存在着人情道义，如果为了催逼债务而不择手段，就难免引起借贷双方的仇恨。古往今来人类的矛盾日益激化，于今愈演愈烈，大抵以债务为根源者居多。债务，表面看起来没有什么不合理，其实却隐藏了人类本性中的诸多弱点。首先，债务象征着贫富不均现象的存在，债权人是富有者甚至是统治者，而借债人则是贫困者和被统治者，这使经济问题往往成为政治问题；其次，债权人经常动用权力插手经济事物，使借债人痛感到其中的不平等；再次，如果债权人是国家的时候——国家以赋税的形式而成为债权人，政府往往动用国家机器的力量来催逼债务，这使国家政权的面目变得可恨可憎。但如果圣人以及圣人所领导的国家是左契的持有者，就会保管着这些契约而不随意进行征收，就是说圣人不会向人民逼债，圣人情愿把所有的利益都出贷给全天下人，自己却并不回收任何个人利益。所以，圣人的行为就是可以化解余怨的最好方式。

儒生问曰：

很久以来，国家与民众之间的经济矛盾是晚生分外关心的问题，尤其是当前各国普遍实行了一种所谓"彻法"的税收制度，使国家政府变成了民众的债权人，这使国家与民众的关系日趋紧张。然则，夫子是否以为西周初期所实行的"助法"有利于化解怨恨呢？

老子道：

"助法"诚然有利于化解借贷双方的冲突，但如果实施得不恰当，则不但民众的负担加重，公田也往往因经营不力而毫无收益。而且，助法下的民生毫无自由，形同奴隶。

儒生道：

然则现在各国普遍实行的"什一而税"的彻法如何？

老子道：

对于人类现存的所有征税方式和借贷关系，老夫从理智上都是坚决反对的。什一而税是当前中原各国流行的税收制度，自有其存在的合理性。从民众的负担看，彻法有助于民众的生产积极性的提高，但彻法仍然无法化解国家与民众之间在分配上的尖锐矛盾。表面上看，农夫拿出收获物的十分之一上交国家做赋税，份额不能算重，但出现了天灾怎么办？因国家临时增加的各种劳役、兵役而耽搁了农时怎么办？所以，彻法仍然无法解决经济矛盾。

当今社会既然已经出现了如此严重的贫富不均，出现了如此严重的两极分化，则无论债主是个人还是国家，借贷已经是贫穷者必不可少的生活需要。不足者之不足日益加剧，只有靠借贷维持生存；有余者之有余增加，则希望贷出使财富增殖，于是，借贷关系乃得成立焉。借者需付利息而得以济一时之急，贷者既有助人之乐又有增殖之得，如果相互之间调协得当，亦未尝不是好事。但事实并不如此，借贷双方之间的关系始终相当紧张，这一点大家都应该很清楚。可以用老夫前面所说的"和大怨，必有余怨"来加以说明，借者在生存需求极端不足时必有大怨，能够慷慨出贷者则是和大怨，但债主在催讨债务时，又不免留下余怨。所有的贷者——个人和国家皆当如此——即使财货再多，当然也不能只贷出而不收回；而天下所有的借者，则没有愿意归还所欠财物的，即使他已经开始有余了也是一样。所以，经济上的余怨将长期继续下去，实看不出有终结之日，反而会有进一步扩大的趋势。

儒生道：

晚学没有想到夫子对经济问题亦有如此高明的认识和如此透彻的分析，但无论实行什么样的税收政策，人民总是需要向国家纳税，否则国家无法正常运转而社会亦难以维系。

老子道：

就老夫所知，夏朝实行的是贡法，商朝实行的是助法，西周实行的是彻法，名称虽然不同，但就人民的经济负担来说，其实都是什一而税。所以，夏、商、周三朝都避免不了国家与人民的经济矛盾，避免不了贫富不均现象的日益加剧。但问题的根本所在，还不是各国税法本身的翻来覆去之变动，而在于国家领导者及税务官员缺少对道德的把持。

　　　　有德司契，无德司彻。

　　作为国家的领导者，他们应该把国家的全部利益都出贷给全体国民，而不是把好处和利益都仅仅分配给包括自己在内的一小部分人。所以，有德行的领导者仅把契约作为一种法律凭据妥善保管，而不是将之来敲诈人民那已经少得可怜的那么一小点剩余财富；没有德行的领导者则不分青红皂白地遵照固定的税收成法来进行征收。这种情形自王道政治以来每况愈下而于今犹烈。

　　但是，老夫要郑重告诉诸位！

　　　　天道无亲，常与善人。

　　天道高高在上，它俯视万物、洞察秋毫、大公无私，它在惩恶方面决不姑息，它能够经常地把利益周济给善良的人。

　　众人闻言，悚然变色。

　　"天道无亲，常与善人"这八个字，犹如从苍茫云海之外传来的天宇轰鸣，直震得人们心灵颤栗。

　　儒生肃然道：

　　这八个声震寰宇的大字，道尽了夫子对天下百姓的关爱之情，与"天网恢恢，疏而不露"一样，这一伟大思想终将成为华夏民族的灵魂！终将幻化为天地之间的浩然正气！一切魍魉鬼魅、一切强梁者、一切不义者、一切为富不仁者、一切横征暴敛者、一切独夫民贼，都将在这犹如符咒一般格言的诅咒下灰飞烟灭。晚学谨以此谢夫子。

　　儒生躬身为礼，又道：

　　然则，天下纷纷攘攘，以夫子之见，则以何道导引未来之天下，庶几使之得以上正轨而归大道？

第八十讲·鸡犬之声相闻

小国寡民，	国家小人民少，
使有什伯之器而不用，	让各种各样的器具都失去作用，
使民重死而不远徙，	让人民重视死亡而不亡命远走，
虽有舟舆无所乘之，	虽然有船和车乘坐却无处可去，
虽有甲兵无所陈之。	虽然有盔甲和兵器却无处摆放。
使民复结绳而用之。	让人民重新采用结绳记事的传统。
甘其食，	给他们吃甘甜的食物，
美其服，	给他们穿华美的衣服，
安其居，	给他们住安适的居所，
乐其俗。	使他们的习俗欢乐。
临国相望，	临近的国家互相看得见，
鸡犬之声相闻，	连鸡鸣狗叫的声音都听得到，
民至老死不相往来。	人民却一辈子也没有任何交往。

老子长叹道：

天下局面已破败至此，夫复何为！遥想当年，老夫杜门裹足不出二十余载，苦思所以治天下之道。然世不出圣人，纵有救世良策，亦何得落实哉？若使老夫得以治天下，则必以复古为是。

老夫的主张是：

　　小国寡民，使有什伯之器而不用，使民重死而不远徙，虽有舟舆无所乘之，虽有甲兵无所陈之。

儒生微笑道：

夫子的这种观点，不但在前面已经提到，而且晚学早就有所风闻，大多数人都根据这样的传闻而认为夫子是一个真正的、彻底的、顽固的、死不改悔的复古倒退派。晚学本来没有自己固定的意见，但现在亲耳听到，方信传闻之不虚，夫子确实是。

晚学想，对于延续传承华夏历史上许多优秀的文明传统来说，复古并没有什么不好，在中原的大学者中，如孔夫子、墨夫子都是坚决主张复古的。但复古复到了连一般日常器具全部放弃的地步，是不是就复古复得有些过了头？夫子所说的上述四点，有两点晚学是同意的，即"使民重死而不远徙"和"虽有甲兵无所陈之"，因为这两点一条是轻商，一条是反战，它们是导致社会分崩离析的原因。而对夫子的另外两点，则不能完全同意，"什伯之器"，即使是古代圣人于地下，恐怕也已经无法放弃；至于车马舟舆，晚学也认为还是保留的好，如我们这一路西来，几乎完全是依靠了车马舟舆才能成行。这些东西既然已经成为人民生活所必需，则无论事实上造成多少灾难，大概也是无法放弃了。所以，晚学对此只能采取一种中立的态度。

老子笑道：

关于老夫的这种想法，曾在前面向诸位简略地提到，这是老夫长久以来的想法。在中原的时候，也曾经与一些学者进行过探讨，但意见分歧很大，大多数学者都认为老夫是在搞复古倒退。复古是我并不回避的一贯态度，但倒退却未必，老夫不信现在有哪种理论是真正能够推动前进的。这不是老夫不主张前进只喜欢倒退，而是因为天地间的事物都是循环反复的，并没有直线的进步，许多现象貌似进步而实则却是倒退。所以，前进与倒退不是什么愿意不愿意的问题，而是怎样进与退的方法问题。

至于你所说的器具之进步已经日渐渗透到人民大众的日常生活中，至今已达到了无法放弃的程度，这确实是一个现实问题。老夫记得曾经在前面说过，器具本身不是什么问题，关键是从不断变化的器具中产生出来的一种躁动不安的心理，可以把这种心理称为机心。机心就是机械之心，人一旦有了这种机心，就与素朴之心背道而驰矣。机心产生投机取巧的行为，投机取巧的行为则产生贪婪的欲望，贪婪欲望则产生出争夺、残杀和战争，这是老夫反对所有器具的原因。至于人们是否能抛弃它们，并不影响老夫的态度。

关于车马舟舆的功能，老夫并不否认。老夫所排斥的倒也不在于舟车本身，舟车的作用之大，恐怕没有什么人会不承认，所以，连发明它们的人都成了圣人。但舟车对人们的心理影响之大，已远远超过了它们的实际功能。行路，在远古时代就是用两脚走路，所以走路之中能有大道存焉。舟车出现之后，人类在走路上出现了严重的分化。大多数百姓当然还是靠双腿走路，但另外一小部分人则骑马、乘车、乘舆、乘轿、乘船以代步，正是这些交通工具的不断进步，把人类分成了两个极端对立的部分。诸位！千万不要小看这种走路上的区别，其中所存在的不平等大乎焉！君不见，当富贵者的舟车所过之处，人们的眼睛中皆喷射出的羡慕、嫉妒、愤怒的目光。因此，乘车马者大多配置了全副武装的卫队和保镖，以保障自己的行路安全。

所以，要真正而彻底地解决社会问题，就不得不毁弃这些文明成果而回复到事物的原始，那就是老夫所说的"小国寡民"。这样的社会组织，老夫在少年时代还曾经耳闻并且目睹，那确是十分和谐的社会，很适合人类生活。老夫之所以作如此主张，以此。

儒生道：

如夫子所说的那种社会，以现在人的生活方式，是否能够适应？而且，人民相互之间该怎样进行正常的交往活动呢？

老子断然曰：

使民复结绳而用之。

这句话一说出来，不但儒生目瞪口呆，众人皆大惊失色。

老子见状而笑道：

诸位也不必紧张兮兮，这不过是老夫私下里的一个大胆设想，连老夫自己认真想来，也觉得没有什么实现的可能。但不得不指出，文字这种东西实在是所有灾难的根源。

老者惊问道：

然则，人类如果没有文字，则所有圣贤之道、文明、文化传统，甚至连夫子所赞赏的远古圣人之道，岂能得以流传后世？且人与人之交往将如何进行？而且，文字仅仅是工具，它怎么会制造出来灾难？夫子如果不能说明，则老朽实在不能相信。

老子道：

面对社会现状，我们不得不承认，在制造社会的阶级分化方面，文字的作用远比器具和舟车大得多。诸位可以想象，在没有文字的时期，人民在知识、认识、智慧上，也包括能力上都没有显著差别，当时人们之间的差别主要表现在体力上。文字的出现使各方面接近一致的人民之中，产生出所谓有知识的人、有智慧的人、有能力的人，他们依靠文字制造出带有魔力的思想和信仰，日益把持了人民思想和行动。

老者道：

然则，知识对民众并没有伤害。

老子道：

那是些什么知识？祭祀中的颂词、讨好鬼神的咒语、阿谀君王的赞歌、鼓吹暴力的呓语、欺骗人民的梦话、压迫人民的法令，这些东西，对人民究竟有何益处？

众人闻言，皆愕然木立。

老子道：

上面所说对人民没有任何不便，而对暴力者、盗贼、学者、精英、侯王以及招摇撞骗者则颇多不便。

儒生喜道：晚学愿闻其详。

老子道：

> 甘其食，美其服，安其居，乐其俗，临国相望，鸡犬之声相闻，民至老死不相往来。

儒生大惊曰：

夫子所言，人民岂不是成了一群牛马？只能得到衣食方面的满足，却完全失去了身体和思想的自由。

老子道：

　　老夫试问汝，人民之日夜疲于奔命，所为何事？无非为衣食之丰盈无缺耳。今有领导者使其能够丰衣足食，能够安居乐业，能够风俗和美，能够消除不均，能够彼此友爱，能够解除压迫，能够泯灭矛盾，除此人民还需要什么自由呢？请注意！自由绝不是随意行动，它是有条件限制的行为方式。没有严格遵守就没有充分自由，而且，自由的目的也不过是为了获得身体和精神上的无忧无虑。所以，老夫的小国寡民设想正是满足人民愿望的唯一选择。

第八十一讲·圣人不积

信言不美，	可以相信的话不漂亮，
美言不信。	漂亮的话不可相信。
善者不辩，	善良的人不为自己辩白，
辩者不善。	为自己巧辩的人不善良。
知者不博，	机智的人不渊博，
博者不知。	渊博的人不机智。
圣人不积，	圣人没有自己的积蓄，
既以为人己愈有，	尽力为别人服务而自己越加富有，
既已与人己愈多。	尽力给予别人而自己就越加充足。
天之道，	上天的道理，
利而不害；	只提供利益而不加伤害；
圣人之道，	圣人的道理，
为而不争。	只帮助别人而不与人争。

老子眼见众人之神情面色，已知自己的小国寡民思想根本不能被众人所理解，乃长叹一声道：

> 信言不美，美言不信。善者不辩，辩者不善。知者不博，博者不知。

所有的大道、小道和有道或无道，说到这里都不得不打住了。在此告诫诸位：所有的真话都不是那么美丽动听，而美丽动听的则不是真话；善良的人是不进行辩论的，而喜欢辩论的人都没有什么善良存心，因为善良的人不会利用语言来打动别人；真正有高深知识和智慧的人都不渊博，而知识渊博的人其实没有真知。前途艰难，诸位好自为之。

老者问道：

夫子所说的信言和美言的道理，老朽颇能理会，以老朽的人生经验加以体会，则美好的语言确实都多属谎言，国家领导者和学界名人往往是这种谎言的制造者。善者和辩者的关系，老朽也颇能理会，大多数心地善良的人为了不伤害别人而不进行辩论，这不是因为惧怕语言的杀伤力，而是怕因自己想法造成的后果而伤害他人。知者和博者，老朽尤其能理会，一个知识渊博的人往往是一个不知足的人，是一个在知识上贪得无厌的人，这样的人往往因贪多而不易获得高深的知识。但老朽想，如果圣人都不言不语、不辩不论，则大道如何得以传播？人心岂非愈加堕落？人世岂非愈加昏暗？

老子叹息道：

事实也许确如老丈所言，然老夫对此既无对策，亦无良策。但诸位都知道，所有力图救世的圣人都一定是不甘寂寞的，他们都努力将自己的想法毫无保留地贡献出来，而且，在必要的时候，他们甚至会连自己的生命也一起贡献出来，此圣人之所以为圣人也。

> 圣人不积，既以为人己愈有，既已与人己愈多。

圣人是不会把自己所掌握的东西作为独家发明而积蓄起来的，他们在传播或传授自己的发明时是毫无保留的。能够竭尽全力帮助别人，自己不但不会有所缺，反而会更加丰盈；把自己的所有一切都贡献给世人，自己不但不会有所失，反而会更加富足。因为圣人的这种行为符合了上天的道理。然则，什么是天之道呢？此即：

> 天之道，利而不害；圣人之道，为而不争。

这个道理，前面已经反复提出，这是老夫向诸位提出的最后忠告。天道之运行规律及行动法则，永远利他而不伤害任何一种生物；圣人不是天而不能行天道，但他们竭尽全力地使自己的一切行为都符合天道，其具体做法就是有所作为而不争夺。

诸位！关于道，一谈几十天，差不多已经谈到了辞为之穷的地步，这完全违反了天道和圣人之道。但既然"圣人不积"，是以老夫虽非圣人，也还是无所保留地把所有想法全都贡献了出来，能不能对诸位有些启发，则只能随缘而已，不可强求。

儒生默然思索良久而后道：

夫子的小国寡民理想是非常高远的人类理想蓝图，是一种接近完美的伟大设想，是人类想象力登峰造极的创造，晚学大胆把它称为"桃花源"理想，不知是否符合夫子本意？我不能想象夫子的理想是不是能够实现，我只是为夫子的理想所感动，我期待着它在人类的未来终有实现之日。对于夫子所言，晚学初闻之以为荒谬绝伦，但细细思索之后，则感到实在是奇妙无穷。瞩目华夏神州，能够设想出如此完美方案的当世思想家，舍夫子而不做第二人想。

然则，当今之天下九州，实已分崩离析，正所谓大厦将倾，独木难支。当今之社会，诚如风雨飘摇之长夜，又如怒海澎湃之孤舟，正当有舵手者出而统帅者现，由他们来挽狂澜于既倒，由他们来整顿山河，此或乃必要之举。然则，大动乱之后将是大衰败，大衰败之中必将出现大残酷——人相斗乃至人相食——而大残酷之后将如何？

说到此处，儒生躬身致大礼，曰：

祈夫子有以教我。

老子沉痛地道：

任何一个没有被欲望堵塞了孔窍的人都会预感到，当今之天下大势，其实已不可为。人人欲壑难平而不择手段，则非严刑酷法而不能遏制；人人欲强大而穷凶极恶，则非至强者出而不能压服天下；人人欲有所作为，则非国家大一统而不能止祸乱。

老夫身在中原之时，就已有人预言"天道多在西北"（《左传·襄公十八年》），盖西北实乃华夏之远古故地，不知在何许岁月之前，远古先民弃故地沿黄河一路东下而渐次扩展，最后占据中原而势力大兴，久之而不复西顾矣。未来中国之希望或在西北？

诸位！列国并存之神州已即将陆沉，战火即将蔓延整个华夏，狼烟四起、血肉横飞、人为刀俎、我为鱼肉。未来之中国或将战乱不已，或将走向一统，然则，人民之苦难则将如长夜之漫漫而没有尽头。当整个中国于断垣残壁、血凉骨冷之后，国人虽欲觅小国寡民，则只有向梦中寻矣！

儒生黯然神伤道：

今夜良宵，鸣沙山脚，黑水河畔，寂寂荒原之上，皎皎明月之下，得闻夫子大道，晚学不虚此生矣。明日此时此地，天地依然、日月如常、山川依旧、河水如斯、草木如故，然中国将不复有夫子矣！

儒生仰天而叹，又接着道：

晚学自然不敢阻先生之行程，亦不敢有疑先生之志趣。然在此阳关道上，就此一别，则相见无期，虽再欲瞻先生之风采，只有梦中寻矣。遥想偌大中国，百姓以千万计，有夫子之智慧者，能有几人？

晚学为生灵计，当对苍天叹；

晚学为中国计，当做长街哭；

晚学为先生计，当为先生贺。

从此，先生固然是闲云野鹤，逍遥于天地之间，而中国之大乱却方兴未艾。先生，晚学不知该说些什么好……

儒生言下唏嘘。

众人皆黯然无语。

老子亦双目一片矇眬。

尾　言

现在，老子向我们告别了！从此以后，他将要浪迹天涯、四海为家，最终不知漂泊到了何方。没有人确切知道，他最终是落脚在昆仑山上，得道成仙之后，升天而成为了率兜官里的太上老君，还是如《化胡经》作者所说，真的西行到了西方——印度以及西亚地区——玉成了那里的大道？或者居然蜗居在自己的家乡，就在世人的眼皮底下，清静无为地度过了自己的一生？千百年来，老子在自己的身后留下了一团解不开的谜。

我们知道，在人类文化史上具有不朽创造性发明的伟大人物中，释迦牟尼为人类发明出一个净土世界后，活到了79岁（前565-前486）高龄而获得生命大圆满；孔子把古老的华夏传统文化进行了新时代的思想解读和诠释，并以创办私学的方式灌输到了整个民间社会后，一直孤身奋斗到了73岁（前552-前479）而寿终正寝；苏格拉底从知识的冥想中最后完成了与原始自然神灵的思想决裂后，似乎故意要使他顽固不化的同胞犯下迫害哲人的罪行，于70岁（前469-前399）的迟暮之年欣然饮毒而死；稍晚一些时候，柏拉图撰著出一部惊世骇俗的伟大著作《理想国》——理想的乌托邦蓝图——又把一个变化多端的现象世界纳入到了万变不离其宗的现实世界中，他在完成了一种真正意义上的哲学创造之后，在沉思中默默地活到了80岁（前427-前347）而溘然长逝；再晚一些时候，亚里士多德在努力完成了对当代所有思想和学问的大综合之后，为避免同胞们重新犯下"迫害哲学的罪恶"而匆匆逃离出雅典，62岁（前384-前322）时客死异乡；上述人物的晚辈——耶稣——在匆匆忙忙地宣扬了一种以忏悔博爱和拯救为怀的上帝福音后，于30岁（公元4-33）的英年毅然代替人类的原始罪恶而血染十字架。这些出色人物都以自己鲜亮的行动在人类历史上留下了千古英名。

只有老子，他除了留下一部五千言的《道德经》外，身后只是一片令人扑朔迷离的疑团。

　　无论老子是一位犹如神龙一般不见首尾的真正隐者，还是一位空前绝后的伟大智者，我们都没有办法跟踪上他的脚步，他在2500多年前的人们视野中突然消失了。

　　黄河和长江这两条大河以及它们的众多支流，共同哺育出中国这一大片辽阔而平实的土地，生活在这块土地上的华夏先民，不但富有非常实际的现实主义精神，也具有极其高远的理想主义追求，正是在现实主义和理想主义相互夹杂纠缠不清的信仰交叉点上，孕育出了伟大的老子和孔子。他们二人融合了华夏文明传统中的所有知识精华，缔造出了源远流长、博大精深的中国文化精神。古老的华夏文化和同样古老的华夏民族，只有在出现了这两位文化巨人之后，才突然从一团混沌和迷茫之中呈现出了明朗、清晰的理想图景。

　　英国近代学者卡莱尔说：

　　　　在这个宇宙中生活过的人，可以说是不计其数，但他们都只怀有一种说不出的、模模糊糊的惊奇之情，恰似动物也能产生出的那种感觉一样；或者都感到一种痛苦，即无法弄清那种惊奇之情之所以会产生，这正是人的一种特性；——直到有伟大的思想家出现，他是一个有创见的人，是先知，他以语言形式表达的思想把人们从处于酣睡的思维能力中唤醒过来，思想上和精神上的英雄从来都是这样产生的。

　　　　　　　　　　　　　　（《论历史上的英雄和英雄崇拜》21页）

　　一个领先于时代潮流的思想家，一个把握了社会发展脉络的智者，一个站立在历史前沿的孤独者，一个落落寡合的时代抗议者，一个情愿把全部智慧用来为天下弱者探索生存道路的学者，势必要遭受到当世的厌弃，也势必要成为万世不朽之巨人。

　　一部《道德经》，仅仅五千言，却极广泛地涉及宇宙自然、天地万物、上下古今，涉及国家、社会、人生，涉及政治、经济、文化、军事，涉及智慧、知识、思想、学问、信仰、道德，涉及过去、现在、未来，囊括了当代社会的所有问题。通过《道德经》，老子向他的同胞贡献出了一颗火热的赤子之心。

　　《道德经》是一部流传千载、深受人民喜爱的经典作品，也是一部受到过多曲解和误解的著作。由于老子的思想过于精深博大，由于老子的语言文字过于简单扼要，更由于老子所阐述的道理迂回曲折以及老子对于世道的绝望，使老子由深切关怀社会发展途径和人生走向的文化思想伟人，而成为不食人间烟火的神仙鼻祖，《道德经》则由文化经典而成为道学宝典。

　　老子的道是什么？是道路，是老子为天下人所指明的生存之路。生存的道路多种多样，所以，选择怎样的生活道路，便包含了人类的全部学问。古往今来的所有智慧者，无不在此呕心沥血，苦苦地求索着符合人类生存的正确路线。严格地说，五千年、一万年乃至整个人类的发展历史，就是一条条人生道路的开辟和发展史，无数仁人志士所提供的路线充斥了人类史乘。不同民族的思想家分别为本民族开辟出符合自己文化、传统、地理、环境和生存条件的生存之路，其路线之迂回曲折和千变万化，令后人眼花缭乱、目不暇接。

　　上帝所指引的是杀伐征战征服的道路，佛陀所指引的是慈悲修行觉悟和脱离因果循环而获生命圆满的道路，孔子所指引的是仁义道德和知识普及的道路，苏格拉底所指引的是探求知识和真理的道路，耶稣所指引的是忍让放弃和敞开心灵来进行感恩忏悔的道路。老子则在《道德经》一书中，苦口婆心地向他的陷于迷途而无力自拔的同胞们郑重地指引出一条通过容忍、退让、逃避、柔弱等方式而获得生命保全的道路。

　　这些各具民族特色的不同发展道路，构成了千姿百态的人类文明，孕育出色彩缤纷的人类文化，形成了各个民族源远流长的历史传统。这些道路也成为各个国家塑造自己生活方式、道德伦理、奋斗目标、行为操守、理想宗旨、信仰追求的出发原点。

　　面对人类历史的发展历程，可以毫不夸张地说，自从人类从莽莽丛林中走出之后，道路就与他们命运攸关，能否选择出符合环境、气候、资源的正确生存道路关乎每一个人类集体之生死存亡。所以，正是在这种极端无情和冷酷的选择中，绝大部分的人类集体都在刚刚踏出丛林之初始，就由于迷失了行进方向而惨遭覆灭；也有数量众多的集体在后来的发展中，因为选择道路不慎，也先后灭亡了；直到人类文明出现之前，已经不知有多少人类集体在充满荆棘和陷阱的道路上全军覆没了。

极少一部分能够对道路及时地做出正确选择以及随时调整前进方向的人类集体，因此获得了持久性的发展和进步。在后来的漫长岁月里，他们理智地沿着集体协作的生存道路，逐步凝聚扩大为氏族、部落、种族、社会和国家；他们经验地沿着个人才智的变化多端的道路，逐步发明了语言、文字和工具器物；他们又朦胧地沿着精神意念自由驰骋的道路，成功地编织出信仰、抱负、宗旨和理想。至此，人类经过了千万年的无目的、无目标、无方向的盲目行动而最终跨进了文明的门槛。在这个漫长而没有止境的行动过程中，人类所迈出的每一步行动都必须小心翼翼，每一步行动都充满了艰辛和苦难，每一步行动都付出了惨重的代价，每一步行动都充满了毁灭和新生，每一步行动都留下了鲜明的岁月印记，每一步行动也都有连贯而清晰的足迹可供寻觅。

所有的行动，无论是个人、集体、氏族、民族或国家的行动，都必然同时开辟出一条坦荡的道路或遵循了一条正确路线，没有一个现代民族不是如此地跋涉过了文明的万水千山，没有一个现代国家不是如此地走过了艰难创业的漫漫征程。

可以说，道路是人类多元文明所赖以构成的基本动力，是人类不同发展方向的历史坐标。

老子的道也是道理。道理是什么？道理便是符合了道路规律的认识。每一条道路都包含了人类对大自然中宏观世界和微观世界的认识之全部，所以，道理是从道路中抽象出来的规律，道理亦是人类以及万物行动必须遵循的规则。事实上，宇宙的所有事物全离不开道和道理，天不行天道而风雨不时，地不行地道而震荡塌陷，星辰脱离了轨道而坠毁，风雨不行其道则变化无常。不独自然物如此，生物界的规律更是如此，蛟龙脱渊而遭虾戏，虎豹离山而受犬欺，螳螂挡车是自取灭亡，飞蛾扑火亦是自取灭亡。而鹿入虎窝、羊入狼群，皆无一可幸免于难。此无他，皆是因为它们脱离了自己必须严格遵循的生存途径，违反了事物必须遵循的行为规则。老子所说的"鱼不可脱于渊"，准确地表达了违反自然规律的行为之严重后果。

老子的道，也是道德。道德是什么？是人类为了避免群体的分化、分裂和争斗而发明出的约束个人行为的共同规则和法则。道德伦理的规则与国家所颁布的纪律、法令和法律截然不同，它是社会习俗的产物，是人类一些古老氏族或部落，在与不同群体的剧烈竞争和生死较量中，为了维护共同血缘关系的群体利益之需要而采取的方式温和而效果甚为显著的教化手段，这是社会习俗和民间道德的缘起。而国家法令、刑法和法律这些东西，则是超越了血缘关系之上的阶级利益之产物。以刑罚代替教化，是国家政权以强硬手段管理民众之鲜明标志，人类关系因此而发生了急剧变化。

老子所提倡的道德，有别于人类其他道德家所提倡的道德学说。老子透过了历史岁月的迷雾，清醒地得出结论：道德是世风日下的产物，它伴随着智慧、知识、谋略、狡诈、阴谋、掠夺、战争以及奇技淫巧这些东西之出现而出现，是人类无穷欲望急剧膨胀的产物。所以，道德亦是人们对无法制止的丑恶事件所采取的消极防御措施。正是在这一点上，老子不但与孔子表现出尖锐的观念分歧，也与他同时代的所有思想家都完全对立。"大道废，有仁义"，是老子的基本道德立场。

人类的日常行为和行动与其他生物一样，都是一种有规律和法则限制的道德行为。这是因为任何事物都各自存在着自己的独特生存方式和行为方式，认识这些事物的根本原理就是要追寻这些事物存在的具体途径。这样，通过老子的点拨，人们可以惊异地发现，所有的事物都必然遵循着比较固定的、有规律的、有轨迹可以追寻的、符合自然环境诸条件的可靠途径，才能获得比较长久的生存。这个基本准则体现在人类行为中，就是道德。

道德是道路行为，这在人类的行为中表现得最为鲜明。在血缘群体遍布于世界各地的时候，为了使群体能够在严酷的自然条件下，在剧烈的种族竞争中保持和谐团结，道德曾经扮演了极端重要的角色。正是道德的出现，使人类真正脱离了动物。

老子所设计的人生道路是为天下弱者提供的生存之道。在人类历史上，不同民族的文化巨人们先后为自己民族提供了不同的人生道路和发展路线：从高寒的高原上编织出走向极乐世界的路线；从波涛滚滚的大河流域绘制出自给自足、丰衣足食的路线；从浩瀚的沙漠中设计出了世界大征服的具体路线；从遥远的地中海北岸制定出了使各个地区成为罗马帝国行省的路线；从地中海的岛屿中则开辟出了走向大海深处的路线。而老子则站在浑浊乱世之外，向人类指出了通向"小国寡民"的桃花源理想世界的路线。

历史匆匆地步入了烽烟弥漫的近现代之后，受到新时代精神鼓舞的现代人，根据风靡一时的进化论原理，突然知道生物界的生存原则体现为"弱肉强食"，体现为"优胜劣汰"，体现为"强者王侯败者寇"，体现为"朱门酒肉臭，路有冻死骨"的所谓"丛林法则"。于是，狂妄无知的现代人，毅然拨去了围裹在文明历史上的重重面纱，全副身心地投入到实现欲望的路途中——据说这是符合社会竞争原则的现代精神，是现代文明的发展动力。

姑且不论这种时髦理论之是非。但人们都知道，古今中外所有仁人志士都对野蛮残忍的竞争表现得痛心疾首，他们的纯净心灵似乎不能包容社会的污浊，他们已经获得净化的精神中也已经不能容忍生物界的残酷竞争。于是，他们自动退出了那些与动物一样分享暴力果实的人类群体，老子是其中之典型代表者。他的道路具有鲜明的特点。

老子的道与佛陀的行善慈悲思想和耶稣的宽容忍让哲学多有相似之处。老子反复强调"无为"和"不争"，强调"柔弱胜坚强"和"守柔曰强"，强调"兵者不祥之器"，强调"燕处超然"，强调"不敢进寸而退尺"，强调"不敢为天下先"，强调"清静为天下正"。"无为"和"不争"是五千言中处处表露出的核心思想，是老子为全天下的弱者、失落者、受压迫者设计出的生存道路，也是老子对国人的临别赠言。它们无疑是老子思想中的精华，从另外一层意义上也未尝不可以说是老子思想中的糟粕。

在春秋晚期那样一个鱼龙混杂、大浪淘沙的社会大动荡时代，老子以一个长者的睿智，向所有那些飞扬跋扈的得志者们提出了当头棒喝；他更以一个智者的良知，向全天下的、正在剧烈分化的社会变动中日益沦落的苦难者们提出了他的善良建议。

老子警告所有那些容易轻信的人们，要警惕那些信誓旦旦的野心家们，他们正以大言不惭和慷慨承诺来欺骗天下；他告诫那些善良朴实的人们，那些语言滔滔、信口开河的雄辩家们是没有什么善良存心的，他们正在以花言巧语来兜售自己的阴谋；他揭露了那些正在全天下四处辛苦奔走搔首弄姿来卖弄学问的人，其实都是没有什么真实本领的，他们通过推销一些似是而非的知识概念来谋求个人私欲的满足。

面对着全天下人——尤其是那些当权者和得志者们——苦心积虑地积蓄财富和扩大权力的反常行为，老子反复强调了古代的圣人是从来也没有自己的私人积蓄的，他们因把全部身心都用来为民众服务而使自己获得了极大的富有，他们因为竭尽全力地把一切利益都给予民众而使自己得到最大的充足，老子对此表现出由衷的赞叹。老子并没有建议当时的领导者们来切实地贯彻自己的淡泊自然、清静无为的政治理想，他分明知道对于那些已经对财富、名利、权力走火入魔的人来说，这样的建议无疑是与虎谋皮。所以，老子只是把一种理想揭示出来，公布于天下：

> 天之道，利而不害；圣人之道，为而不争。

这15个大字，犹如报晓的鸡鸣，犹如来自天际深处的纶音，犹如警世的洪钟，犹如晴天的霹雳，刹那间震撼了整个中华大地，人民在震惊之余，便欣然接受了。

在中国，从此以后，没有任何一个朝代的独裁皇帝敢于公然违背这样的原则——"民不畏死，奈何以死惧之？"任何残忍、疯狂和草菅人命、横征暴敛的暴力行为都会受到严厉的惩罚；所有的富贵者也没有谁敢于违背这样的法则——"天网恢恢，疏而不漏。"任何乖张放肆、醉生梦死、飞扬跋扈以及过度骄奢淫逸的无耻行为都会受到当下的报应；所有的强暴者也没有人敢于违背这样的诅咒——"强梁者不得其死"，任何横行霸道、烧杀掳掠、穷凶极恶的残暴行为都会得到应有的下场。

老子之后，其所设计的道路和所创立的道理，为全体中国人民所认同，成就了中国的天道、地道和人道的理想蓝图，构成了中华民族追求天理、地理和人理相和谐的源远流长的道家、道学、道教文化传统；老子的自然学说成为中国人认识世界万物的伟大自然法则，千秋万代，孕育出了华夏大地的片片生机，抚慰着华夏民族历尽沧桑的心灵；老子的生命学说，则跨越了时间和空间的局限，把一个宏大缥缈的无穷宏观世界连同一个变化莫测的无限微观世界提供给了中华民族，从此以后，中国人用这个理念成功地发明出神仙、天堂和一个不可知的美好未来世界。

庄子说：

> 大人之教，若形之于影，声之于响。有问而应之，尽其所怀。为天下配，处乎无响，行乎无方。挈汝适复之挠挠，以游无端，出入无旁，与日无始，颂论形躯，合乎大同。大同而无己，无己恶乎得有有。睹有者，昔之君子；睹无者，天地之友。……故圣人观于天而不助，成于德而不累，出于道而不谋，会于仁而不恃，薄于义而不积，应于礼而不讳，接于事而不辞，恃于民而不轻，因于物而不去。物者，莫足为也，而不可不为。
>
> （《庄子·在宥篇》）

又说：

> 若夫不刻意而高，无仁义而修，无功名而治，无江海而闲，不道引而寿。无不忘也，无不有也，澹然无极而众美从之，此天地之道，圣人之德也。故曰，夫恬淡寂寞，虚无无为，此天地之平而道德之质也。故曰，圣人休休焉则平易矣，……故其德全而神不亏。故曰，圣人之生也天行，其死也物化。
>
> （《庄子·刻意篇》）

其老子之谓欤？

同时，老子的思想成为所有苦难者反抗强权和暴政的强大思想武器，当大一统政权在一些为所欲为的皇帝操纵下，为了满足自己的穷奢极欲而不惜断送整个民生的时候，走投无路的人民以老子思想为武器，埋葬了一个又一个无道王朝。老子的思想也成为天下所有弱者的护符，当一伙伙贪官污吏沆瀣一气、狼狈为奸，因种种贪婪、不法和横征暴敛而造成大批人民流离失所的时候，人民也往往借助于老子思想而组成各种自卫和自保组织，成功地捍卫了自己的生存。老子的思想，也为人类追求真善美的理想精神境界以及修行内心清虚静笃的良好心灵状态提供了切实可行的办法。万古千秋，老子思想所孕育出的道家和道家理想，成为中国文化传统中不可或缺的宝贵思想资源。可以说，老子思想在中国民间社会所造成的持久不衰的强大影响力，是无与伦比的。

此后，在东西方世界共同沦入苦难的中世纪时，老子的伟大思想像灯塔一样放射出永不熄灭的光芒，指引着人类不惜赴汤蹈火、前赴后继地向至高理想登攀。

参考书目

1.《马王堆汉墓帛书老子》，文物出版社，1976年

2. 河上本：《道德真经》，四部备要本，中华书局据汲古阁本校勘版

3. 刘　安：《淮南鸿烈集》，同上

4. 王　弼：《老子注》，同上

5. 蒋锡昌：《老子校诂》，商务印书馆，1937年

6. 马叙伦：《老子校诂》，景山书社，1924年

7. 高　亨：《老子正诂》，古籍出版社，1956年

8. 钱　穆：《庄老通释》，香港九龙新亚研究所，1957年

9. 陈　柱：《老子与庄子》，商务印书馆，1931年

10. 杨兴顺：《古代哲学家老子及其学说》，科学出版社，1957年

11. 张默生：《老子章句新释》，成都古籍书店，1988年

12. 朱谦之：《老子校释》，中华书局，1984年

13. 严灵峰：《老子达解》，台湾艺文印书局，1971年

14. 严灵峰：《老庄研究》，台湾中华书局，1966年

15. 詹剑峰：《老子其人其书及其道论》，湖北人民出版社，1982年

16. 任继愈：《老子今译》，古籍出版社，1956年

17. 任继愈：《老子新译》，上海古籍出版社，1977年

18. 陈鼓应：《老子注译及评介》，台湾商务印书馆，1970年

19. 张松如：《老子说解》，齐鲁书社，1987年

20. 罗尚贤：《老子通解》，广东高等教育出版社，1989年

21. 赵雅博：《白话老子》，台北星光出版社，1982年